KB113655

SBS 월화드라마

가장 찬란한 계절의 이야기

# 치얼업

## CHEER UP

상 권

너와숲

# 치얼업

**CHEERUP** 인물 관계도

**테이아 현역 단원**

## 해이네 가족

**도재이**
해이 남동생

**성춘양**
해이 모

**도해이**
테이아 신입단원

## 선호네 가족

**황진희**
선호 모

**진민철**
선호 부

## 청우네 가족

**정선혜**
정우 모

**박정우**
테이아 단장

**진선호**
테이아 신입단원

## 테이아 현역 단원

### 테이아 선배 단원들

**태초희**
테이아 부단장

**기운찬**
테이아 50기

**최소윤**
테이아 50기

### 테이아 신입 단원들

**주선자**
테이아 51기

**임용일**
테이아 51기

**김민재**
테이아 51기

## 연희대 주변 인물들

**배영웅**
테이아 OB

**신지영**
학생처 차장

**이유민**
테이아 2년 전
부단장

**정수일**
테이아 작년 단장

**송호민**
방송부원

**이재혁**
해이 전 남친

## 호경대 주변 인물들

**이하진**
호경대 응원단장

**최지윤**
호경대 응원단원
(소윤 쌍둥이)

SBSi

SBS 월화드라마

가장 찬란한 계절의 이야기

# 치얼업
## CHEERUP
상 권

차해원 극본

너와숲

# 작가의 말

지금에 와서 스무 살을 떠올려 보면 그때를 대변하는 키워드는 '불안'이 아닐까 싶습니다. 어떤 날은 뭐든 할 수 있을 것 같았는데, 어떤 날은 아무것도 할 수 없을 것 같고, 뜻대로 되지 않는 현실과 불확실한 미래 사이에서 활어처럼 펄떡이며 고민하던 시간들.

그땐 '좋을 때다.'라는 어른들의 말을 들으면, 나도 인생의 고민이 얼마나 많은데 아무것도 모르면서 하는 소리라고 생각했는데. 어느덧 그때보다 조금 더 어른이 된 지금, 저도 스무 살의 해이를 보며 같은 말을 하게 되더군요.

'좋을 때다.'

청춘의 시간은 그 반짝임 때문인지 언제나 이렇듯 평가절상되는 것 같습니다. 존재 자체만으로도 찬란하게 빛나는 그 시절. 나의 그 시절을 그리고 누군가의 그 시절을 떠올리게 하는 이야기가 하고 싶었습니다. 불완전하기에 아름다운 그들의 이야기가 곧 모두의 이야기이기도 할 테니까요.

'치얼업' 속 인물들은 모두가 그렇듯 저마다의 결핍으로 흔들립니다. 이렇듯 불완전한 인물들이 자신을 붙들고 서로를 응원하며 앞으로 나아갈 수 있길 바라는 마음으로 대본을 썼습니다. 그 마음이 이야기에 잘 전달되었는지는 모르겠지만요. 이 시간을 지나 아이들이 더 단단한 어른이 됐으면 좋겠습니다.

이번 드라마를 준비하며 한 편의 드라마가 나오는데 얼마나 많은 사람의 수고와 노력이 드는지 새삼 다시 한번 깨달았습니다. 한편으론 억겁 같고, 한편으론 순간 같았던 그 시간을 좋은 분들과 함께할 수 있었기에 너무 큰 행운이었다고 생각합니다.

농담처럼 '작고 소중한 드라마'라는 이야기를 많이 했는데, 이 드라마가 누군가의 가슴에 작고 소중하게 남을 수 있다면 더할 나위 없이 기쁠 것 같습니다.

'치얼업'을 함께해 주신 모든 분들 사랑하고 감사합니다.

차해원 드림

# CONTENTS

우주 블랙홀 이미지 화면, 가득 보인다.
그 위로 성우 목소리.

(E)    나는 소중합니다. 나는 행복과 성공의 주인공입니다. 우주의 기운이 나의 성공을 향해 모일 것입니다. 나는 부자입니다. 나는 돈을 사랑하고, 돈은 나를 사랑합니다. 우주의 모든 풍요로움이 나에게 흘러 들어옵니다. 나의 우주는 부귀와 영달, 그리고 평화로 가득 차 있습니다.

화면 빠지면 유튜브 화면이다.
콩나물시루처럼 빼곡한 출근길 지하철.
문 쪽 구석에서 유튜브(제목: 나는 반드시 성공한다)를 이어폰 꽂고 들으며 문에 콩콩 머리 박고 졸고 있는 해이(20세, 여). 등에 YEONHEE라고 써 있는 과잠을 입고 있다. 지하철 터널을 지나고 지상으로 나오자 햇빛이 지하철 투명 문으로 들어오고, 해이

14 × 15

얼굴에 빛이 반사되자 눈이 부셔 눈을 뜬다.

/곧이어 신촌역에 정차하는 지하철. 경쾌한 음악 흘러나오면 지하철에서 내리는 해이, 옆 칸에서 내리는 선호(20세, 남).


S#2. 노천극장 / 낮

절도 있게 하늘 향해 뻗는 정우(23세, 남)의 손.

정우, 비장하게 응원 동작 시작하면 앞으로 노천 계단을 가득 채운 연희대 학생들 보인다.

노천극장을 가득 메운 수천 명의 학생들 앞으로 기수대 깃발 휘날리고, 학생들은 어깨동무하고 마치 물결처럼 움직이며 목청껏 환호하고 있다.

단상엔 푸른색 단복 입고 응원곡에 맞춰 응원 동작하는 정우, 초희(23살, 여), 운찬(22살, 남), 소윤(21살, 여)의 모습이 보인다.

힘찬 동작에 환호하는 학생들, 열기 뜨겁다.

환호하는 학생들 사이, 미소로 응원단의 응원하는 모습을 보고 있는 유민(25세, 여) 보인다. 수많은 학생 속에서 그런 유민을 발견해 보고 있는 듯한 정우. 더 힘차게 손 뻗어내며 음악 계속 이어진다.


S#3. 지하철 역 / 낮

해이, 지하철 출구 지도를 보고 있다. 연희대학교 출구 방향 찾고 있는 해이.

출구 방향 확인하고 운동화 끈 고쳐 맨다. 선호, 걸으며 해이를 스쳐 간다.

S#4. 노천극장 / 낮

열기로 가득한 노천 응원 무대 컷 교차되고.

S#5. 거리 / 낮

해이, 학교 방향으로 뛰어가다 선호와 살짝 부딪힌다.
선호 보면, 해이 여전히 뛰며 뒤돌아 사과한다.

해이      죄송합니다. (하고 다시 뛰어가는)
선호      (해이 알아보고) 어? (뛰어가는 해이 보고 있는)

S#6. 연희대 정문 / 낮

'연희대학교 입학을 축하합니다' 현수막 크게 걸린 정문 전경.
정문으로 뛰어오는 해이, 정문 앞에 오더니 멈춰 서 헉헉대며 현
수막을 쳐다본다. 해이, 현수막 보다 씩 웃고 안으로 들어가면
머지않아 역시 학교로 들어가는 선호.

S#7. 노천극장 / 낮

운찬, 홀로 안무 틀리고 이를 힐긋 보는 정우.

단원들         연희! (구호로 마무리, 음악 소강)

곡 끝나고 정지 자세하고 있는 단원들 위로 쏟아지는 학생들의
'와' 하는 함성 소리. 헉헉대며 땀 흘리는 정우 얼굴 클로즈업.
정우 얼굴에서 화면 화이트 아웃되고 타이틀 인 치얼업.


S#8. 노천극장 / 낮

이전 화면에서 보이던 노천을 가득 메운 학생들, 환영처럼 사라
지고.
실제는 조촐하게 연습복 입고 무대에서 연습하고 있는 정우, 초
희, 운찬, 소윤, 정우. 운찬, 홱 하고 보면 운찬의 눈을 피하며 더
과장되게 헉헉거린다.

운찬         (안 틀린 척하려 더 오버해서 박수 치며) 와~ 진짜 찢었다.

고개를 절레절레 흔들고 막대사탕 먹으며 이를 보고 있는 영웅
(38세, 남). 추리닝에 슬리퍼 차림으로 동네 백수인지 뭐 하는 사
람인지 잘 모르겠다.
정우, 운찬 쪽으로 오면 운찬 망했다는 표정.
정우, 손을 올리자 운찬, 자동반사적으로 방어 자세 취한다. 정
우, 운찬 어깨를 손으로 잡으면 운찬, 민망함에 손 내려놓는다.

| | |
|---|---|
| 정우 | 운찬아, 세상엔 세 부류의 사람이 있어. 첫째, 제대로 하는 놈, 둘째, 제대로 하려고 노력하는 놈. 셋째, 제대로 안 하는 놈. (운찬의 눈 똑바로 보며) 넌 몇 번인 거 같아? |
| 운찬 | (눈치 보며) number… two? |
| 정우 | 그니까 적어도 넘버 투는 되야 되는데 (냉하게) 넌 왜 넘버 쓰린데? |
| 운찬 | (움찔) |
| 정우 | 어깨춤이 아주 절로 나와? 오늘 당장 입학식 서야 되는데 거기서도 혼자 어깨춤 추고 있을래? |
| 운찬 | 약간 헷갈렸어요. 약간. |
| 정우 | (쏘아보자) |
| 운찬 | (눈 피하며 소심히 끝까지 중얼) a little. |
| 정우 | (운찬 쏘아보다 다시 앞으로 가며) 기운찬만 거울 방에서 10번 더. |
| 운찬 | !! 형! 나 어깨 탈골돼! |
| 정우 | (그 말에 바로) 20번. |
| 운찬 | 형!!! |
| 정우 | (매섭게 운찬 보면) |
| 운찬 | (힝, 쭈구리 되면서도 중얼) 인원 없다고 갑자기 동작을 추가하니까 그렇지. |
| 초희 | (운찬 어깨 툭툭 치고 지나가며) 탈골되면 좋은 병원 소개해 줄게. (기지개 쫙 켜면서 가며) 빡세게 고생해라. |
| 운찬 | (도와달라는 듯 소윤 보면) |
| 소윤 | (눈 피하고 종종종 초희 쫓아가는) |
| 정우 | (역시 정리하는) |

| 운찬 | (울상) |
|---|---|
| 영웅 | (막대 사탕 쪽쪽 빨며) 꼴랑 네 명이서 단상을 채우려니 빽이 나지. |

S#9. 교정 일각 / 낮

강아지처럼 두리번두리번하며 학교 구경하는 해이. 신났다.

(세 배속 뛰어가서) 괜히 나무도 만져 보고.

(세 배속 다른 쪽으로 뛰어가서) 괜히 벤치에도 앉아 보고.

(세 배속 다른 쪽으로 뛰어가서) '연희대학교' 보이는 위치에서 인증 샷도 찍어 보고.

S#10. 노천극장 / 낮

해이, 초코 우유 쪽쪽 빨며 노천 계단 쪽으로 와 앉는데 노천 계 단에 새겨진 기부자 이름 보인다. 해이, '오' 감탄하며 이를 보다 가방에서 컴싸 꺼내 돌 아래 작게 '19학번 도해.이'를 적는다.

| 정우(E) | (어느샌가 옆에 와 앉아 읽는) 19학번 도해이. |
|---|---|
| 해이 | (깜짝 놀라 보면, 정우다) |
| 정우 | 뭐하는 겁니까? |
| 해이 | 그게 미래의 족적을… |
| 정우 | 이건 공공기물이에요. 이런 데 낙서하면 안 되는 거 몰라요? |
| 해이 | 죄송합니다. (하고 컴싸 손으로 지워 보려는데 잘 안 지워지고) |
| 정우 | (일어나 무대 쪽으로 가며) 제대로 지워요. 안 그럼 신고할 테니까. |

해이        (뭐 됐단 얼굴로 지우개로도 지워 보는데 잘 안 지워진다)

정우, 무대 쪽으로 가서 놓고 간 겉옷을 드는데, 뒤로 쪼르르 노
천을 빠져나가는 해이가 보인다.

영웅        (노천 구석 계단에 누워 있다 갑자기 벌떡 나타나) 어? 낙서범 도망간다.
           (손 뻗어 동작하며) 낙서범 멈춰! (못 듣고 도망가는 해이 보며) 갔네. (하며
           다시 스르르 눕는)

정우, 영웅 소리에 그쪽 보는데, 도망가는 해이 보인다. 어처구
니가 없고.
/정우, 치약 묻힌 자기 칫솔로 '도해이'를 빡빡 지우고 있다. 희
미하게 남은 '도해이' 글자 보며 이 꽉 물고 빡빡 지운다.


S#11. 거울 방 연습실 / 낮

각자 스트레칭하고 있는 초희, 소윤, 운찬.
운찬, 누워 모관 운동하며 손발 위로 들어 열심히 털고 있다.

초희        (운찬 보며) 뭐 하냐?
운찬        혈액 순환에 좋대요. circulation. (한국적 발음)
소윤        (앉아 스트레칭하면서, 본토 발음으로 중얼) circulation.
운찬        (휙 소윤 보는)
초희        (스트레칭 하다 운찬 쪽으로 와) 혈액 순환, 그래 중요하지. (하며 운찬 어

깨 자근자근 밟는) 어깨가 많이 뭉쳤네.

운찬      아아아! 누나 아파요!

초희      (아랑곳 않고 계속 자근자근 밟으며) 누가 스트레칭 그따위로 하래. 제

대로 안 해? 혈액 순환 제대로 한 번 시켜 줘?

운찬      아아!!


정우, 거울 방으로 들어오며 칫솔을 쓰레기통에 버리고.


운찬      (정우 보자 도와달라는 듯 외치면) 단장, Help.

정우      (운찬 한심히 보다, 초희 수고했단 듯 어깨 툭툭 치고) 단복 갈아입자.

초희      (그 말에 운찬에서 발 떼고, 똑바로 하라는 듯 운찬 보고 나가면)

운찬      (일어나 쓱쓱 문지르며, 중얼) Hurting me.



S#12. 단장실 / 낮

단장복 갈아입고 나와 거울 앞에 서는 정우.

의식을 치르듯 비장한 얼굴로 거울 앞에 서서 단장복 매무새 가

다듬곤 비장하게 얼굴로 손 내리는 응원 동작 해 보인다.


정우      (흡족한 표정으로) 괜찮은데? (하고 단장실 거울 뒤에 쭉 붙어 있는 역대 기

수 단체 사진 중 2년 전 단체 사진 속 유민 보며, 약간 눈빛 촉촉해져 웃으며) 잘

하고 올게, 누나.

S#13. 노천극장 / 낮

해이, 수세미와 퐁퐁을 손에 들고 다시 노천 계단으로 오는데 이미 지워져 있는 낙서.

해이      ('이 계단이 아닌가…' 계단 여기저기 보다) 뭐지? (하는데)


선자(20세, 여), 그런 해이에게 다가가 귀 쪽에 빵 봉지 부스럭 한 번 해 보인다.
해이, 화들짝 놀라 보다 선자인 거 알자 잽싸게 빵을 낚아챈다.

선자      (손에 든 퐁퐁 보고) 뭐야 그건.

해이      (빵봉지 뜯고 있다)


/크림빵 입술에 알차게 묻혀 가며 우걱우걱 먹고 있는 해이.
며칠 굶은 사람같이 야무지게 먹는다. 선자, 그런 해이를 감탄하듯 본다. 우유 먹고 꺽 트림하는 해이.

선자      (진상이라는 듯) 우리 삼다 개 버릇은 여전하네. (지성인 말투로) 이제 대학생도 됐는데 지성인답게 살 수 없을까.

해이      (관심 없다. 빵 먹는)

선자      (고개 절레절레하다 빵 먹으며) 과잠은 그새 어서 주워 입었어? (손목 쪽 신학과 10 쓰여 있는 거 보고) 에? 10?? (황당한 표정으로 해이 보며) 유물이야?

해이      당근에서 3천 원이지롱~

| | |
|---|---|
| 선자 | (어이가 없고) 10년 전 걸 파는 놈이나 사는 놈이나. |
| 해이 | 이거 입으니까 팬더 분식 아저씨가 연대생이냐면서 계란 서비스로 줬잖아. 너 우리 삼 년 동안 거기 다니면서 그 아저씨가 서비스 주는 거 봤어? 그 아저씨 완전 학벌주의자였어. (비난하는 척하면서 좋아하는) |
| 선자 | (한심) 좋냐. 계란 얻어먹어서. |
| 해이 | 나쁠 건 없지. |
| 선자 | 정말 어디 내놔도 부끄러운 친구야. |
| 해이 | 내 들어올 때 비록 올 모스트 문 닫고 들어왔지만, 대학 간판 딱 등에 업고 자본주의 사다리에 촥 올라타서 역전의 주인공으로 (계단 기부자 명 보며) 이름 올려야지. |
| 선자 | 우리 이순자 여사 왈, 개천에서 용 나는 것도 다 옛말이다. 그러니 그런 포부는 내려놓고 신입생답게 막사는 게 어때? 어차피 결과는 똑같을 텐데. |
| 해이 | (손가락으로 no라는 듯 까딱까딱하고) 내 개천은 달라. 용이 승천하기 딱 좋은 수질이거든. |
| 선자 | 그래. 가진 게 패기밖에 없는데 그거라도 바짝 있어야지. |
| 해이 | (씩 웃는) |

S#14. 교정 일각 / 낮

탁 트인 광장 같은 곳.
한쪽 계단에 걸터앉아 아이스크림 먹으며 주변 둘러보고 있는 선호.

지나가는 여학생들, 선호를 힐금힐금 본다.

선호, 주변 둘러보다 자기를 힐긋 보던 여학생과 눈 마주치자 빙 긋 웃어 보인다. 되려 부끄러워하며 도망가는 여학생들. 용일(20세, 남), 걸어오다 그런 선호 알아보고 선호 쪽으로 와 앉는다.

| 용일 | 뭐하노? 여기서. |
|---|---|
| 선호 | 찾고 있었지. |
| 용일 | 뭘? |
| 선호 | 미래의 여친. |
| 용일 | OT 때 니 여친 있다 하지 않았나? |
| 선호 | 헤어졌어. (두리번두리번) |
| 용일 | (대충 계산 때려 보며) 그래 봤자 한 이주 된 거 아이가? |
| 선호 | (끄덕하고 여전히 두리번) |
| 용일 | (감탄) 야… 인물이네. 인물. 서울 오니 이런 인물을 다 만나네. |

선호, 이때 선자와 함께 걸어가고 있는 해이 발견한다.

| 선호 | (해이 알아보고) 어? |

S#15. 교정 일각 / 낮

| 선자 | (걸어가다 지나가는 재혁 발견, 재혁은 해이, 선자 못 보는) 어? 이재 (해이 쪽 보며) 혁. (하는데) |

| 해이 | (이미 어느샌가 벤치 뒤에 몸 숨기고 있는) |
|---|---|
| 선자 | (보곤, 쯧쯧) 너 아직도 말 안 했어? |
| 해이 | (행여 보일까 숨어서) 할 거야. (단언하면서도 복잡한 마음으로 재혁 보는) |

뒤에서 그런 해이 보고 있는 선호.


S#16. 아파트 단지 / 밤 / 회상

| 자막 | 2주 전 |
|---|---|

최집사 유니폼 입고 전기 자전거 타고 아파트 단지 들어서 *동 앞에 서는 해이. 최집사 박스에서 토스트, 세탁소에서 찾은 옷, 세탁 망, 쓰레기 봉지 등등을 꺼낸다. 이를 들고 *동으로 뛰어가 들어서는 해이.


S#17. 아파트 복도 / 밤 / 몽타주 / 회상

복도식 아파트.
*호 띵동 하고 주민 나오면, 해이 웃으며 토스트를 전달한다.
/*호 띵동 하고 주민 나오면, 해이 웃으며 세탁소에서 찾은 옷을 전달한다.
/*호 띵동 하고 주민 나오면, 해이 웃으며 쓰레기 봉지를 전달한다.

/*호 띵동 하고 주민 나오면, 주민 해이에게 음식물 쓰레기 가득한 음쓰 봉투를 준다. 해이, 웃으며 음쓰 봉투를 받는다.


S#18. 아파트 밖 / 밤 / 회상

음식물 쓰레기 수거함에 음식물 쓰레기봉투 버리고 돌아서는 해이.
핸드폰 꺼내 미션 완료 클릭하는데, 이때 채팅으로 들어오는 메시지.


여자(E)     지금 바로 케이크 배달 가능한가요? **역 앞 ***. 수수료 10만 원.

해이        10만 원? (고개 들어 보는데 단지 바로 앞에 **역 보인다)

해이(E)     가능합니다.


S#19. 술집 파티 룸 / 밤 / 회상

일동        (맥주잔 부딪히며 소리 지르는) 진선호 생일 축하해.


룸 안에서는 남녀 10여 명 정도 생파 중이다. 샴페인도 빵하고 터진다.
생일 주인공인 듯 가운데 앉아 있는 선호. 친구들 환호하고 박수 치고 하는데 손에 불붙인 케이크 들고 문 열고 들어오는 해이.

(케이크 모양 강아지다_개새끼) 모두 해이에게 주목. 앞에 앉아 있는 선호 발견한 해이, 선호 쪽으로 간다.

| | |
|---|---|
| 해이 | (케이크 들고 가 선호 앞에 멈춰서) 진선호 씨죠? |
| 선호 | ?? 네. |

친구들 환호하며 '오오', '이벤트야' 등등의 말 나오고.

| | |
|---|---|
| 해이 | (기계처럼 읊는) 이 초 끄면 우리 헤어지는 거다. 길에서 우연히라도 보지 말자. 개재수 털리니까. (선호 보며 빙긋) 이상 한서라 씨 심부름 대행으로 왔습니다. |
| 일동 | (웅성웅성) |
| 선호 | (별다른 감정 보이지 않고 케이크 초 보다 후 불어 끈다. 친구들 보며) 솔로 축하 파티네? 놀자. |
| 일동 | (선호 반응에 분위기 풀어지며 여기저기서 '뭐야 생일날 차인 거야?', '미친놈', '나랑 만나' 등등의 말 던지다 이내 다시 놀고) |
| 해이 | ('뭐지 이 반응은?') 사진 한 장 찍어도 될까요? 제가 인증을 해야 해서. |
| 선호 | 아, 그러시죠. |
| 해이 | (선호 사진 찍으려 핸드폰을 그쪽으로 하는데) |
| 선호 | (카메라 들이대자 브이하고 웃어 보인다) |
| 해이 | (멈칫하다 찰칵 사진 찍는다) 감사합니다. (인사하고 돌아서 사진 채팅방에 첨부하려는데 영 망설여진다. 결국 뒤돌아) 저기요. 죄송한데 사진 한 번만 다시 찍어도 될까요? (사진 찍은 거 가리키며) 이게⋯ 너무 웃고 |

있어서. 좀.

| | |
|---|---|
| 선호 | 네? |
| 해이 | 아니, 좀 (손바닥 아래로 하며) 다운된 버전으로 찍음 어떨까 해서. |
| 선호 | 아… 그럼 (어두운 표정 해 보이며) 이렇게 하면 될까요? |
| 해이 | 예예. (사진 다시 찍으려고 카메라 들이대면) |
| 선호 | (어두운 표정) |
| 해이 | (사진 찍는, 만족스럽다) |
| 선호 | 됐나요? |
| 해이 | 네. (깍듯이 인사하고 돌아서 사진 채팅방에 첨부하려는데, 립밤이 주머니에서 떨어진다) |
| 선호(E) | 저기요. |
| 해이 | (보면) |
| 선호 | (일어나 립밤 주워 해이에게 건네곤 지나가는 말처럼 자연스럽게) 남친 있어요? 보시다시피 제가 이제 프리 해져서. |
| 해이 | (표정) |
| 선호 | (해이 표정 보고) 농담이었는데… |
| 해이(E) | (별 거지 같은 농담을. 인사하고 나오면서) 저거도 도라이구먼. |
| 선호 | (해이 흥미롭게 보는) |

S#20. 술집 앞 / 밤 / 회상

술집에서 나와 자전거 쪽으로 가는 해이. 채팅방에 선호 사진 전달하고 메시지 쓰는 해이. '완료했습니다' 이때 해이 핸드폰으로 전화 온다. 발신자 '재혁이♥'

| 해이 | (전화 받으며 애교 있게) 웅, 자갸. 나 이제 알바 끝나떠. 오댜? |
|---|---|

이때 재혁, 영준과 해이 건너편 거리를 걸어가고 있다.

| 재혁 | (핸드폰 하며) 오늘 못 보겠다. 엄마 호출로 집에 가는 길. |
|---|---|
| 해이 | (멈칫) 집? |
| 재혁 | 응. 엄마가 갑자기 오늘 일찍 오라네. 이제 집 앞이다. 피곤하지, 쉬어. 집이라 전화는 못 할 듯 이따 톡 할게. (전화 끊는) |
| 해이 | (친구와 신나 얘기하며 걷고 있는 재혁 보고 있다) ⋯ |

S#21. 유흥 거리 / 밤 / 회상

재혁, 친구와 클럽 쪽으로 이동한다. 해이, 재혁과 영준을 쫓아 간다.
클럽 앞 편의점에 잠시 서 담배 피우는 재혁과 영준.
해이, 한쪽 골목으로 얼른 몸을 숨긴다. 대화 소리 들릴 정도의 거리다. 몸 숨기려다 그쪽에서 걸어오던 누군가(얼굴 보이지 않음) 부딪히는 해이. '억' 소리 나는 누군가. 해이, 혹여나 재혁 쪽에 들릴까 싶어 그 사람 입 막는다.
죄송하다는 듯 잠깐만 참아 달라는 듯 무언으로 읍소한다. 일단 가만히 있어 주는 누군가. 그 채로 둘의 대화를 듣고 있는 둘.

| 영준 | (놀란 눈으로 재혁 보며) 헤어진다고? |
|---|---|
| 재혁 | (덤덤히 끄덕) |

| 영준 | 왜? |
|---|---|
| 재혁 | 맨날 알바 뛰느라 만날 시간도 없고. |
| 영준 | (중요하냐는 듯) 이쁘잖아. |
| 재혁 | 그것도 고딩 때나 먹히지. 그냥 정리하고 새로 시작할라고. 비슷한 애 만나는 게 맘도 편할 거 같고. |
| 해이 | !! (충격에 막던 손힘이 풀려 내려놓는다) |
| 누군가 | … (해이 보는) |
| 영준 | 하긴 의대는 CC 많더라. 근데 도해이 걘 뭘 그렇게 알바를 뛰어? 그렇게 없어? |
| 재혁 | (담배 끄며) 그냥, 내가 감당할 수 있는 급이 아냐. |

재혁과 영준, 담배 다 피우고 클럽으로 들어간다.

| 해이 | (핏기 없는 얼굴로 있다, 문득 생각나) 아, 죄송해요. 가셔도 돼요. (누군가 가면 멍하니 그 자리에 우두커니 서 있다) |
|---|---|


S#22. 교정 일각 / 낮

복잡한 맘으로 재혁 보고 있는 해이 얼굴 이어지고.
재혁이 가자 다시 선자와 움직이는 해이, 둘 적당히 헤어져 각자 길 간다.
/선호, 해이 눈으로 쫓으며 용일을 끌고 간다.
용일 어리둥절.

S#23. 교정 일각 / 낮

선호, 해이 따라 가지만 어느샌가 사라진 해이.

선호      아… 놓쳤나.
용일      (어리둥절) 뭔데.


S#24. 교정 일각 / 낮

해이, 벤치에 앉아 과외 자료 들여다보고 있는데 영 눈에 들어
오지 않는다. 후… 한숨 쉬고 기분 가라앉으려고 하자, 생각하지
말자는 듯 고개 절레절레하다 벤치에 누워 버리는 해이.
/벤치에 누워 자고 있는 해이. 한쪽 발이 내려와 있고 한쪽 팔은
올라와 있고 가히 기이한 자세다. 자고 있는 벤치 옆 자판기 쪽
으로 커피 뽑으러 오는 정우. 단복 입고 있다.
정우, 자판기 쪽으로 오다 옆에서 자는 해이 보고 화들짝 놀란
다. 해이 얼굴은 보이지 않고. 정우, 놀란 가슴 진정시키고 자판
기에서 커피 뽑는다. 커피를 자판기에서 꺼낸 정우, 해이를 지나
쳐 가려는데 해이 부스럭대다 옷매무새 흐트러지며 브라 끈 보
인다. 지나가려는데 힐긋힐긋 해이 보는 사람들 시선 보이고. 이
때 정우 눈에 들어오는 학보지 가판대. 고민하던 정우 학보지 하
나 꺼내 해이 쪽으로 가 조심히 학보지를 펴 해이 브라 끈 안 보
이게 옷 위에 덮어 준다. 고민하다 학보지 하나 더 펴 이번엔 해
이 얼굴 쪽에 덮으려는 찰나, 해이, 눈 뜬다. 해이, 벌떡 일어나다
정우와 머리 부딪힌다.

| 정우 | (아픈 머리 부여잡고) 19학번 도해이? |
|------|------|
| 해이 | (아픈 머리 부여잡다가) 네? 제 이름은 어떻게… (정우 들고 있는 학보지 보다 자기 몸 덮고 있는 학보지 보며 경악하며 일어나는) |
| 정우 | (당황해) 가리면 좀 나을까 해서. |
| 해이 | (경계하는 자세로, 대체) 뭐예요? |
| 정우 | 박정웁니다. |
| 해이 | (황당, 아니 그쪽 말고 떨어진 학보지 보며) 이게 대체 뭐냐고요. |
| 정우 | (당황했지만 논리적으로) 그게 이런 데 그러고 있으니까 사람들이 쳐다보고, 얼굴이 안 보여야 그나마 개인 정보가 보호될 거 같아서… |
| 해이 | (헐 황당해 하다 정우 옷 보는데…) |
| 정우 | (아차 싶은데) 아니, 이건… |
| 해이 | (서서히 일어나 한 발자국씩 물러나면) |
| 정우 | 내가 이상한 사람이 아니라. |
| 해이 | (그 말과 동시에 냅다 도망가면) |
| 정우 | (해이 향해 외치는) 이건 우리 단복인데. 앙드레김 선생님이 한 땀 한 땀 만든. (하지만 해이, 이미 저 멀리 꽁무니 빠지게 도망 중이다. 체념하듯 중얼중얼) 아니, 이건 그런 게 아니라… (가는 해이 보다 앞에 남은 학보지를 보는데 왜 그랬을까 싶다. 쪽팔림에 학보지를 확 구기는데 툭 떨어져 있는 해이의 과외 자료 보인다) |

S#25. 교정 일각 / 낮

헉헉대며 선자 쪽으로 뛰어오는 해이.

선자, '얜 또 왜 이러냐.'는 듯 해이 보면.

| | |
|---|---|
| 해이 | (헉헉대며) 미친놈! 미친놈이야! |
| 선자 | 뭐? |
| 해이 | (쏟아 내듯 손동작과 함께 설명) 완전 미친놈. 막 내 몸에 신문지를 덮고 얼굴에도 막. |
| 선자 | ('뭔 소리야.') |
| 해이 | (계속 흥분해서) 옷은 지가 무슨 프린스 차밍이라도 되는 줄 아나, 어디서 돈 주고 입으래도 못 입을 거 같은 촌빨 낭낭한 요상한 옷을 입고. |
| 정우(E) | 저기요. |
| 해이 | (소리에 뒤돌아보고 정우 옷 보곤 손가락으로 가리키며) 그래, 저거 저거! (하다 정우 보고 얼음) |
| 정우 | (손에 해이의 과외 자료 들고 빤히 해이 보면) |
| 해이 | (쫄아서 손가락 거두는) |
| 정우 | 원래 항상 그런 식입니까? |
| 해이 | (쭈구리 모드로) 네? 뭐가… |
| 정우 | 제대로 아는 것도 아니면서 함부로 욕하는 거. 원래 항상 그런 식이에요? |
| 해이 | (변명하듯) 아니, 그게. |
| 정우 | 이 옷은 (강조) '전통 있는' 우리 단복이에요. 오늘 입학식 때문에 입은 겁니다. 정신이 이상해서가 아니고요. |
| 해이 | ('입학식이랑 이게 대체 뭔 상관이야.' 싶지만 얌전히) 네… |
| 정우 | 아깐 사람들이 쳐다보니까 얼굴이라도 가리는 게 낫지 싶어서 |

|  |  |
|---|---|
|  | (하다 '하 내가 이걸 왜 변명하고 있지.' 싶고) 노천 계단도 그렇고, 애초에 그쪽 공중도덕 개념에 문제가 있단 생각은 안 해 봤어요? |
| 해이 | (너무 갔다) 네? |
| 정우 | 근데 적반하장으로 미친놈? 그럼, 그런 데서 그런 그로테스크한 자세로 자고 있던 그쪽은 뭐 미… (하다 멈칫) |
| 해이 | 미 뭐요, 미친년? |
| 정우 | (약간 당황했다가 됐다 싶어) 그 미성숙한 시민의식이나 고쳐요. (차갑게 보다, 돌아서 가면) |
| 해이 | 저기요. (대거리하려는데 선자가 입 막아 억억 소리만 난다) |
| 정우 | (한심하다는 듯 그런 해이 뒤돌아 한 번 더 보다, 저벅저벅 걸어오면) |
| 해이 | (선자 손에 입 막힌 채 허우적대며 '뭐뭐.' 하는데) |
| 정우 | (턱 하고 해이 손에 과외 자료 쥐어 주고 다시 간다) |
| 해이 | (손에 쥐어진 과외 자료 보고, 황당) |

S#26. 응원단실 / 낮

각자 짐 챙기고 있는 단원들. 정우, 씩씩거리며 들어온다.

|  |  |
|---|---|
| 초희 | (정우 보며) 왜 그래? |
| 정우 | (확인 받으려는 듯 학보지 펼치며) 모르는 사람이 네가 자고 있는데 이걸 덮어 줬어. 어떨 거 같아? |
| 초희 | (표정) |
| 정우 | (표정 보고 에이씨) 괜히 쓸데없는 짓을 해서. (그러다가도 발끈해 거울에 비친 자기 단복 입은 모습 보며) 이게 촌빨 낭낭은 아니지 않아? |

| 초희 | 뭔 소리야. (하다 단복 보며 씩씩대는 정우 보며 설마…) 너 진짜 이 옷이 멋있다고 생각하는 건 아니지? |
|---|---|
| 정우 | (큼…) … |
| 초희 | ('맞구나.' 어이없어) 그거 입고 소개팅이라도 나가지 왜? |
| 운찬 | (짐 챙겨 정우 쪽으로 오며) 단장 go? |
| 정우 | (후 하고 짐 챙기러 가는) |
| 해이(E) | 에이씨. |

S#27. 교정 일각 / 낮

화가 잔뜩 나 콜라 벌컥벌컥 마시다 탄산에 쏟아 내며 켁켁 거리는 해이.
선자, 그런 해이 등 두드려 준다.

| 해이 | 뭐? 공중도덕? 자기가 무슨 선도부야? 아니 자기가 한 짓은 생각도 안 하고. |
|---|---|
| 선자 | (차분히) 딱히 틀린 말은 아니었어. |
| 해이 | (에이씨) 넌 꼭 이럴 때 쓸데없이 바른말 하더라. |
| 선자 | 사실 나도 너 자는 거 보면 덮어 버리고 싶을 때 많아. |
| 해이 | (그렇게 심한가 싶어 수그러들어) 뭐, 그렇게 좀 보기 그래? |
| 선자 | (깊이 끄덕) |
| 해이 | 에이. (하며 다시 콜라 마시는) |
| 선자 | (곰곰) 근데 그거 응원단 옷인 거 같은데. |
| 해이 | 뭐? 응원단? ('그게 뭔데?'라는 듯 선자 보는) |

/선자 손에 질질 끌려가는 해이. 한쪽에서 그런 해이 발견한 선호. 이번엔 놓치지 않겠다는 듯 얼른 용일을 끌고 간다. 용일, 또 뭔가 싶다. 어리둥절.


S#28. 대강당 / 낮

대강당에 모여 있는 학생들. 무대에선 밴드부가 공연을 진행하고 있다. 선자와 해이, 대강당으로 들어오고, 선호와 용일, 곧이어 들어온다. 학생 무리들 중 민재(22세, 남)도 보인다.
/무대 뒤에서 긴장하며 서 있는 정우, 초희, 소윤, 운찬.

정우        (단원들 보며) 다들 연습한 대로만 해.
운찬        (불안해하며) 형, 나 틀리면 어쩌지.
정우        틀려도 앞에서 커버할 테니까 멈추지만 마.
운찬        (불안해 바들바들)
정우        (괜찮다는 듯 운찬 어깨 잡아 주는)
총학회장(E)  (마이크 잡고) 다음 순서는 역사와 전통을 자랑하는 우리 학교의 자랑 테이아입니다! 큰 박수로 환영해 주세요.

정우, 운찬과 단원들 향해 고개 끄덕이고 안으로 들어간다.
총학회장 빠지면서 들어오는 정우와 불꽃 눈빛 부딪히고 지나친다. 무대에 기수대와 응원단원들 올라오자 응원단 보곤 줄줄이 빠져나가는 학생들. 단원들, 기수 단원들 모두 표정이 안 좋다. 정우, 얼굴 굳는다. 빠져나가는 학생들에 선자와 해이, '뭐지?' 싶고. 학생들 반 정도만 남아 있다. 정우, 홀로 다짐하듯 주먹을 불끈 쥔다.

| | |
|---|---|
| 정우 | 연희대학교 응원단 테이아입니다. (정중히 인사) |
| 학생들 | (남은 학생들 와아 함성) |
| 해이 | ('어? 미친놈?') |
| 선자 | (해이에게 속닥) 저 사람 단장인가 봐. |
| 해이 | (정우 보는) |
| 선자 | (꺅 하는 학생들도 보이고, 비장하게 무대에 서 있는 단원들 보며) 연뽕 오지네. 왤케 비장해. 누가 보면 쇼케이스인 줄 알겠어. |
| 해이 | (무대 보는) |

한쪽에서 해이 보던 선호, 시선이 응원단 무대로 향한다.
정우, 인사 마치고 무대 중앙 자리로 오면 무대에서 준비 자세하고 정지해 있는 응원단과 기수대. 순식간에 장내 조용해지고 무대로 시선 집중된다.
'쿵.쿵.짜, 쿵.쿵.짜' 소리와 함께 기수대 깃발 움직이고 정우를 제외한 단원들 머리 위로 크게 박수 치기 시작한다. 장내를 채우는 '쿵.쿵.짜' 효과음과 박수 소리. (응원곡, Go 연세 & 서곡)
곧이어 박자에 맞춰 크게 울려 퍼지는 정우의 목소리.

| | |
|---|---|
| 정우 | (절도 있고 카리스마 넘치는 목소리로) 우리가 원하는 건 (응원 동작 시작하며) 우리가 원하는 건, 우리가 원하는 건 하나. 연.희. 빅토리! |
| 학생들 | (따라 외친다) 연.희. 빅토리! |

| 정우 | (더 크고 박력 있는 목소리로) 연.희. 빅토리! |
| 학생들 | (더 크게 따라 외친다) 연.희 빅토리! |

대강당 전체에 울려 퍼지는 응원곡. 학생들 하나로 호응한다. 해이, 홀린 듯 몰입해 무대 보고 있다. 본격적으로 음악이 서곡으로 바뀐다. 정우, 중앙에서 응원 안무 시작한다. 함성 동작 취하면 함성 지르는 학생들.

| 노래 | 헤이 야. |
| 정우 | 테이아! (선창하면) |
| 학생들 | 테이아! |
| 노래 | 거친 파도와 헤이 야 폭풍 속에도. |

서곡 노래 진행되며 대강당 내 열기가 점점 고조된다.

| 용일 | (초희에게 한눈에 뿅 갔다. 감탄) 와… 마 죽이네. |

그런 용일과 달리 무심히 무대 보던 선호, 다시 해이 쪽으로 고개 돌린다.
해이, 여전히 홀린 듯 무대 위 정우 심취해 보고 있다. 두근두근 심장 소리 들리는 듯하고. 그런 해이 보고 있는 선호. 해이, 마음 애써 진정시키고 시선 돌리면 선자, 흥분해 몸 꿈쩍꿈쩍 거리고 있다. 해이가 선자를 톡톡 친다. 선자, 해이 보면.

| 해이 | 나 (조용히 입 모양) 똥 매려. |
|---|---|
| 선자 | (썩은 표정 하다 정신없이 몸 흔들며 그러던가 말던가 손짓) 가, 가. |
| 해이 | (끄덕하고 뛰어나가는) |

해이, 강당 한쪽으로 빠져나가다 다시 뒤돌아 열기로 가득한 대강당 모습 한 번 더 보곤 외면하듯 돌아서 나간다. 그런 해이 보고 따라 나가는 선호.


## S#29. 대강당 밖 화장실 일각 / 낮

화장실에서 페이퍼 타월로 손 닦으며 나오는 해이.
아까 무대에서 본 동작을 따라 해 본다. 한 번 본 동작인데, 금세 외웠는지 곧잘 따라 한다. 한쪽 벤치에 앉아서 추리닝 차림으로 쭈쭈바 먹으며 이를 구경하고 있는 영웅. 꽤 흥미롭다. 하다 보니 신이 나 '연희 빅토리' 추임새까지 넣어 가며 역동적으로 동작해 보는데, 이런 해이를 물끄러미 보고 있는 선호.
해이, 민망해져 얼른 동작 멈추고 걸어간다.

| 선호 | 신입생? 나도 신입생인데. |
|---|---|
| 해이 | 아, 네. |
| 선호 | 같은 신입생인데 말 편하게 해도 되지? |
| 해이 | (선호 힐긋 보고 계속 걸으며) 글쎄요. 초면이라. |
| 선호 | 초면 아닌데. 우리 인증 샷도 찍었잖아. (하고 브이 해 보면) |
| 해이 | (보다, 생각난) 아, 그 도.(라이란 말은 차마 못하고 다시 걷는) |

| 선호 | (다시 따라붙으며) 어떻게 이렇게 다시 만나지? 신기하다. 무슨 과? |
|---|---|
| 해이 | (별다른 대답 없이 가는) |
| 선호 | (지치지 않는다. 과잠 보더니) 신학과? 10?? |
| 해이 | (가다 멈춰서 그냥 톡 까놓고) 너 혹시 나한테 관심 있어? |
| 선호 | (직설에 잠시 정적 있다 해맑게) 응. |
| 해이 | ('아, 예…') 난 너한테 관심 없어. |
| 선호 | (천진하게) 관심이 생길 수도 있지 않을까? |
| 해이 | (보다) 보다시피 (자기 얼굴 손으로 훑으며) 내가 좀 생겼어. |
| 선호 | (약간 벙쩌 보면) |

해이  이런 애가 네가 처음은 아니란 소리야. 너 같은 앤 제대로 말을 안 해 주면 알아먹지를 못 하더라. 그러니까 제대로 말해 줄게. 나 너한테 관심 없어. 지금도 없고 앞으로도 없을 예정이야. 그럼. (하고 걸어가면)

| 선호 | (흥미롭다. 강아지처럼 졸졸 따라가며) 나 같은 애가 어떤 앤데. |
|---|---|
| 해이 | 내가 꼬시면 다 넘어올 거라고 생각하는 애. |
| 선호 | 그렇구나. 난 그런 애구나. 초면인데, 날 잘 아는 거 같네. |
| 해이 | (다시 멈춰서 선호 보며) 있잖아. 내가 존나 가난해. |
| 선호 | ('와 애 뭐지.' 진짜 벙쪘다) |

해이  가난한데 이런 등록금이 5백이나 되는 학교에 다니려면 어떻게 해야 되는지 알아? 겁나 빡이 치며 살아야 돼. 그니까 어떻겠어? 내가 너랑 놀 시간이 없겠지? (이해했냐는 듯 선호 보고 고개 끄덕이곤, 가면서 손 흔들) 더 따라 오면 소리 지른다.

| 선호 | (멈춰서 가는 해이 보다 감탄해 박장대소하곤) 대박이네, 쟤. |
|---|---|

한쪽 벤치에 앉아서 쭈쭈바 먹으며 이를 구경하고 있는 영웅. 가는 해이 보고 있다.


S#30. 대강당 밖 / 낮

무대 마치고 나온 기수대와 응원단. 강당 쪽으로 걸어온 해이, 응원단 쪽으로 시선 향한다. 선자, 강당에서 나와 해이 쪽으로 오자 시선 거두는 해이.

선자     똥통에 빠진 줄.

해이     (같이 걸어가며) 대가리 꽃밭인 애 하나 손절하고 오느라. 하~ 쉽지 않았어. (얼굴 숙숙 해 보이며) 이게 자꾸 이성을 흐릿하게 해서.

선자     뭔 소리야.

해이     (자기 암시처럼) 정신 똑디 차려야지.

선자     (진짜 뭐래는 건가)


한쪽에서 정리하고 있는 응원단, 기수대. 대강당 앞쪽에 '테이아 폐지하라' 현수막 걸려 있다. 이를 보는 정우, 씁쓸하다.

기수대원   (장난스레) 테이아는 폐지하라~ 폐지하라~

운찬     (보는)

기수대원   잘 좀 해 봐. 하긴 이 인원에 뭐가 제대로 돌아가겠나 싶다만.

운찬     왜 시비야?

기수대원   걱정돼서 그렇지. 아까 애들 다 나가는 거 봤잖아. 너네 땜에 우리까지 뭔 죄냐? (멀찌감치 있는 초희를 보며 이죽) 뭐, 여론 뒤집으려면 살랑거리면서 아양이라도 떨어 보든가.

| | |
|---|---|
| 운찬 | 뭐, 이 자식아. (멱살 잡는데) |
| 기수대원 | (같이 멱살 잡으면) |
| 정우 | (기수대원 손목 잡아 내려놓는) |
| 기수대원 | (아프다는 듯) 아아. |
| 정우 | (기수대원 손 잡은 채로) 기운찬 손 놔. |
| 운찬 | 형, 이 자식이! |
| 정우 | 놓으라고 했다. |
| 운찬 | (별 수 없다는 듯 손 놓고) |
| 정우 | (손목 놓아주지 않고 꾹 잡으며) 그런 건 나한테 얘기하지? 이렇게 우리 단원 붙잡고 해 봤자 시비로밖에 안 끝날 텐데. |
| 기수대원 | (잡힌 손목 아파 괴로워하며) 아니 전, 저도 속상해서. |
| 정우 | (손 놓아주고 기수대원 보며) 피차 조심하자. (운찬 보며) 불미스런 일은 없어야지. |
| 기수대장(E) | (그쪽으로 오며) 왜 그래? |
| 정우 | 얘기하다 언쟁이 생긴 모양이에요. 정리됐어요. |
| 기수대장 | (기수대원 보면) |
| 기수대원 | (면목 없고) |
| 기수대장 | (분위기 대충 무마하려 나름 위하는 척 정우에게) 올해 영 힘들지? 작년 일에, 3대 예언까지 겹쳐서 현역들도 다 도망가고, 이거 신입이라도 채워야 할 텐데 단장이 고민이 많겠어. |
| 정우 | 잘해 봐야죠. |
| 기수대장 | 걔네도 그래. 어떻게 4차 산업 혁명 시대에 그런 미신을 믿냐? |

| | |
|---|---|
| 초희 | (갑자기 기수대장 얼굴 옆으로 비껴 빠르게 라이트 훅) |
| 기수대장 | (쫄았다. 흠칫 물러서 피하고, 아차 싶어 쪽팔려 초희 보면) |
| 초희 | (빙긋) 아니 여기 왜 벌써 모기가 (손 펴 보며) 거슬리게 앵앵거려. |
| 기수대장 | (에이씨) |
| 정우 | 저흰 먼저 가 볼게요. (꾸벅하고 가는) |

정우, 운찬 다운된 거 보이자, 괜찮다는 듯 운찬 어깨를 툭툭 쳐
준다.

| | |
|---|---|
| 운찬 | (정우 보다, 후…) 기수대도 이 기회에 응원단 먹겠다고 벼르고 있
대요. 우리가 무슨 (이 와중에 영어 발음) chicken도 아니고, 다들 못
먹어 안달이 났네, 안달이 났어. |
| 소윤 | (조용히) chicken. |
| 운찬 | (휙, '에이씨 넌 이 와중에…') |
| 초희 | (운찬 어깨동무하며) 그러라고들 해. 싹 다 짓밟아주면 되니까. |
| 운찬 | (근데 어떻게… 표정) |
| 정우 | … (이때 정우 핸드폰으로 오는 전화, 발신자 학생쪽다) |
| 기수대원 | (기수대장에게 다가와 가는 응원단 보며) 응원단 뭐가 또 있어요? 3대
예언은 뭐예요? |
| 기수대장 | (가는 응원단 보며) 몰라? 테이아 삼대 예언. |
| 기수대원 | (모른다는 듯 보면) |
| 기수대장 | 쟤네 올해 여러모로 *(삐)같다 싶을 거야. |
| 기수대원 | ?? (궁금증에 보면) |
| 기수대장 | 테이아 졸업 선배 중에 신내림 받은 선배가 있어. 20년 전 신내 |

림 받은 직후 홈 커밍데이에 와서 선물이라며 세 가지 예언을 했지.


S#31. 응원단실 / 낮 / 과거


자막            20년 전


점쟁이, 가운데 자리에 앉아 있고, 그 주변을 둘러싼 20여 명의 사람.
현역, OB 섞여 있다. 정장 차려입은 점쟁이. 얼핏 보면 변호사 같은 전문직처럼 보인다. 쌀알 휙 날리고 건조하게 입을 때면.
점쟁이 입에서 뭔 소리가 나올까만 쳐다보고 있는 나머지 사람들.


점쟁이        첫째, 2002년도 나라가 붉은 물결로 떠들썩할 때, 응원단도 붉은 물결로 떠들썩할 거야.


옆에서 이를 받아 적고 있는 현역 단원.


S#32. 몽타주 / 낮 / 과거
월드컵 응원하는 붉은 악마들 컷으로 보여 진다. 광화문 / 시청 / 거리 등.

S#33. 응원단실 입구 / 낮 / 과거

붉은악마 티 입고 신나서 단실 쪽으로 가는 단원 몇 명.

단실 쪽에서 매캐한 연기가 새어 나온다.

단실 쪽으로 가 문 열어 보면 혹하고 치솟는 불길.

놀라 뛰어가 소화기며 물이며 가져와 불길을 진압해 보지만 쉽지 않다.

기수대장(E)    2002년 월드컵 4강전 날, 응원단실에 불이 났단 거 아니냐. 다행히 다친 사람은 없었는데 왜 불이 났는지 원인은 밝혀지지 않았지.


S#34. 응원단실 / 낮 / 과거

점쟁이    둘째, 2011년 응원단에서 네 개의 다리가 부러질 거야.


S#35. 노천 무대 / 낮 / 과거

자막    2011년 3월

단장, 네 개의 (시설물) 다리 모형을 야구 방망이로 부서뜨린다.

단장    봤지? 이걸로 올해 액운은 끝이야! (음하하하 웃는)

단원들　　　(이게 뭐 하는 짓인가 싶지만, 별수 없이 억지로 웃으며 박수)

자막　　　　2011년 8월

노천 무대에서 응원 연습 하고 있는 단원들.
노천 무대에 무대 설치하던 설치팀.
무대 설치하다 손 놓치고 설치물, 단원들을 향해 떨어진다. 소리
지르는 단원들.

S#36. 응급실 / 낮 / 과거

응급실에 몰려와 있는 단원들.
네 개의 베드에 네 명의 응원단원들 한쪽 다리에 깁스하고 있다.
수심에 찬 단원들 보는 단장.

기수대장(E)　　그해 무대 사고로 네 명이 다리가 부러져서 깁스를 했고.

S#37. 대강당 밖 / 낮

기수대장　　여기서 제일 중요한 게 바로 세 번째 예언인데. 그게 바로 올해
거든.
기수대원　　(흥미진진해 하며 보면) 올해, 뭐요?
기수대장　　(뜸 들이며 단원 보는)

S#38. 학생처장 방 / 낮

학생처장과 지영(38세, 여) 한쪽에 앉아 있고, 반대쪽에 앉아 있는
정우와 초희.

정우          이미 축소된 예산을 더 줄인다니요!

학생처장      (손톱 갈며 행동과 달리 말은 담뿍 안타까움 담아) 그니까. 이게 참… 50
            년 응원단 역사에 스크래치도 가고 나도 이렇게 가슴 찢어지게
            안타깝고 그런데. (간 손톱 후 불곤 차가운 표정으로 보며) 너무 이슈가
            커졌어.

            INS) 몽타주 컷들, 빠른 속도로 지나간다.
            #신문 헤드라인
            호대 축제엔 트와이스·아이유 왔는데… 연대 응원단, 부실 축제
            논란 공식 사과 "공청회 열겠다"
            /테이아 응원단 회계 공개했지만 예산 집행 내역 불투명.
            /연희대 테이아 단장, 부실 축제 책임으로 경질.

학생처장(E)   공청회에 부실 축제 의혹에.

            #에타 게시글 제목
            테이아 터질 게 터진 거 아님?
            /테이아 뭔데 억대 예산을 자기네 맘대로 씀?
            /테이아 폐지 청원 ㄱㄱ
            해당 글 조회와 좋아요 수 끝없이 올라간다.

| 학생처장 | 응원단 폐지까지 안 간 것만으로도 감지덕지하는 편이, 서로 수월하지 않겠어? (손톱 매만지며) 사실 요새 다들 먹고살기 바빠서 (정우 보며) 축제니 응원전이니 뭐, 그냥 구색 맞추자고 하는 거지, 예전 같진 않잖아? |
| 정우, 초희 | … |

## S#39. 학생처 / 낮

지영 바쁘게 일하면, 졸졸 쫓아다니면서 읍소하는 정우와 초희.

| 정우 | 차장님, 이거 말 안 되잖아요. 여기서 어떻게 더 줄여요! |
| 지영 | (자기 자리 쪽으로 가며) 그러게 누가 그렇게 대형 사고 치래? |
| 초희 | 그건 이미 책임 묻고 경질도 다 했는데. |
| 지영 | (OL) 연대 책임 몰라? 너희들 개인한테 예산 주는 거야? 응원단에 주는 거지. (휘이휘이 하며) 너네 말고도 돈 달라는 데가 천지야. 이미 올해 예산안 결재 끝났으니 그만 징징대. |
| 초희 | (졸라 보려고) 그러지 말고 차장님이 처장님한테 함 다시. |
| 지영 | (OL, 정색하고) 그만 징징대라고 했다. |
| 정우 | (갑자기 무릎 꿇는다) 차장님 제발 한 번만 재고해 주시면 안 될까요? |
| 지영 | (가소롭다는 듯 보다) 네 무릎 따위가 돈이 될 거라고 생각하는 거야 설마? (초희 보며) 설마 아닐 거야 그지? |
| 정우 | (스프링처럼 벌떡 일어나며) 오늘 연습을 많이 했더니 다리에 힘이… |
| 초희 | ('왜 부끄러움은 나의 몫인가…') |

| 지영 | (가지가지 한다 싶다) 나 바빠. 얼른들 사라져. (하고 시선 돌리는데 학생 |
| | 처 밖 문에 붙어 염탐하듯 보는 영웅 보인다. 깜짝 놀라 중얼) 아 저 미친 인 |
| | 간. (고개 홱 돌려 무시하는) |
| 영웅 | (슥 사라진다) |
| 정우, 초희 | (영웅 못 봤고, 지영 말에 그저 허탈) |

<br>

S#40. 의대 건물 / 낮

계단으로 내려오는 한 무리.
무리 안에 재혁, 선호, 용일, 남학생1, 여학생1이 있다.

| 남학생1 | 동아리는 생각한 거 있어? |
| 재혁 | 의대 밴드부 할까 생각 중야. 중앙 동아린 본과 들어가면 아무래 |
| | 도 못 할 테니 단과대 동아리가 낫지 싶어서. 선배들 인맥 쌓기 |
| | 도 좋고. |
| 남학생1 | 거기 경쟁률 세던데 (선호 보며) 넌? 넌 밴드부 하면 비주얼로 바 |
| | 로 합격될 거 같은데. |
| 재혁 | (표정) |
| 선호 | 글쎄. 난 단과대 동아리는 좀 답답할 거 같아서. |
| 재혁 | (선호 보는데 은근 재수 없고) |
| 용일 | (물어보지도 않았는데) 낸 정했다! |
| 여학생1 | 어디? |
| 용일 | (결의에 차) 응원단! |
| 여학생1 | (표정) 응원단? 거기 망삘 아닌가? |

선호          (용일 보는)


S#41. 의대 건물 앞 / 낮

의대 건물 앞에서 핸드폰 만지작거리며 누군가 기다리고 있는
해이.
핸드폰으로 시계 확인하는데 배경 화면, 커플 운동화 사진이다.
커플 운동화 사진을 물끄러미 보는데 마음 복잡해지는 해이.
결국 사진 보이지 않게 핸드폰 화면을 돌린다.
재혁과 선호 무리, 건물 밖으로 나오는데 입구에 해이가 기다리
고 있다.
재혁, 해이 발견하곤 굳은 얼굴로 해이 본다. 선호 역시 해이 알
아보고.
해이, 막상 재혁이 나오자 망설이는데… 이내 결심한 듯 재혁 쪽
으로 가는 해이.


재혁          (살짝 화나서) 해이 너 어떻게 된 거야? 잠수 타고 연락도 안 되고.
선호          (해이 보는)
남학생1       (호기심 가득해) 누구…? 여자 친구?
해이          (재혁 보다) 이재혁. 우리 헤어지자.


친구들뿐 아니라 지나가던 사람들까지 시선 집중이다.
이를 흥미롭게 보고 있는 선호.

| 재혁 | (당황해서) 뭐? |
|---|---|
| 해이 | 내가 참아 보려고 했는데 네가 너~무 귀한 자식이라서. 아침마다 입을 옷도 엄마가 골라주잖아? (재혁의 곰돌이 니트 보다, 가면) |
| 일동 | ('마마보이야?', '곰돌이 어쩔.' 등등의 말 수군수군) |
| 재혁 | (당황해) 아니야! |
| 친구들 | (큼큼) |
| 재혁 | 아니라고! (하는데 엄마한테 전화 온다. 당황해 보다 전화 받고 조용히) 엄마 내가 나중에 다시 전화할게. |
| 사람들 | (수군수군) |
| 재혁 | 아니라고… ('아, 이게 아닌데…' 자존심 상하고) |
| 선호 | (풋 하고 웃음 터진다) |

돌아서서 가는 해이. 얼굴 굳는다. 재혁, 가는 해이 보며 붙잡고 얘기라도 해야 하나 싶다. 주변 시선에 짜증도 나고 울상이다. 선호, 가는 해이 보다 재혁 본다.


S#42. 교정 일각 / 낮

도망치듯 뛰어와 인적 없는 틈 보이자 그쪽으로 가 쭈그려 앉는 해이.
숨을 고르다 얼굴을 푹 무릎에 묻는다.

| 선호(E) | 해이? (마치 hey처럼) |
|---|---|
| 해이 | (그 소리에 묻었던 얼굴 드는데, 눈물범벅이고) |

| 선호 | (휴지 내밀고, 우는 해이를 물끄러미 바라보고 있는) |
|---|---|
| 해이 | (꾸벅하며 휴지 받고, 이제 가 달라는 듯 손짓하면) |
| 선호 | (해이 보다, 일어나 간다) |

/해이 뒤로 하고 걸어가는 선호 2주 전 일이 생각난다.

### S#43. 거리 / 밤 / 선호 회상

팩소주 마시며 터덜터덜 걸어가는 최집사 조끼 입은 해이.
선호, 알아보고 아는 체하려는데.

| 해이 | (멈춰서 갑자기 큰 소리로) 개새끼! |
|---|---|

선호 멈칫, 더 다가가지 못하고 멈추는데.

| 해이 | (주저앉아 엉엉 울며) **나쁜 놈. 나쁜 자식.** (눈물 닦는데 눈물 멈추지 않는다) |
|---|---|

그런 해이 보고 있는 선호.

### S#44. 교정 일각 / 낮

걸어가는 선호 얼굴 이어지는데. 선호, 무슨 생각을 하는지 모르겠다.

S#45. 복도 / 낮

　　　단실 쪽으로 걸어가는 초희와 정우.


초희　　　무슨 무릎에 스프링 단 줄. (어이없어) 거기서 갑자기 무릎을 왜 꿇
　　　　　어. 신 차장님 눈썹 하나 깜짝 안 할 사람인 거 뻔히 알면서.

정우　　　뭐라도 해 보려고 그랬지.

초희　　　(어깨 툭툭) 고생이 많다. 작년에 싼 똥, 뼈 빠지게 치우게 생겼네.
　　　　　(정우 보며) 어차피 고생하는 김에 빡세게 해서 올해 정상화 시켜
　　　　　놔. 내년에 똥 치우기 싫으니까.

정우　　　(초희 보며) 넌 네 걱정뿐이지?

초희　　　올핸 네 일이고. 내년엔 내 일이니까.

정우　　　그래, 넌 참 일관성 있게 네 생각만 하는구나.

초희　　　(끄덕끄덕) 올해 이 와중에 예언까지 겹쳐서. (하 한숨) 우리 진짜 뭐
　　　　　굿이라도 해야 되나? 재작년부터 (하다 아차 싶어 말 끊고)

정우　　　(그 말에 표정 굳고 단장실 문 여는)




S#46. 단장실 + 무대 / 낮 / 정우 꿈

　　　햇살 내리쬐는 단장실에서 단복 입고 창문 보던 유민.


정우　　　누나?

유민　　　(웃으며 서서히 고개 돌리는데, 역광으로 얼굴 잘 안 보이며) 왔어?


　　　정우, 유민 쪽으로 다가가려는데 유민 주변으로 화면 암전됐다

가 유민에게 핀 조명 떨어지며 공간 무대로 바뀐다. 좀 전의 유민과 다르게 스산한 분위기의 유민. 이때 유민 위로 조명 떨어지고. 밑에 있던 유민, 떨어지는 조명을 물끄러미 본다. 이를 본 정우, 유민 쪽으로 뛰어가며.

정우(E)  안 돼!


S#47. 단장실 / 밤

'안 돼!' 소리와 함께 식은땀 흘리며 일어나는 정우. 얕게 헉헉대며 감정 추스르는데 이때 단장실 문 덜컥 돌리는 소리 들리고.

정우  누구야? (하는데 답 없다)


S#48. 단장실 밖 / 밤

정우, 나와 보는데 아무도 없고. 이상해 주변 둘러보면 역시 아무도 없다.
다시 단장실로 들어가는 정우. 정우 들어가자 한쪽에서 슥 사라지는 그림자.


S#49. 스터디 카페 세미나실 / 밤

남자 고등학생 세 명 그룹과외 하는 해이. 과목 영어.

| | |
|---|---|
| 해이 | 빈칸은 보통 주제랑 관련이 있으니까. 주제를 찾는 게 중요해. |
| 남고생1 | 쌤, 오늘 더 예쁜 거 같은 건 기분 탓인가요? |
| 해이 | (보다) 쌤이 오늘 기분이 아주 별로 거든. 너 한 번만 더 쌤 얼평하면 성희롱으로 경찰에 신고해 버린다. 정신 차리고 문제나 풀자? |
| 남고생2 | 애가 쌤 좋아한대요. |
| 남고생1 | (그 말에 확 부끄럽다) 아, 이 미친 새끼. |
| 해이 | 시끄럽고, 빨리 문제나 안 풀어? |

/남고생 1, 2, 3 나가면 해이, 자리 정리하는데 이때 전화 온다. 발신자 'VIP 고갱님', 해이 큼큼하고 전화 받는다.

| | |
|---|---|
| 해이 | (세상 친절하게) 네 성철이 어머님. (사이) 네 수업 잘 끝났어요. (사이, 표정 굳는) 네? 그게 무슨… 모의고사 성적도 많이 올랐는데… |
| 성철 모(E) | 아니, 나도 그래서 선생님한테 애들 계속 맡기고 싶었는데… 성철이가 선생님을 좋아한다고 기태 엄마가. 알다시피 애들 중요한 땐데 그런데 신경 쓰면 좀 그렇잖아요. |
| 해이 | 에이, 어머님. 그건 그냥 호기심 같은. |
| 성철 모(E) | 알죠, 아는데. 우리 입장에선 좀 그래. 한창 혈기왕성한 남자애들이라. |
| 해이 | 네… 네 어쩔 수 없죠. 네, 들어가세요. (전화 끊고) 아오. (하고 책을 책상 위로 획 던지는) |

S#50. 해이 집 / 밤

부엌에서 교복 입은 재이, 찌개 끓이고 있다.

해이     (가방 던지며 괜히 재이한테 승질) 너희들은 무슨 호르몬의 노예냐?

재이     (중얼) 또 지랄병이 나셨구먼. (유유히 된장찌개 간 본다)

춘양     (들어오며 해이 흘겨보고 들어가 재이에게 살갑게) 아들, 밥 줘.


(CUT TO)


거실에 반상 하나 펴고 밥 먹는 셋. 된장찌개에 집 반찬 몇 개 나
름 소담하고 맛있어 보이는 식탁이다. 해이, 우걱우걱 밥 먹고
있다.


춘양     그러게 좀만 들 생기지. 왜 엄말 닮아서.

해이     (어이없어 보다 무시하고) 4월부터는 학점 따야 돼서 그 전에 바짝
        땡겨야 되는데. 당장 과외 빵꾸 난 60을 어서 땜빵하냐.

춘양     쉬엄쉬엄해. 너 주식으로 돈 좀 벌었다며. 당장 생활비는 있
        잖아.

해이     (한심하다는 듯 춘양 보며 숟가락 들고 강의하듯) 엄마, 가난이 왜 엿 같은
        줄 알아?

춘양     (보면)

해이     (숟가락 위아래로 움직이며) 미래는 없고 현재만 있거든. 미래를 그리
        려면 목돈이 필요한데 현재만 막기 급급하니까 미래를 그릴 수
        가 없어. 그래서 가난이 엿 같은 거야.

| 춘양 | 아… |
|---|---|
| 해이 | 이 가난의 고리를 끊으려면 목돈이 필요해. (중얼) 평생 하급 취급받으면서 살 순 없잖아. (밥 팍팍 먹는) |
| 춘양 | (감탄) 더 해 봐. |
| 해이 | 뭘? |
| 춘양 | 있어 보이는 말. 난 네가 이런 말 하고 그러면 막 짜릿하더라. 아 내 딸이 정말 명문대생이구나 싶고, 기분이 썩 괜찮아. |
| 해이 | (그랬어? 잘난 척하며 새침하게 어깨 으쓱) |
| 재이 | 이달엔 내가 좀 보탤게. 학원에서 채점 알바하기로 했어. |
| 해이 | 너 내 얘기 뭐 들었어. 현재만 막으면서 살면 미래가 없다니까? 고3이 무슨 알바야. 넌 공부나 해. 누나가 알아서 할 테니까. |
| 재이 | … |
| 춘양 | 난 가끔 네가 엄마 같아. |
| 해이 | (흘기면) |
| 춘양 | (밥 먹는) |

이때 해이 핸드폰으로 최집사콜 들어온다. 해이, 일어나 나갈 준비한다.

| 춘양 | (익숙한 듯) 밥은 먹고 나가. |
|---|---|
| 해이 | (밥 마저 한술에 퍼먹고 나가면) |
| 춘양 | 네 누나 성공해도 우리 모른 척 안 하겠지? |
| 재이 | (밥 먹으며) 그러고도 남지. |

S#51. 아파트 / 밤

최집사 조끼 입고 알바 중인 해이. 엘리베이터에서 교내 아르바이트 공고 보고 있다. 시급 센 알바 자리가 마땅히 없고 한숨 나온다. 창 끄는데 핸드폰 배경 화면으로 보이는 커플 운동화 사진. 해이, 사진 보다 설정 창으로 가 화면을 기본 화면으로 바꾼다. 씁쓸함과 슬픔이 뒤섞인 얼굴로 바뀐 화면을 보다, 엘리베이터 서자 내린다.

/아파트 나오며 게시판에 과외 전단지 붙이는 해이. 전단지엔 '연희대학교' 크게 강조돼 적혀 있다.


S#52. 교정 일각 / 낮

동아리 거리제. 길 한쪽으로 주욱 동아리들 접수하는 책상 놓여 있다.

각자 홍보 중인 동아리들. 그중 응원단 책상도 보인다. 운찬과 정우, 책상에 앉아 있다. 이때 접수대 쪽으로 오는 영웅. 역시 막대 사탕 먹으며 추리닝 차림이다. 인사하는 운찬과 정우. 영웅, 어슬렁어슬렁 와서 운찬 앞에 있는 입회 원서 들어 훑어본다. 두 장뿐이다.

| | |
|---|---|
| 영웅 | (정우 보며) 이래서 괜찮겠어? |
| 정우 | 첫날인데요 뭐. |
| 운찬 | 신입생들 사이에서 응원단 지원하면 선배한테 찍힌단 소문도 돈대요. (한숨) |

영웅, 입회 원서 내려놓고 교정 쪽으로 다시 어슬렁어슬렁 간다.

| | |
|---|---|
| 운찬 | (가는 영웅 보며) 누가 보면 응원단이 영웅 선배 자식인 줄 알겠어요. 돈 많고 할 일이 없어 그런가… |
| 정우 | … |
| 운찬 | (묵묵부답인 정우에 허공에 대고 누구 찾듯) 단장, Hey~ 어딨어요? 저 지금 혼자죠? 둘이 있는 거 아니죠? |
| 정우 | (운찬 머리 치우고 책상 위 응원단 원서 뭉치 들고 일어나는) |
| 운찬 | ?? 그건 왜? |
| 정우 | (뭐라 답하지 않고 가방에 챙겨 가는) |
| 해이(E) | 응원단? |

/거리제 근처 걸어가고 있는 선자와 해이.

| | |
|---|---|
| 해이 | 거기 완전 부정부패 집단이더만. 단장 봐, 딱 히틀러 각이잖아. |
| 선자 | (둠칫둠칫 하며) 올해는 뽕빨에 취해서 살아 볼라고. (해이 꼬시며) 조인 해. 대학의 낭만을 빡 느껴 보자고. |
| 해이 | (살짝 자조적으로) 이 언니가 그런 비생산적인 데서 낭만 찾을 시간이 음따. |
| 선자 | (쩝) 그치. 내가 알지. 네 낭만 없는 스케줄. 알바를 respect, 이 CF는 네가 찍어야 되는데. |
| 해이 | (픽 웃는) |
| 선자 | 더러운 자본주의에선 낭만도 시간이 있어야 찾을 수 있는 건가. |
| 해이 | 나 동아리 할 거야. 다른 거. |

| 선자 | 뭐? |
|---|---|
| 해이 | (빙긋 웃곤 선자 자신만만히 보는) |

/주식 투자 동아리 접수대 앞에 선 해이. 접수 원서 내민다.

| 선배1 | (끄덕) 접수했어요. 연락 줄게요. |
|---|---|
| 해이 | 네. (꾸벅 인사하고 가는) |

S#53. 교정 일각 / 낮

신입생들 많이 돌아다니는 건물 앞. 정우, 지원서 직접 돌리고 있다.

| 정우 | 테이아 51기 모집 중이에요. 읽어 보고 관심 있음 지원해 주세요. |
|---|---|
| 신입생 | (받는) |
| 정우 | (다른 학생에게 다가가는데) |
| 다른 학생 | (잡상인 취급하며 손 절레절레하고, 이어폰 꽂으며 지나가는) |
| 정우 | (지치지 않고 다른 학생에게 다가가) 신입생이에요? |

멀리 벤치에 앉아 막대 사탕 먹으며, 이를 보고 있는 영웅.
정우에게서 시선 옮겨 다른 쪽 옆을 보는데 지나가는 해이 보인다.
맞은편에서 오던 선호는 해이와 마주치고, 선호가 반갑게 인사하면 해이 과장되게 반가운 척 인사하다 표정 싹 바꾸고 간다. 역시 재밌다는 듯 해이를 보는 선호. 그리고 그런 선호를 힐금힐금 보는 여학생들. 선호 보다 다시 해이 쪽으로 시선 향하는 영웅.

영웅        (사탕 쭉쭉 빨며) 너구나, 피리 부는 신입생.

정우(E)     네? 피리 부는 신입생이요?

S#54. 교정 일각 / 낮

주변 접수대는 그래도 북적북적한데 접수하는 사람 한 명도 없는 응원단 접수대. 영웅, 정우와 얘기 중이다. 정우, 뭔 소리냐는 표정.

영웅        내가 조사를 해 봤는데.

INS) 술집(치얼스)

신입생들 모인 데 껴서 얘기 듣는 영웅.

영웅(E)     대부분 애들이 줏대가 없어. 동아리 왜 드냐니까 그냥 쟤가 드니까 든대.

영웅        그럼 젤 많은 신입생을 줄줄이 비엔나소시지처럼 엮어 올 사람이 누구겠어? 젤 인기 많은 애겠지. 그래서 지금 신입생 중에 누가 젤 인기가 많냐 했더니 진선호래. 근데 마침 진선호가 도해이

한테 관심이 있어. 이 말은 뭐다? 우리가 도해이 하나 건지면 줄

줄이 굴비 엮이듯 신입생이 굴러 들어온단 거지.

정우      (황당) 그래서요?

영웅      ('쯧쯧 그렇게 감이 없어서야.'라는 듯 정우 보다 비장하게) 데려와야지. 피

리 부는 신입생.

정우      (황당)


S#55. 학생식당 / 낮

학식 먹고 있는 해이. 열심히 우걱우걱 먹고 있다.

손에는 핸드폰으로 알바 공고 보고 있는데.

이때 해이 앞으로 식판 들고 와 앉는 영웅.


영웅      (먹으며) 여기보다 C관 식당 학식이 더 맛있는데.

해이      (무시하고 먹는)

영웅      이상한 사람처럼 보이겠지만… 이상한 사람이야.

해이      (좀 무서워지기 시작했다. 식판 들고 자리 옮기려는데)

영웅      (내려놓으라는 듯 숟가락으로 손짓하고) 내가 거절할 수 없는 제안을 하

나 하지.

해이      (무시하고 가려는데)

영웅      학생 혹시 돈을 믿나?

해이      (보면)

영웅      (빙긋 미소 지으며 해이 보는)

해이      그러니까 한 달 동안 응원단을 하면 알바비를 주겠다.

| | |
|---|---|
| 영웅 | (끄덕) |
| 해이 | 아저씨가요? 왜요? |
| 영웅 | 중요해? |
| 해이 | 이상하잖아요. 아저씨가 뭔데요? |
| 영웅 | 나? 테이아 34기. |
| 해이 | (헐) 아저씨 설마… 아직도 졸업 못 했어요? |
| 영웅 | 아, 뭐 싫음 말고. (일어나려는데) |
| 해이 | (장사 하루 이틀 하냐는 듯 붙잡고) 아, 왜 이러실까. (미심쩍어) 진짜 응원단 활동만 하면 되는 거예요? 다른 조건 없고? |
| 영웅 | (끄덕) |
| 해이 | (수상쩍기도 한데…) 얼마나… 줄 수 있는데요? |
| 영웅 | 80? |
| 해이 | 100 |
| 영웅 | ! (예상 못 한 딜에) 지금도 적은 금액은 아닐 텐데. |
| 해이 | 제가 워낙 고급 인력이라… 싫음 말구요. (일어나려는데) |
| 영웅 | (붙잡으며) 장사 하루 이틀 하나 90. |
| 해이 | 95. |
| 영웅 | 93. |
| 해이 | 아, 쪼잔하게 5단위로 끊는 게 깔끔하잖아요. |
| 영웅 | 오케이, 95. |
| 해이 | 헐, 진짜 주게요? |
| 영웅 | (끄덕) 단, 비밀 유지 조건으로. |
| 해이 | (영 수상쩍다) 생각해 볼게요. |
| 영웅 | 아, 왜~ 5단위로 끊어 줬잖아. |

| | |
|---|---|
| 해이 | (그때 핸드폰 받으며 일어나선) 어, 어. 어디? 알았어. 지금 가. (가면서) 생각해 보고 연락드릴게요. |

S#56. 교정 일각 / 낮

핸드폰 하는 척하며 나와 핸드폰 내려놓는데, 빈 화면이다.

| | |
|---|---|
| 해이 | (영웅 쪽 보며 좀 쫄았다) 뭐야, 사기꾼 아냐? |

S#57. 해이 집_해이 방 / 밤

해이, 앉은뱅이책상에서 응원단 영상 보고 있다.
춘양, 씻었는지 수건 머리에 말고 들어오다 동영상 보는 해이
본다.

| | |
|---|---|
| 춘양 | (해이 뒤로 와, 동영상 제목 보고) 응원단? |
| 해이 | (얼른 끄는) 기척 좀 하고 다니지? |
| 춘양 | 딸내미 응원단 하게? |
| 해이 | 선자가 보내줘서 본 거야. 내가 이런 거 할 시간이 어디 있어. |
| 춘양 | 왜, 해? 너 한 춤 하잖아. 가서 무대 찢어 주는 거지. |
| 해이 | (표정) 그런 말은 어서 주워들어서. |
| 춘양 | 좋잖아. (덩실덩실) 춤도 추고 노래도 하고 신명 나게 놀아 재끼는 거지. (계속 덩실덩실) 내가 하고 싶다 야. |
| 해이 | (표정) 이게 무슨 민속놀이인 줄 알아? |

| 춘양 | (해이 보다 화장대 쪽으로 머리 말리러 가며) 그런 것도 다 한때다. (화장대 거울로 해이 보며) 할 수 있을 때 해야지. 이 엄만 하고 싶어도 못해요. |
| --- | --- |
| 해이 | ··· (핸드폰 응원단 정지 화면 힐끗 다시 보는) |

S#58. 교정 일각 / 낮

벤치에 앉아 중얼거리는 해이.

| 해이 | (중얼) 그래. 사람이 없으니 돈 주고 사람을 사려는 거지. 사람을 믿는 게 아니라 돈을 믿으면 돼. 돈은 거짓말을 하지 않아. 아, 근데 하필 그 재수탱이가 단장이라. |
| --- | --- |
| 영웅(E) | (심봤다처럼) 찾았다! |
| 해이 | (보면) |
| 영웅 | (간절하게 해이 쪽으로 오며) 아니 그러고 가서 왜 소식이 없어. 그래서 생각은 좀 해 봤어? |
| 해이 | (고민되는 얼굴로 뭔가 말하려는데) 그··· |
| 영웅 | (OL) 그래 100! 한 달에 100! |
| 해이 | (영웅 보는) |

S#59. 교정 일각 / 낮

응원단 접수대에 앉아 책 읽고 있는 정우. 이때 누군가 획 내미는 입회원서. 정우, 반가운 마음에 고개 들어 보면 해이다.

| 정우 | (의외다. 떨떠름하게 원서 받으며) 미친놈이 있는데 괜찮겠어요? |
|---|---|
| 해이 | 괜찮아요. 저도 미친년인걸요. (빙긋하고 돌아가면) |
| 정우 | (표정, 마뜩잖지만 가릴 처지가 아니다. 접수 원서 받는) |

/해이가 원서 접수하고 가는 거 보고 있는 선호.
어느새 다가왔는지 영웅이 선호 옆에서 중얼거린다.

| 영웅 | (기침하며) 도해이 학생, 응원단에 들어가는구먼. (슥 가는) |

선호, 뭐지 싶어 가는 영웅 보다 접수대 쪽으로 걸어가 원서 받자마자 그 자리에서 지원서 작성한다. 지원 동기에 '도해이'라고 쓰는 선호.

| 선호 | (원서 내고 빙긋 웃고) 가면 되나요? |
|---|---|
| 정우 | 예. 연락드릴게요. |
| 선호 | (꾸벅 인사하고 가는) |
| 정우 | (가는 선호 보다, 선호 원서 지원 동기의 도해이 보고, 이름 진선호 본다) |

/걸어가는 선호를 툭 치는 누군가, 선호 보면 기수대원이다.

| 기수대원 | 너 응원단 하게? 저기 완전 내리막이야, 그러지 말고 기수대 들어와. 내가 잘해 줄게. |
|---|---|
| 선호 | (그냥 웃는) |
| 기수대원 | 응원단 올해, 엄청 찝찝한 말도 돌아. |

| 선호 | 찝찝한 말이요? |
|---|---|
| 기수대원 | (비밀 알려 준다는 듯 은밀히) 응원단에 삼대 예언이 있는데. |
| 선호 | (보는) |

S#60. 응원단실 앞 / 낮

단실 문에 <면접실>이라고 쓰여 있다.
대기실에 듬성듬성 앉아 있는 지원자들. 10명 정도 된다.
대기실에 앉아 지원자들을 보며 기분 다운돼 막대사탕 먹는 영웅.

| 영웅 | (면접자 숫자에 실망하며 중얼) 줏대가… 있었어. |
|---|---|

영웅 어디서부터 잘못된 거지… 사탕 먹으며 절레절레.
해이, 영웅 보며 왜 저러나 싶다. 시선 돌리는데 선호와 눈 마주
치고. '아, 쟤 또 여기서?' 싶다. 선호, 빙긋 웃어 보이면, 해이, 애
매한 미소 지어 보인다.

S#61. 응원단실 / 낮

정우, 초희, 소윤, 운찬, 면접관으로 앉아 있고 그 앞에서 댄스 음
악에 혼신의 힘을 다해 격렬히 춤추고 있는 선자. 춤사위 과장되
나 꽤 잘 춘다.

| 정우 | (음악 끊으며) 잘 봤어요. |
|---|---|

| | |
|---|---|
| 선자 | 아뇨, 아직 끝나지 않았어요. (다시 무음 배경으로 홀로 격렬한 춤) |
| 일동 | … (멍하니 선자 춤추는 거 보는) |

/소심히 국민체조 하고 있는 용일.
점점 점입가경이다 싶은 단원들. 용일 그 와중에 초희 보고 발
그레.
/면접 보는 민재. 뚱한 표정으로 서 있다.

| | |
|---|---|
| 소윤 | (민재 눈도 못 마주치고 소심히) 응원단은 고등학교 때부터 들어오고 싶었다고요. |
| 민재 | (내용과 반대로 세상 뚱한 표정으로) 네. |
| 소윤 | (아…) 그렇…군요… (지원서 보다 3수인 걸 확인하고 흠칫) 3수…? |
| 운찬 | (농담처럼) 에이 설마 여기 들어온다고 3수 한 건 아니죠? |
| 민재 | (뚱하게) 맞는데요. |
| 운찬 | (아…) |

/면접 보고 있는 해이.

| | |
|---|---|
| 초희 | 응원단에 왜 들어오고 싶어요? |
| 해이 | (면접 정답처럼) 대학 생활에 기억에 남는 의미 있는 활동이 될 것 같아 지원했습니다! |
| 정우 | (천연덕스러운 대답에 어이없어 원서에 눈 둔 채 헛웃음) |
| 해이 | ('저 자식이 근데.', 표정 하다 초희 보자 다시 웃는) |
| 초희 | (가식적인 답변에 역시 약간 냉하게) 체력은 좀 돼요? 우리 훈련 강도 |

가 센대.

| | |
|---|---|
| 해이 | (주변 돌아보다 공간 뒤쪽으로 가는) |
| 일동 | ?? (보면) |
| 해이 | (뒤쪽에서 앞쪽으로 텀블링 두어 번 가볍게 하고 착지) |
| 일동 | (우와 감탄) |
| 정우 | (역시 좀 놀랐다) |
| 해이 | (다시 원래 섰던 자리로 유유히 와) 체력은 웬만한 사람보단 좋아요. |
| 초희 | (잘한다 싶다. 만족해서) 그래 보이네요. |
| 해이 | (웃는) |

/면접 보고 있는 선호.

| | |
|---|---|
| 초희 | (원서 보며) 응원단 지원 이유가… 도해이? 도해이 학생이 지원해서 지원한 거예요? |
| 선호 | 네. |
| 초희 | 도해이 학생이 없으면. |
| 선호 | 아쉽겠죠. |
| 초희 | (보는) |
| 선호 | (미소) |
| 정우 | 훈련도 많고, 개인 시간도 생각보다 많이 뺏길 거예요. 뭐 대단한 진심까진 필요 없지만, 호기심만으론 못 버틸 텐데. |
| 선호 | 마크 주커버그도 페이스북 만든 첫 이유가 '내 옆 기숙사에는 어떤 여자가 살까?'였다고 하던데. 동기보다 동력이 중요하지 않을까요? (빙긋) 잘할 자신 있습니다. 이래 봬도 튼튼하고, 몸도 |

잘 쓰거든요.

초희       (흥미롭고) 보여 줄 수 있어요?

선호       (끄덕)


(CUT TO)


선호, 음악에 맞춰서 막춤 추는데… 딱 봐도… 몸치다.

단원들 서로 쳐다보며 어리둥절 '뭐야 잘 춘다며.' 등등 말하고.

선호, 몸부림 끝내고 해맑게 보면 단원들 황당히 선호 본다.


S#62. 학교 건물 전경 / 밤


S#63. 응원단실 / 밤

       면접 끝난 듯 모여 앉아 있는 정우, 초희, 운찬, 소윤.


초희       형식상 면접은 봤지만, (원서 들어 보이며) 꼴랑 12명인데, 다 붙여

              야지 뭐.

운찬       진짜 나 때는 응원단 문턱도 못 밟을 애들인데. (과장되게 고개 절레절레)

소윤       매년 20명씩 뽑아도 절반도 못 버티는데… 걱정이네요.

초희       (한숨) 신입생을 모시고 살 판이네.

정우       (고민 깊어지고)

S#64. 교정 일각 / 낮 / 몽타주

교정에서 걸어가던 해이와 선자. 동시에 문자와 핸드폰 보면.


INS) 문자 메시지

2019 '테이아' 단원이 된 걸 축하합니다.

해이와 선자, 서로 봤냐는 듯 쳐다보고 하이파이브 하려는데 슥 피하고 가는 선자. 해이, '에이씨' 하고 선자 따라간다.

/각기 합격 문자 받는 선호, 용일, 민재. 각자 문자 보고 표정.


S#65. 노천극장 / 낮

노천 쪽에 12명의 신입생. 연습복 (검은 티에 흰색 글자로 '테이아' 쓰여 있다) 입고 모여 있다. 해이, 용일, 선자, 민재, 선호 보인다. 서로 어색하고 긴장된 기류 감돈다. 해이가 선호와 눈 마주치자 선호, 빙긋 웃으며 인사한다. 이때 정우, 신입생들 앞쪽으로 걸어온다. 신입생들, 일동 주목한다.

정우     테이아 51기 단장 박정웁니다. (신입생들 보며) 여러분 모두 각기 다른 기대로 응원단에 지원했을 겁니다.


신입생들 긴장된 얼굴 하나씩 보이며, 그 위로 정우 목소리 들린다.

정우(E)   누군가는 대학 생활에 추억을 쌓고 싶어서, 누군가는 단상 위에서 보고 싶어서, 누군가는 그냥 호기심에.

| 정우 | 그 기대들은 어쩌면 맞고, 어쩌면 전혀 다를 겁니다. 그래도 한 가지 약속할 수 있는 건, 그 끝엔 반드시 모든 걸 보상할 만한 순간이 함께 할 거란 겁니다. |
|---|---|
| 신입생들 | (기대의 눈빛) |
| 정우 | 여러분이 꼭 그 순간을 함께하길 기대하겠습니다. 테이아 51기 신입 단원이 되신 걸 환영합니다. |

신입생들 각자 상기된 표정으로 정우 보는데, 이때 선호 손 번쩍 든다.

| 기수대원(E) | 세 번째 예언이… |
|---|---|
| 정우 | (선호 보고, 얘기하라는 듯 몸짓하면) |
| 기수대원(E) | 2019년 응원단 현역 중 한 명이… |
| 선호 | 올해 응원단에서 한 명이 죽을 거란 말이 돈다던데 사실인가요? |
| 일동 | (놀라 선호 보는) |

정우, 선호 보면 선호 호기심에 물어본다는 듯 천진한 얼굴로 정우 보는데.

INS) 거리 / 밤

쓰러진 누군가, 피 묻은 단복. 흐르는 피 흥건하다.
INS컷의 피해자가 해이인 양.
선호 말에 놀라 보는 해이 얼굴 이어지는 데서.

엔딩.

S#66. 노천극장 / 낮

    S#10 이어.
    정우, 치약 묻힌 자기 칫솔로 도해이 빡빡 지우고 있다.

정우      (희미하게 남은 '도해이' 글자 보며 이 꽉 깨물고) 도해이. (하는데 문득 생각나는)

    INS) S#21

영준      근데 도해이 걘 뭘 그렇게 알바를 뛰어? 그렇게 없어?
재혁      (담배 끄며) 그냥, 내가 감당할 수 있는 급이 아냐.

    재혁과 영준, 담배 다 피우고 클럽으로 들어간다.

해이      (핏기 없는 얼굴로 있다, 문득 생각나) 아, 죄송해요. 가셔도 돼요.

    누군가 얼굴 드러나면… 그 사람 정우다. 정우, 해이 보고 뭔가
    말하려다 아니다 싶어 자리 비켜준다.

정우      (이전과 다르게 누그러져) 우리 학교였네.

    계단에 희미하게 남아 있는 '도해이' 보는 정우에서.

                               엔딩.

S#1. 유치원 강당 / 낮 / 과거

'그대에게' 오프닝 음악 울려 퍼지는 유치원 대강당.

단상에서 재롱잔치 하는 해이(7세, 여)와 해바라기 반 친구들.

응원복 갖춰 입고 '그대에게'에 맞춰 춤추고 있다. 센터에서 세상 진지한 표정으로 동작 취하는 해이. 이를 보고 있는 춘양(34세), 춘양, 핸드폰으로 사진 찍기에 여념이 없다. 세상 기특하고 신기하다. 춘양 옆자리 비어 있다.

노래(E)  이 세상 어느 곳에서도 나는 그대 숨결을 느낄 수 있어요

내 삶이 끝나는 날까지 나는 언제나 그대 곁에 있겠어요

노래에 맞춰 응원 동작해 보이는 해이.

자부심 넘치는 표정이고, 이를 웃으며 보고 있던 춘양, 연신 뒤의 입구 보고 옆의 빈자리 보는데 핸드폰으로 전화가 걸려 온다.

S#2. 장례식장 / 낮 / 과거

노래(E)   (마지막 발라드 부분 이어진다) 내 삶이 끝날 때까지 언제나 그댈
        사랑해

        웃던 해이 부 얼굴 영정 사진으로 이어지고.
        상가 한쪽에 망연자실해 눈물 어린 얼굴로 상복 입고 앉아 있는
        춘양.
        그 옆으로 해이와 재이, 뭔지도 모르고 상복 입고 앉아 있다. 망
        연자실해 얼이 빠져 있는 춘양의 눈치 보는 해이.


S#3. 반지하 / 밤 / 과거

        반지하 쪽방. 해이와 재이, 둘 나란히 누워 자고 있다.
        잠에서 깬 해이, 눈을 비비며 옆을 보는데 엄마가 없다.
        해이, 일어나 불 켜진 화장실 쪽으로 간다.

해이     엄마.

        화장실에도 춘양 없는 거 발견하자 급 불안해진 해이.
        춘양 찾으려 문 쪽으로 가는데 문 잠겨 열리지 않는다.

해이     (문 두드리며) 엄마, 엄마. (울먹거리며 문 계속 두드린다. 점점 격해지는) 엄
        마, 엄마.

S#4. 해이 집_해이 방 / 낮

| | |
|---|---|
| 해이 | 엄마. (하며 책상에서 자다 일어나는) |
| 춘양 | (간장게장 다리 하나 들고 뛰어들어 와) 왜? |
| 해이 | (잠에서 깨 끔뻑끔뻑 보면) |
| 춘양 | 뭐야, 잠꼬대야? |
| 해이 | 뭐야, 게장이야? (한 톤 올라간다) 저번에 주문한 것도 남아서 냉장고에 그대로 있잖아! |
| 춘양 | (세상 유치하게) 너 먹지 마. 이거 재이랑 나랑 둘이 다 먹을 거야. (하고 휑 가 버리면) |
| 해이 | (나간 쪽 보며 큰 소리로) 다 먹기나 하면 다행이지! |
| 춘양(E) | (지지 않고 큰 소리로) 아이고 게장이 아주 꿀 게장이네, 꿀 게장. |

해이, 팽하며 춘양 목소리 나는 쪽보다 책상 위에 있는 고지서 보며 한숨 쉬는데, 얼마 지나지 않아 고지서 위로 떨어지는 피 한두 방울. 코피다.

| | |
|---|---|
| 해이 | 아 이놈의 코피. (하고 휴지로 코 막는 해이) |

휴지로 코 막는데 옆에 응원단 연습복 보인다. (검은 티에 흰 프린트로 '테이아'라고 쓰여 있다) 티셔츠 가져와 보는 해이. 티셔츠 위 테이아 프린트 손으로 쓸어 보는 해이.

| | |
|---|---|
| 해이(N) | 코피 터지게 공부해도 현실은 언제나 버티기의 연속, 낭만은 사 |

치품이었다.

티셔츠 보고 있자니 슬며시 미소가 지어진다.

해이(N)  그래서 의도치 않게 얻은 그 낭만이, 사실은 좀 설렜다.

해이, 티셔츠 보다 이제 좀 괜찮나 싶어 코에서 휴지 빼는데 툭 티셔츠로 떨어지는 피. 흰색 테이아 글씨 위로 불길하게 피 한 방울 툭 떨어져 번진다.
피 번진 테이아 글자에서 화이트 아웃 되고 타이틀 인 치얼업.


S#5. 노천극장 / 낮

1부 엔딩 이어지며.

선호  올해 응원단에서 한 명이 죽을 거란 말이 돈다던데 사실인가요?
일동  (놀라서 선호 보다, 정우 보는)

선호, 소문에 대해 호기심에 물어본다는 듯 천진하게 정우를 본다.
운찬과 소윤 옆에서 난감한 얼굴이고.

정우  (선호 보다, 전체 향해 담담히) 사실입니다.
일동  (웅성웅성)

| 정우 | 떠도는 학교 전설들처럼 응원단에도 미신이 존재합니다. 그중 하나가 올해, 현역 단원 중 한 명이 죽는단 예언이구요. |
|---|---|
| 선호 | 3대 예언 중에 앞에 두 예언이 다 맞았다던데요? |
| 정우 | (보다) 미신을 믿고 안 믿고는 개인의 선택이겠죠. |
| 선호 | (재밌다는 듯 보는) |
| 해이 | (선호와 정우 본다) |
| 운찬 | (분위기 바꾸려 박수 짝짝짝 치며) 자, 그럼 간단한 훈련 후 자리 옮겨 인사하도록 합시다. Move move. |
| 일동 | (웅성웅성, '훈련?', '첫날부터?' 등의 말) |
| 정우 | (이동하는 선호 보는) |


S#6. 운동장 / 낮

헉헉대며 뛰고 있는 해이. 신입생들 모두 구보하고 있고 그 옆에서 같이 뛰며 신입생들 상태 살피는 정우.
한쪽에서 그런 정우와 신입생들을 보는 초희, 운찬, 소윤.

| 운찬 | (뛰는 정우 보며) Why? 왜 저러는 걸까요? 괜히 우리도 뛰어야 될 거 같잖아요. |
|---|---|
| 초희 | 뭐 그런 거지. 난 너희들만 시키지 않아. 솔선수범하는 선배야. (운찬 보며) 자기 혼자 취해 있는 거지. |
| 운찬 | 누나 단장 싫어하는 건 아니죠? |

/PT 체조 하는 신입생들. 이미 다들 만신창이다. 마지막 구호인

듯 '열다섯' 혼자 하는 신입생1. 다들 표정 구겨진다.

| | |
|---|---|
| 정우 | (틀린 거 보고) 동기 사랑 나라 사랑. 전원 한 바퀴 돌고 옵니다. |
| 해이 | (헉헉대며 손을 들곤) 사랑하기엔 너무 초면입니다. 천천히 알아갈게요. |
| 용일 | (역시 헉헉대며, 해이 보며 울상) 전 쟤 이름도 모릅니다. |
| 정우 | (보는) |

/잔디밭에 널브러져 있는 신입생들.

| | |
|---|---|
| 정우 | (한쪽에서) 전원 집합합니다. |
| 신입생들 | (터덜터덜 일어나 그쪽으로 뛰는 척 가고) |
| 해이 | (일어날 힘도 없다. 잔디밭에서 혼자 김밥처럼 일자로 떼굴떼굴 굴러 그쪽으로 가는) |
| 정우 | (표정, '뭐지 저 미친 인간은?') |

/처음의 쌩쌩함과 달리 지친 기색 역력한 신입생들 쪽으로 온 소윤.

| | |
|---|---|
| 소윤 | (제대로 쳐다보지도 못하고 앞에 서자 얼굴 화르륵 붉어져 허공에 대고 소심히) 식사하러 이동할게요. |

꽁무니 빠지게 도망가는 두 명의 신입.

소윤    (도망가는 신입 쪽 보고 또 허공에 소심히) 식사는… 하고… 가지…

해이, 도망치는 신입을 보는데 남의 일 같지 않다.

선자    낭만이고 나발이고 이러다 죽겠다.
해이    (역시 힘들다. 이게 뭔가 싶다)

선호, 해이에게 지친 기색 역력해 다가온다.

선호    너 이거 계속할 거야?
해이    응? (생각나는 영웅의 말)


INS) 1회 S#58

영웅    한 달에 100!
해이    (헉헉대다) 응.
선호    (하… 그렇단 말이지) 그래.

선호 쪽으로 오는 거의 탈진 상태의 용일. 죽을 거 같은 얼굴
이다.

용일    도망갈까.
선호    아직 야냐.

| | |
|---|---|
| 용일 | (고개 크게 끄덕이며 도망가려고) 난 그람 이만. |
| 선호 | (용일 붙잡는) 너도 아직 아냐. |
| 용일 | (울상인데) |
| 초희 | (용일 보면) |
| 용일 | (갑자기 아무렇지도 않은 척 과장되게 몸 풀고) |
| 초희 | (무관심하게 시선 돌린다) |

## S#7. 교정 일각 / 낮

이동하고 있는 신입생들과 정우, 초희, 운찬, 소윤.

| | |
|---|---|
| 운찬 | (앞으로 가는 해이 보며) 완전 Pro-도라이던데. 계속 이러면 신입생 컨트롤 어려울 텐데 말이죠. |
| 정우 | (해이 보는) |

## S#8. 치얼스 / 밤

긴 테이블 한쪽에 모여 앉아 있는 테이아 단원들.
테이블 가득 음식 차려져 있다. 해이, 걸신들린 사람처럼 먹고
있다.
슬라이드 화면에 훈련 스케줄 떠 있고.
슬라이드 보며 설명하고 있는 운찬. 소윤 한쪽에서 슬라이드 눌
러 주고 있다.

| | |
|---|---|
| 운찬 | 자자 attention. 이제 진짜 중요한 얘기야. 신입생한텐 세 가지 금지 사항이 있다. |
| 일동 | ('금지 사항?' 보면) |
| 운찬 | (슬라이드 넘기라는 듯 소윤 보는데) |
| 소윤 | (하품하다 운찬이 보채는 눈짓에 아차 하고 얼른 넘기는) |
| 운찬 | ('No.1 단장실 출입 금지', 써 있는 슬라이드 보며) 단장실엔 단복 및 보안 자료들을 보관하기에 신입생의 출입을 금지한다. |
| 일동 | ('에? 뭘 그렇게까지' 표정) |
| 운찬 | (슬라이드 넘어가면 'No.2 단복 금지') 응원단에게 단복은 신성한 것이기에. 신입생은 정식 단원이 되기 전까지 단복을 입는 것도 보는 것도 금지한다. |
| 해이 | (손 들고) 이미 봤는데요? |
| 운찬 | (당황) 그러니까 앞으로. |
| 해이 | (표정, 중얼) 무슨 종교 집단이야? |
| 선자 | (두 손 모아 '믿습니다' 하듯) 테이멘. |
| 운찬 | (슬라이드 또 넘어가고 'No.3 단내 CC 금지') 단원 간의 연애는 여러 가지 불가피한 문제를 일으키므로 금지한다. 절대 Never! 내가 못 해서 하는 말이 아냐. |
| 소윤 | (표정) |
| 선호 | (해이 보다) 어기면 어떻게 되는 건가요? |
| 운찬 | (심드렁) 탈퇴, 잘리는 거지 뭐. |
| 일동 | (…) |
| 운찬 | 자, 그럼 오늘 이렇게 모인 신입생 여러분께 감사 인사드리면서, 오늘의 만남을 축하하는 의미로, 모두 테이아! (짠 하면) |

| 일동 | 테이아! |
|---|---|

/모두 잔 채우고 한 명씩 일어나 인사하는 분위기다.

| 선자 | 주선잡니다. 이름 따라간다고 여기저기 주선하고 나대는 거 좋아하는 데 노력 대비 결과가 소소하네요. |
|---|---|
| 일동 | (웃으며 박수) |
| 선호 | (일어나) 진선홉니다. 사실 응원단에 들어온 동기는 불순한데요. (하고 해이 보면) |
| 해이 | (아무 생각 없이 음료수 꿀떡꿀떡, 관심 없다) |
| 선호 | (이내 시선 돌려 모두 보며) 생각보다 더 재밌는 일이 많을 것 같아 기대됩니다. |
| 운찬 | (큰 소리로) 너 의대 prince라며. |
| 해이 | (프린스란 말에 먹던 맥주 푸웁) |
| 민재 | (선호한테만 운찬이 친한 척하는 거 맘에 안 든다. 음식도 안 먹고 부루퉁히 앉아 있다) |
| 초희 | (신입생들 관리하려 많이 먹으라는 듯 별생각 없이 용일 쪽으로 음식 밀어주고 해이에게) 많이 힘들었지. |
| 용일 | (혼자 감격해 자긴 보지도 않는 초희 보는) |
| 해이 | (초희 보며 밀지 않게) 저 아까 다리까지 풀렸다니까요. (초희에게 속닥) 훈련 강도는 단장이 정하는 거예요? |
| 초희 | 때마다 다른데 대개는 그렇지. |
| 해이 | (그 말에 태세 전환해 정우에게 안주 하나 집어 주며 사근사근히) 단장님. |
| 정우 | ('왜 저래.') |

| | |
|---|---|
| 해이 | (상냥하게) 오늘날 이 시점에 훈련이 너무 빡센 거 아니냔 여론이 있어요. 훈련 강도를 좀 살살하는 게 어떨까요? (빙긋) |
| 정우 | 체력은 자신 있다고 하지 않았나. |
| 해이 | 그랬는데… (괜히 기침) 최근 급격한 체력 저하가. |
| 정우 | (빤히 보는) |
| 해이 | (됐다, 텄다 싶고) 뭘 또 그렇게 사람 무안하게 정색을. |
| 정우 | (전체 향해) 훈련엔 왕도가 없어. 지금 좀 편하려다 나중에 사고 나면, 그 책임은 (해이 보며) 누가 질 건데? |
| 해이 | (뻘쭘) |
| 정우 | (앉아서 젓가락 들고 해이가 준 안주 먹으려고 하는데) |
| 해이 | (자기가 정우한테 줬던 안주 쏙 다시 가져오는) |
| 정우 | (당황했지만 큼 하면서 마치 그걸 먹으려고 했던 게 아니라는 듯 이내 다른 안주에 젓가락 가져가는) |
| 선호 | 근데, 3대 예언요. 신경 안 쓰이세요? 누가 죽는단 얘긴데. |
| 신입생들 | ('맞다. 잊고 있었는데…' 선배들 보면) |
| 선배들 | (난감) |
| 정우 | 아까도 얘기했지만 믿고 안 믿고는 개인 자유야. 난 미신은 안 믿어서. |
| 선호 | 그죠? 이런 데서 인명사고 날 일은 잘 없겠죠? |
| 정우,초희 | (멈칫) |
| 운찬 | 에이 뭐, 어디나 오래되면 이상한 전설이니 미신이니 그런 거 하나씩은 있잖아? (마시라는 듯 잔 들어 짠하고 얘기 분산시키는) |
| 신입생들 | (각자 표정) |

(CUT TO)

여기저기 취해 있는 사람들.
해이, 이거저거 열심히 집어 먹고 있는데 핸드폰으로 최집사 콜
들어온다.
해이, 콜 수락 누르고 주위 둘러보다 분위기 보고 가방을 조용히
챙긴다.


S#9. 치얼스 밖 복도 / 밤

해이, 나오다 정우와 마주친다.
도망가려다 마주치자 약간 당황한 해이.


| 정우 | 가는 거야? |
| --- | --- |
| 해이 | 네… (살짝 눈치 보며) 가도 되죠? |
| 정우 | (끄덕하면) |
| 해이 | (인사하고 가려는데) |
| 정우 | 응원단 말이야, 왜 들어온 거야? |
| 해이 | 네? 면접 때 말씀드렸잖아요. 대학 생활에 기억에 남는 의미 있는 활동이 될 것 같아… (빤히 보는 정우에 민망해져 말끝 흐리며, 얘가 뭘 아나 싶고) 그건 갑자기 왜요? |
| 정우 | 오늘 봐 알겠지만, 응원단이 생각보다 규칙이 많아. 잘 생각해 봐. 본인이랑 맞을지. |
| 해이 | (눈치 살피다) 이게… 나가란 의미일까요? |

| | |
|---|---|
| 정우 | 아니, 말 그대로 생각해 보라고. |
| 해이 | (휴… 안심) |
| 정우 | ('왜 저렇게 안심하는 거야… 내가 오해했나.') |
| 해이 | 단장… (농담처럼 툭 치며) 혹시 삐졌어요? 단장 약간 그런 스탈이구나. 권위 뭐 그런 거 좀 챙기는 스탈. |
| 정우 | (황당) 뭐? |
| 해이 | 알았어요. 알았어. (괜히 각 잡고 군인처럼) 담 훈련 때 뵙겠습니다! 테이아! (손으로 경례 날리고 뒤돌아 가며 표정 변해 '꼰대' 중얼거린다) |
| 정우 | (아… '쟤 뭐지.' 싶다) |
| 초희 | (화장실 쪽에서 오다 홀로 흥분해 있는 정우 툭 치며) 도해이랑은 왜 그래? 둘이 뭔 일 있었어? |
| 정우 | 안 맞아, 안 맞아! 뭐 권위적? |
| 초희 | 너 권위적이잖아. |
| 정우 | 규칙을 어기면 규율이 무너지니까 규칙을 따르자는 거지. 그게 어떻게 권위적인 거랑 같아. |
| 초희 | 뭐래는 거야. 암튼 모셔라, 신입님이시다. |
| 정우 | (하…) 거 봐, 여기 권위가 어딨냐고. |
| 초희 | (걷다) 근데 진선호 말야, 설마 그것도 알고 말한 건 아니겠지? (사이) 인명 사고. |
| 정우 | (표정 굳고) |
| 초희 | (정우 표정 보고) 아니겠지, 캐릭터가 들었으면 바로 물어볼 거 같은데 |
| 정우 | … |

최집사 알바 끝난 듯 최집사 조끼 입고 집에 들어오는 해이.

춘양, TV 보며 과자 먹고 있다. 춘양을 한심히 보며 들어가는 해이.

/화장실에서 연습 티 손빨래로 빨며 거실에서 과자 먹으며 TV 보는 춘양에게 계속 구시렁대는 해이.

| | |
|---|---|
| 해이 | 뭐 누가 죽는단 미신이 떠돌질 않나. 금지 사항도 또 더럽게 많아요. 고3 독서실 금기 사항도 그렇게 많진 않겠어. |
| 춘양 | 야, 시끄러! 너 땜에 TV 소리 안 들리잖아! |
| 해이 | (빨래 멈추고 보며) 보통은 딸이 엄마한테 근황톡이란 걸 하면 '아 오늘 그런 일이 있었구나' 뭐 이런 게 상도 아닌가? |
| 춘양 | (TV 계속 보며 건성으로) 야, 그냥 때려 쳐. 그렇게 이상한데 뭐 하러 해. |
| 해이 | (표정하다 빨래 벅벅 하며) 돈 받고 하는 일에 쉬운 일이 있을 리가 없지. 첨부터 알아봤어야 되는 건데. |
| 춘양 | (이때 TV에 웃긴 장면 나온다. 해이 말 안중에도 없고 꺄르르 웃으며) 웬일이니, 쟤. |
| 해이 | (말을 말자는 듯 춘양 보다, 빨던 티셔츠 헹귀 쫙 펴본다. 테이아 글자 보이자 괜히 한 번 툭 때리고 옷걸이에 거는) |

이때 교복 입은 재이가 들어온다.

| | |
|---|---|
| 춘양 | 아들 왔어. |

| | |
|---|---|
| 해이 | (언제 왔는지 막아서서 손 펴 보이며) 내 놔. |
| 재이 | ('뭘?'이냐는 듯 보면) |
| 해이 | 너 오늘 모의고사 성적표 나왔잖아. |
| 재이 | (귀신이다 싶다. 책가방에서 꺼내 주면) |
| 해이 | (모두 일 등급. 하지만 가차 없다) 수학 백분위 떨어졌네. |
| 재이 | 수투 아직 한 번 다 못 돌렸어. 다 하면 올라갈 거야. |
| 춘양 | (성적표 보며) 야! 다 일 등급이구먼. 너 뭐 그렇게 빡빡하게, 잘했어. 아들. 고생했어. |
| 해이 | 너 의대 가고 싶다며. |
| 재이 | ! 내가 언제. |
| 해이 | 종열이가 그러더라. 의대 가고 싶은데 돈 땜에 공대 간다고 했다고. (재이 단도리 하듯 보며) 너 의대 가. |
| 재이 | … 알아서 할게. |
| 해이 | 성적이 안 돼서 문제지, 되면 의대를 왜 안 가? 생애 총소득을 생각해 봐. 의사 되면 훨 이득이야. |
| 재이 | (후) 넌 모든 기준이 돈이지. |
| 해이 | 너도 그거 땜에 의대 가고 싶은 거 아냐? 죽어라 해서 의대 가. 포기해도 가만 안 두고, 실패해도 가만 안 둬. 현진 쌤 수투 등록해 줄 테니까 담담부터 들어. |
| 재이 | … (뭐라 답하지 않고 들어가는) |
| 해이 | ('저게 답도 않고.' 라는 듯 재이 보면) |
| 춘양 | (미안한 맘으로 재이 보는) |

S#11. 정우 기숙사 방 / 밤

　　　　　간소하고 깔끔한 정우 기숙사 방.
　　　　　정우, 지친 듯 들어와 가방 침대 쪽에 던지고 털썩 앉는다.
　　　　　정우, 아까 초희가 한 말이 생각난다.

초희(E)　　설마 그것도 알고 말한 건 아니겠지? (사이) 인명 사고.

　　　　　INS) 단상 / 낮
　　　　　리허설 중인 단상. 조명 떨어지고. 그 밑에 있던 유민, 떨어지는
　　　　　조명 본다.
　　　　　주변에서 비명 지르는 소리 들린다. 정우, 비명도 못 지르고 놀
　　　　　라 그런 유민을 보고 있다.

　　　　　생각에 잠겨 있던 정우 핸드폰 꺼내 카톡을 켠다.
　　　　　연락처에 '유민 누나' 프로필 클릭해 보면, 사진 없는 상태.
　　　　　1:1 채팅으로 들어가면 대화 화면에 1 지워지지 않은 정우가 보
　　　　　낸 메시지들이 보인다.

　　　　　INS) 대화창
　　　　　누나 왜 연락이 안 돼요?
　　　　　누나 대답 좀 해요.
　　　　　누나 진짜 이렇게 사라져 버린 건 아니죠?
　　　　　누나 저 단장 됐어요.

1 지워지지 않은 대화창 보다 정우 후 한숨 쉬며 핸드폰 내려놓다 f.o

S#12. 강의실 / 낮

어기적어기적 강의실로 들어오는 해이.

뒤이어 어기적어기적 강의실로 들어오는 선자.

둘은 눈이 마주치고 '너도?', 깊이 끄덕하고 어기적어기적 들어가는데, 한쪽에 멀쩡한 모습으로 앉아 있는 정우.

해이, 정우와 눈 마주치자 더욱 과장되게 삐거덕거리며 인사하면 정우, 별 관심 없이 적당히 까딱하고 수업 준비한다. 정우 흘기는 해이.

이때 자리로 가 앉으려는 해이를 팍 치는 누군가. 해이, 근육통에 휙 하고 보면 선호다. 선호, 말짱히 손인사 한다.

해이      (사지 멀쩡한 선호 보고) 넌 왤케 멀쩡하냐?

선호      응? (웃는)

해이      ('알 수 없는 놈이다' 싶다. 자리 앉는)


정우 핸드폰으로 메시지 들어온다. 메시지 보는 정우.


INS) 문자 메시지


지영      공강 때 좀 들러.

S#13. 건물 밖 / 낮

어기적어기적 건물 밖으로 나오는 해이와 선자.

해이      온몸이 두드려 맞은 거 같아.

선자      이 나이에 이렇게 온몸에 관절이 쑤셔도 되는 거냐고.

해이      (갑분 상황극, 시름시름 하며) 내가 죽거든 내 빚은 모두 사회에 환원
         해 줘.

선자      (상황극 동참, 해이 흔들며) 걱정 마. 재이는 내가 책임지고 결혼할게.

해이      (갑분, 시누이 모드로) 올케 예단은 다이아 반지가 좋겠어.

선자      (공손하게) 형님 다이아로 쳐 맞고 싶으세요?


         둘이 깔깔거리며 주접떨고 있는데 해이 앞으로 재혁, 선호 등 의
         대 무리 몇 지나간다. 해이, 급 표정 굳는다. 선자, 표정 굳은 해
         이 보고 '뭐지' 싶어 해이 시선 따라가자 재혁이 보인다.


선자      (가는 재혁 보며 쌤통이라는 듯) 이재혁, 요새 죽을 맛일 거다.

해이      ?? (선자 보면)

선자      너한테 차인 거 의대에 소문 쫙 나서 별명이 이종지래.

해이      (아…)

선자      화내면 그릇이 간장 종지란 거 인증할까 봐 괜찮은 척 웃어넘기
         는데, 자존심에 조롱으로 조리돌림 당하니 잠이 안 오겠지. (쌤통
         이라는 듯 해이 보며) 얼굴이 팥죽색이네 아주.

해이      (재혁 안 좋은 맘으로 보는)

선자      (해이 표정 보고 맘 안 좋을 거 없다는 듯 어깨 팡 치며) 자업자득이야, 그딴

말 싸질러 놓고 발 뻗고 편히 자면 그게 더 열 받지. 이 정돈 당해도 싸다고 본다.

| | |
|---|---|
| 해이 | (쓰게 웃는) |
| 선호 | (가다 해이 보고 크게 손 위로 들어 인사) |
| 선자 | (화답해 주면서 반갑게 손인사하고 복화술로) 확실히 꽃밭이야. |
| 재혁 | (뭔가 하고 선호 보다, 해이 보는. 둘이 뭔가 싶다) |
| 해이 | (재혁과 시선 마주치자 시선 피한다. 마음 안 좋고) |
| 정우(E) | 네? |

S#14. 학생처 사무실 / 낮

정우와 소파 자리에 마주 앉아 있는 지영, 안경 쓰고 있다.

| | |
|---|---|
| 정우 | 축제 권한을 왜 총학이랑 논의해요! |
| 지영 | 아직 정해진 건 아니고, 일단 논의하는 자리라고. |
| 정우 | 그니까 논의를 왜 하냐고요! 저희가 50년 동안 해 온 건데. |
| 지영 | (안경 벗고, 정우 보며) 박정우, 너 딴엔 억울할지 모르겠지만 원래 인생이 걸음걸음 억울한 거야. 너희들 지금 학내 여론이 어떤지 알아? 너네 편들 사람 아무도 없어. 그니까 쓸데없는 데 힘 빼지 말고, 이럴 시간에 보여 줄 대안이나 찾아. 그게 더 생산적일 테니까. |
| 정우 | … |
| 지영 | (누그러져) 이번에 합동 응원전 신경 좀 써. (사이) 총장님도 총학 쪽에 기운 눈치니까. |

정우       … (후)


### S#15. 학생처 사무실 건물 밖 / 낮

지영, 걸어가다 막대사탕 먹으며 슬렁슬렁 걸어오는 영웅과 마주친다. 영웅, 반갑게 '하이' 손을 들어 보이면 지영, 한심하다는 듯 영웅을 개무시하고 간다. 영웅, 개의치 않고, 슬렁슬렁 다시 걸어가다 굳은 얼굴로 앞으로 가는 정우 본다. 무슨 일인가 싶다.


### S#16. 치얼스 / 낮

테이블 한쪽에 모여 있는 정우, 초희, 소윤, 운찬.
한쪽 옆에서 먼지 주우며 어슬렁거리는 영웅.

초희       (열받아) 티켓 만들고 출연자 섭외하고, 천막치고 현수막 걸고 하나부터 열까지 싹 다 우리가 해왔는데, 그걸 날로 먹겠다고?

정우       이번 합동 응원전, 제대로 해야 돼. 학내 여론 쇄신하려면.

운찬       (울상) 어떻게요. 올해 가뜩이나 호대 전력 장난 아니라는데, 우린 역대급 (눈치 보다) shit이니.

소윤       근데 저희… 단상에 여섯은 있어야 하지 않아요? (하고, 꼴랑 네 명 모여 있는 자신들 쭉 둘러보는)

초희       (생각하다 번뜩) 걔네 있잖아?

일동       (보면)

| 초희 | 도해이, 진선호. |
|---|---|
| 정우 | (보는) |

## S#17. 응원단실 밖 / 낮

단실 쪽으로 가는 정우, 초희, 소윤.

| 초희 | 도해이, 진선호 그냥 올리자니까! |
|---|---|
| 정우 | (묵묵히 단실로 들어가는) |
| 초희 | 아, 저 답답이. |
| 소윤 | 선배는 꼭 그 둘이어야 되는 거예요? |
| 초희 | 올해 우린 스타가 필요하거든. |

## S#18. 응원단실 / 낮

신입생 모여 있고 그 앞에 서 있는 운찬.
프로젝터로 영상 보여 주며 신입생들에게 설명 중이다. 역시 한
쪽에서 영상 넘기는 소윤.

| 운찬 | 합동 응원전은 연호전 대비해서 각 학교 응원가를 배우는 행사 |
|---|---|
| | 야. 매 학기 초마다 호경대랑 함께 진행해 왔고. |
| 해이 | (합동 응원전 영상에서 눈을 떼지 못한다) |
| 선호 | (그런 해이 보는) |
| 운찬 | 뭐 일종의 competition이지. (거드름 피우며 걸터앉아) 너희들 싸울 |

때 젤 중요한 게 뭔지 알아?

일동     ??

운찬     (주먹을 휙 해 보이는데 살짝 비틀. 이내 다잡고) 기선 제압. 합응도 똑같
아. 사실상 합응은 호대랑 공식적으로 한 판 뜨는 첫 event야. 그
러니 제대로 선빵을 (주먹 계속 슈슈슉) 날려 줘야 앞으로도 안 밀
린다 이거지. (혼자 심취해서 주먹 슈슈슉)

일동     ('왜 저래~')


INS) 호대 운동장 / 낮

넓은 호대 운동장에서 칼 동작 연습하는 30여 명의 단원들, 이
들을 이끄는 긴 머리 휘날리는 하진(단장)의 뒷모습 보이고.


운찬(E)     특히나 올해 호대 응원단은 역대급 전력이란 소문이 돌만큼 어
마무시한데.

운찬     우리는 (신입생들 면면 보며 차마 더 말 잇지 못하고) 뭐, 열심히 해 봐
야지.

정우     올핸 신입생 중 두 명을 선발해 단상에 올릴 겁니다. 선발은 이
번 주 금요일. 선발 방식은 당일에 공개합니다.

일동     (보는)

해이     (멈춰진 합동 응원전 영상 보다, 정우 본다)


S#19. 교정 일각 / 낮

벤치에 앉아 있는 선자와 해이.

| 선자 | 와, 합응 영상으로 봐도 쩔던데. 실제 단상 올라가면 장난 아니 겠지? |
| 해이 | (자기도 느꼈지만, 이내) 지금도 빡센데 그거 하면 사람을 얼마나 굴 릴 거야. (고개 절레절레) 전 됐습니당. |
| 선자 | 넌 out? |
| 해이 | (생각하다, 끄덕) |
| 선자 | 오케이 하나 제쳤고. |
| 해이 | (이때 핸드폰 진동음 울린다, 전화 보면 발신자 '갑'이다.) |

### S#20. 치얼스 / 저녁

손님이 듬성듬성 들어차 있다.
바 자리 쪽에 앉아 있는 해이. 해이, 잘 차려진 밥상 열심히 우걱 우걱 먹고 있다. 영웅, 그 모습을 약간 경이롭다는 듯 바라본다.

| 영웅 | (조심스레) 합동 응원전 말야. |
| 해이 | (OL, 입에 음식 넣은 채) 못해요. 지금도 충분히 빡세다고요. |
| 영웅 | (그래그래 알았다는 듯 워위 하는) 그래 먹어. 먹고 얘기해. |
| 해이 | 아저씬 왜 그래요? |
| 영웅 | 뭘? |
| 해이 | 알바비까지 줘 가며 응원단에 온갖 오지랖을 다 부리고 다니고. 돈 많아요? |
| 영웅 | (끄덕) |
| 해이 | ('아… 돈 많구나!') |

| 영웅 | (들어 보라는 듯) 지금은 단원들이랑 OB들이 투표로 단장을 뽑는데 말야. 딱 한 번, 다른 방법으로 단장을 뽑은 해가 있었어. |
|---|---|
| 해이 | ('뭔 소리야.' 갑자기) |
| 영웅 | 바로, 자기가 만든 응원 동작으로 더 많은 사람을 일으킨 사람이 단장이 되는 거지. |

## S#21. 노천극장 / 낮 / 영웅 회상

노천 앞에 모여 있는 학생들 수백 명.
그 앞에서 응원 동작하는 단장 후보 지영(23세).
지영, 응원 동작과 함께 구호 외치면 일어나는 학생들. 70% 정도 된다.

| 영웅 | 다른 후보들은 박빙으로 비슷비슷한 호응을 이끌어 냈어. 그런데! |
|---|---|

영웅(23세), 나와 한참을 가만히 서 있다.
정적 흐르고, 학생들 어리둥절하다.

| 영웅(E) | 독보적인 놈이 나와 버린 거야. |
|---|---|

한참을 그렇게 가만히 서 있던 영웅, 역동적으로 두 팔을 벌린다. 역동적으로 '연희 일어서' 포즈('연세 일어서' 포즈 참고) 취하고 크게 구호 외친다.

| 영웅 | 연희 일어서! |
|---|---|

청중들 100% 모두 일어난다.
열광하는 관중들. 이를 옆에서 지켜보고 있는 듯한 해이의 지금 모습.
해이의 시선, 열광하는 관중들에 머문다. 뿌듯한 얼굴의 영웅.


S#22. 치얼스 / 저녁

뿌듯한 영웅 얼굴 이어지고.


| 영웅 | (감회에 젖은 듯) 그 34기 단장이 그때 만든 동작이 바로, 지금까지 전해 내려오는 '연희 일어서' 동작이야. 응원단 역사의 한 페이지가 된 거지. (회상하듯) 아, 그때가 내 전성기였는데. |
|---|---|
| 해이 | (감흥에서 빠져나와) 뭐야 아저씨 자랑이었어요? |
| 영웅 | 자네, 역사의 한 페이지가 되고 싶지 않나? |
| 해이 | (먹으며) 역사는 무슨 (숟가락 똑바로 들며) 아저씨, 이건 과거에 대한 집착이라고 봅니다. 사람은 앞을 보고 나아가야 한다고요. |
| 영웅 | (삐쭉) 집착할 거리조차 없는 거보단 낫다고 본다. (답 없이 밥 먹는 해이 보며) 살면서 그런 경험을 할 일이 얼마나 될 거 같아. (고개 저으며) 없어. 이런 건 기회 있을 때 해야 한다고. |
| 해이 | … (그 말에 조금 동했다가 이내) 사람이 하고 싶은 걸 다 하고 살 순 없잖아요. |
| 영웅 | 하나쯤은 하고 살아도 되지 않나. 이제 겨우 스물인데. |

| 해이 | … (삐쭉하며) 이래서 부자랑은 말이 안 통한다니까. (하고 다시 먹는) |
|------|------|
| 영웅 | (안 통하는군… 해이보다 비장의 한 큐처럼) 합응 선발 시 인센티브 10%. |
| 해이 | ('응?' 생각하다) 에이~ 비용 대비 효용이 너무 떨어져. (다시 밥 먹는) |
| 영웅 | 20%. |
| 해이 | (보면) |
| 영웅 | ('혹하지?') |
| 해이 | (그렇다면) 생각해 볼게요. (밥 먹다) 계약서 특약으로 넣어 줘요. |
| 영웅 | 선발이나 되고 말해. |
| 해이 | ('그거야 자신 있고.'라는 표정) |

이때 치얼스로 친구들과 들어오다 둘 얘기를 들은 민재.
20%? 계약서? 뭔가 싶다. 친구들 자리로 가 앉으면 의심스레 해
이, 영웅 보며 자리에 앉는 민재.


S#23. 단장실 / 밤

단장실에서 합응 자료 등을 보고 있는 초희와 정우.

| 초희 | (지쳐서) 하, 답이 없다. 답이 없어. 이 인원으로 평소만큼 하는 것<br>도 힘든데, 더 잘하기까지 하는 건 (고개 절레절레) 솔직히 무리<br>아냐? |
|------|------|
| 정우 | (계속 자료 보며) 하는 데까지 해 봐야지. |
| 초희 | (후 정우 보며) 올해 골칫덩이 떠안은 거 후회 되지? 그러게 왜 손<br>을 함부로 들어. |

정우          (초희 보는)


S#24. 회의실 / 낮 / 정우 회상

            회의실에 모여 있는 작년 단원들. 초희, 정우, 운찬, 소윤이 보이
            고 그 외에도 열댓 명 정도 단원들과 기획팀 선배 인원이 함께
            있다.


선배        (단원들 보며) 누가 할래.

일동        … (묵묵부답)

선배        아무도 없어? 너희들 진짜 내년에 응원단 해체 시키자 이거야?

단원1       솔직히, 내년에 남겠다는 애들 자체가 없어요. 고생은 고생대로
            하고 욕만 먹을 거 뻔하니까. 이런 상황에서 어떻게 애들한테 너
            희가 희생하라고 강요를 해요. 형은 할 수 있어요? (사이) 내년엔,
            한 팀 쉬는 게 맞다고 봅니다.

선배        뭐?

정우        (OL, 손들며) 제가 할게요, 단장 제가 하겠습니다.

일동        (정우 보는)


S#25. 단장실 / 밤


정우        (농담처럼) 후회하면, 물러 줄래?

초희        미쳤냐, 내가 왜? 원래 인생 낙장불입이야. 제대로 똥이나 치워

냐. 그래야 내년에 내가 단장 됐을 때 제대로 굴리지.

정우 　　(피식 하다, 단체 사진 속 유민 보는) …


S#26. 치얼스 앞 / 밤

치얼스에서 흘러나오는 90년대 음악에 맞춰 체킷아웃 포즈로 춤추며 나오던 해이, 재혁과 마주친다. 재혁 보고 그 자세 그대로 멈춘 해이. (뻘쭘함, 효과음) 민망한 기류 잠깐 흐르다, 해이, 포즈 풀고 차렷 자세.
/치얼스 근처에 마주 서 얘기하는 재혁과 해이.


재혁 　　왜 그랬어? 갑자기 이 주 동안 잠수 타더니 다짜고짜 헤어지자고 하고. 내가 얼마나 황당했는지 알아?

해이 　　(보며) 어차피 헤어질 거였잖아.

재혁 　　?? (보면)

해이 　　들었어. 영준이랑 얘기하는 거. 네가 감당할 수 있는 급이 아니라며, 내가.

재혁 　　(아…) 그냥 해 본 말이야.

해이 　　(보면)

재혁 　　그냥 해 본 말이라고.

해이 　　아니, 진심이었잖아 너. 처음 우리 집 봤을 때 놀라던 네 표정, 나 사실 알았어. 쪽팔려서 모른 척한 거지.

재혁 　　그런 거 아냐.

해이 　　됐어, 그런 거 사실 싫잖아. 나도 그런데 뭐.

| 재혁 | … |
|---|---|
| 해이 | (더 할 얘기 없지 싶어 정리하려) 과에서 나 땜에 곤란해졌다며. 미안해. 피차 한 번씩 더러운 꼴 본 걸로 하고 퉁 치자. (가려는데) |
| 재혁 | … 나도 남들처럼 사귀고 싶었어. |
| 해이 | (보면) |
| 재혁 | 수능도 끝났는데 다른 애들처럼 같이 놀러도 가고, 맛있는 것도 먹고. 근데 해이 넌 항상 알바하느라 바빴잖아. |
| 해이 | … |
| 재혁 | 기념일이라도 할라치면, 그런 거 죽어도 절대 싫다고 하고. 나도 알아, 부담돼서 그랬단 거. 근데 그냥 나도 그러면서 좀 지쳤어. |
| 해이 | … (예상치 못한 말에 마음이 안 좋다. 더 이상 화는 내지 않고 차분히) 그니까. 그렇게 하라고. 나랑은, 그렇게 못 하니까. 할 수 있는 다른 사람이랑 그렇게 사귀어. |
| 재혁 | 그러려고 했는데. 다른 사람은… 네가 아니잖아. 난 그걸 너랑 하고 싶은 거지. 다른 사람이랑 하고 싶은 건 아니더라고. 해이야 나 너랑 다시 시작하고 싶어. 우리, 다시 만나자. |
| 해이 | (흔들린다) 나 알바 땜에 가 봐야 돼. (얼른 도망치듯 자리 피하는) |
| 재혁 | (후… 한숨 나오고) |
| 해이 | (이래저래 감정 올라와 울컥한다) |

한쪽에서 그런 재혁과 해이를 멈춰 서 보던 정우. 신경 끄자는 듯 치얼스로 들어간다.

S#27. 거리 / 밤

거리 벤치에 앉아 있는 해이.

가만히 침전된 표정으로 앉아 여유 있어 보이는 20대 학생들,
서로 웃고 떠들며 지나가는 거 보고 있다.

이때 해이 핸드폰으로 최집사 콜 들어오고. 핸드폰 물끄러미 보
는 해이에서 f.o


S#28. 노천 무대 / 낮

어깨동무 자세 연습하는 신입 단원들.

동작 반복이 오래됐는지 땀 삐질삐질 나고 곳곳에서 자세 흔들
린다.

각도와 자세 교정해 주는 초희, 소윤, 운찬, 정우.

정우        이게 바로 우리 응원 동작의 가장 기본이 되는 어깨동무 동작입
니다.

해이        (힘들어서 헉헉대며 중얼) 역사는 무슨. (하면서도 열심이다)

정우        (의외로 열심인 해이 보는)


S#29. 운동장 / 낮

응원가 부르면서 구보 뛰고 있는 일학년들.

한쪽에서 영웅, 베짱이처럼 누워서 코를 골고 있다.

정우, 함께 뛰고 있다. 운동장 뛰던 해이, 배가 꾸룩꾸룩 한다.

배가 살살 아파 배를 만지던 해이. 도저히 못 참겠는지 냅다 화장실 쪽으로 줄행랑을 친다. 이를 황당히 보는 정우.

/일학년들 모여 있고 정우 앞에 해이 불려 와 있다.


| | |
|---|---|
| 정우 | 훈련 중 일방적인 이탈은 안 된다고 말했을 텐데요. |
| 해이 | (각 잡고) 똥이 마려웠습니다! |
| 선호 | (풉!) |
| 정우 | (신입생들 웃음소리에 잠시 당황했지만 이내 각 잡고) 화장실을 갈 땐 말을 하고 가는 게 원칙입니다. |
| 해이 | 그게 자가 조절이 가능한 게 아닌데… (목소리 작아지며) 이건 천재지변 같은 거라고요. |
| 용일 | (선호한테 속닥 하는데 다 들리는) 그것도 변이네. |
| 선호 | (웃음 터졌다. 쿡쿡!) |
| 정우 | (분위기 흐려지고, 체념했다) 이번은 넘어가지만 담부턴 미리 얘기하고 가도록 합니다. (들어가라고 손짓) |
| 운찬 | (큰 소리로) 노천으로 이동! |
| 일동 | (주섬주섬 움직이는) |
| 정우 | (여러모로 해이가 맘에 안 든다. 째리는) |
| 초희 | (다가오면) |
| 정우 | (초희 보고) 저게 네가 말한 스타야? (하고 팡팡 성질내며 가는) |
| 초희 | (가는 정우 보며) 왜 또 저래. |
| 영웅 | 올핸 여러모로 변이 많군. |
| 초희 | (휙 째리며) 선배, 자꾸 그럼 출입 금지 시켜요? |
| 영웅 | (혼나고 중얼거리며 다시 놓는) 신변 위협. |

S#30. 노천극장 / 낮

신입생들 훈련 끝났는지 흩어지고, 정리하고 있는 해이 쪽으로
오는 선호.

선호       오늘 뭐 해?

해이       중요한 비즈니스 미팅이 있어서. ('빠이' 하고 짐 챙겨 널브러져 있는 선

           자를 툭 치고 인사하고 가면)

선호       (가는 해이 보며) 비즈니스?

용일       (선호 쪽으로 오며) 낸 할 일 없는데.

선호       (해이 쪽 보다) 재미없다. (돌아가는)

용일       뭐고? (선호 따라가며) 내가 와? 내 완전 재미진데.


S#31. 주식 투자 동아리방 / 낮

마주 앉아 있는 주투 선배와 해이. 해이 뒤로 '주식 투자 동아리'
팻말 보인다.

주투 선배       (A4용지 하나 주며) 돌아가면서 종목 PT 하게 될 건데. 2주에 한 번

           꼴로 차례가 돌아올 거야.

해이       (헉) 그렇게 자주요?

주투 선배       (끄덕)

해이       아… 네.

주투 선배       2번 이상 불참 시 탈퇴 처리되니까 빠지지 말고. 첫 PT는 이번

           주 금요일이야.

| 해이 | … 네. 근데요… (호기심 가득해) 선배는 수익률이 어떻게 돼요? |
| --- | --- |
| 주투 선배 | (피식 웃는) |

S#32. 교정 일각 / 낮

해이, 벤치에 앉아 스케줄러 보며 골머리 썩고 있다.

| 해이 | (꽉 찬 스케줄러 보며) 아, 각이 안 나오네, 각이. (테이아 훈련 스케줄 클릭해 보며) 네가 곧 사라져 줘야겠다. |
| --- | --- |
| 동기1(E) | 박정우! |

그 소리에 돌아보는 정우. 해이 역시 그 소리에 정우 쪽 본다. (정우는 해이 보지 못하고)

| 동기1 | 드뎌 아는 얼굴이네. 이게 말로만 듣던 복학생의 비앤가, 어떻게 학교에 아는 사람이 없냐. |
| --- | --- |
| 정우 | 전역했구나. |
| 동기1 | (끄덕) 작년에. 전역하자마자 바로 고시원 들어갔더니 군댄지 민간인인지 구분이 안 간다. 너도 올해 복학인가? |
| 정우 | (고개 젓고) 아니, 난 내년에 가려고. |
| 동기1 | 너 고시 준비해? 그래 뭐 고시 붙고 가면 장교로 가니 괜찮지만 떨어지면 어린애들 밑에서 (고개 절레절레) 꼭 붙어라. |
| 정우 | 아니. 나 응원단 단장 맡았다. |
| 동기1 | (표정) 아… 응원단… 너 그거 아직도 해? |

| 정우 | 어. |
|---|---|
| 동기1 | 아… 대단하네. (뭐라 더 말 못 하고) 잘은 모르지만, 요새 힘들다며 고생한다 야. |
| 정우 | (쓰게 웃는) |
| 해이 | (그런 정우 보는) |

S#33. 상가 앞 / 밤

야쿠르트를 먹으며 핸드폰으로 해이의 최집사 채팅창 보고 있는 선호.

해이의 최집사 박스 보이는 하이브리드 자전거 타고 상가 앞에 선다.

최집사 박스에서 박카스 한 박스 꺼내는 해이.

편의점 앞에서 해이를 기다리고 있던 선호.

해이 보며 손들어 반갑게 인사해 보이다 핸드폰으로 최집사 채팅창 보여 주며 흔들흔들한다. '뭐야? 너야.' 하는 눈으로 선호 보는 해이.

해이, 박카스 박스 들고 선호 쪽으로 간다.

| 해이 | (채팅창 보며) 뭐야, 너야? |
|---|---|
| 선호 | (빙긋, 끄덕) |
| 해이 | (박카스 주고 편의점 보며 중얼) 사 먹는 게 빠르겠다. (꾸벅하고 가려는데) |
| 선호 | 잠깐. (박카스 해이 주며) 먹어. 너 피곤하잖아. (웃으며) 피로 회복제. |
| 해이 | (보다, '그래 먹는 게 무슨 죄냐.' 혹 원샷 하는) |

/해이, 자전거 끌고 가면 선호 졸졸 따라간다.

| | |
|---|---|
| 해이 | 왜 따라와. |
| 선호 | 나도 이 방향인데. |
| 해이 | (할 말 없고) |
| 선호 | 나 응원단 지원 동기가 뭔 줄 알아? |
| 해이 | (보면) |
| 선호 | (해이 가리키며) 너. 아… 근데 단내 연애 금지라네. |
| 해이 | 괜찮아. 너무 걱정 마. |
| 선호 | (보면) |
| 해이 | 손바닥도 (손바닥 짝 해 보이며) 이렇게 마주쳐야 소리가 나는 건데, 한쪽이 안 치면 (한 손 내리고 한쪽만 파닥거리다 보면) 소리가 날 리가 없으니까. |
| 선호 | (해이 모션에 웃으며) 자신 있나 보지? (사이) 근데 나도 자신 있는데. |
| 해이 | (보면) |
| 선호 | 네가 나 좋아하게 만들 자신. (빙긋) |
| 해이 | (감탄) 와… 나도 한 뻔뻔 한다고 생각했는데 넌… (손뼉 치다 깨달음 얻었다는 듯) 이래서 프린슨가? |
| 선호 | (웃는) |
| 해이 | (학원 앞에 도착하자) 난 여기. ('빠이' 하며) 잘 가. |
| 선호 | (학원???) 학원은 왜? (사이, 놀란) 너 반수 해? |
| 해이 | (자전거 대며) 동생 거 등록해야 돼. |
| 선호 | 와~ 동생 학원비도 네가 내? |
| 해이 | 그럼 내가 내지 네가 내리? |

| | |
|---|---|
| 선호 | (보는) 내가 내도 돼? |
| 해이 | (?? 보는) |

S#34. 학원 데스크 / 밤

       카드 영수증과 학원증 받는 선호. 학원증, 해이에게 준다.

| | |
|---|---|
| 해이 | (병쪄 선호 보며) 너… 부자구나. |
| 선호 | 응. |
| 해이 | (급 손 내밀어 악수하며) 반갑다 친구야. |
| 선호 | (픕 웃으며 악수 흔들흔들) |
| 해이 | (학원증 보며 신나는) |
| 선호 | (보다) 나랑 사귐 더 잘해 줄 수 있는데. |
| 해이 | (약간 어이없다는 듯) 이거였어? 네 자신감의 원천? |
| 선호 | ('화났나… 실수했나.') |
| 해이 | (깊이 끄덕) 그럴 만하네. (고개 주억거리며) 가지가지 종류별로 다 가진 게 자신감의 원천이었어. 그럴 만해. |
| 선호 | (픽 웃으며) 그럼 오케이? |
| 해이 | ('재혁이랑 헤어진 지도 얼마 안 됐고, 여러모로 사귀는 건 좀…' 적당히 말 찾아) 근데 우리 CC 금지잖아. (고개 저으며) 안 되겠다. |
| 선호 | 생각보다 규칙에 민감한 편. |
| 해이 | 어. 나 완전 체제 순응적 인간이거든. |
| 선호 | 걸리면 그만둠 되지. |
| 해이 | (보다) 그럼, 한 달 뒤에도 생각이 안 바뀌면 그때 다시 얘기해. 그 |

때 생각해 볼게.

선호        한 달 뒤?

해이        (끄덕)

선호        ('왜지?' 싶지만) 그래.


S#35. 선호 집_거실 / 밤

고급스러운 인테리어가 돋보이는 부티 나는 아파트 거실.
선호 들어오자 진희(47세, 여), 부산스럽게 화장실로 들어간다.

진희(E)      아들, 부엌에 영양제 챙겨 놨어. 가서 먹어.

선호        (화장실 쪽 보다, 부엌으로 가는)


S#36. 선호 집_다이닝 룸 / 밤

넓은 다이닝 룸 식탁에서 약 털어 먹고 있는 선호.

진희        (들어오며 엉덩이 툭툭 해 주며) 일요일에 박 원장님이랑 식사하기로
          했으니까 약속 잡지 마. 앞으로 어떻게 준비하면 될지 얘기해 주
          실 거야. 예과라고 마냥 놀고만 있음 안 돼. 미리미리 준비해야
          남들보다 앞서가지. 엄마 말 무슨 말인지 알지?

선호        (애교 있게) 네네.

진희        (선호 엉덩이 토닥토닥해 주며) 어서 이런 게 나왔을까? (툭툭 해 주다 생
          각나서) 참 아들 근데 뭐 학원 등록했어? 카드 결제 내역에 무슨

학원이 뜨던데?

선호      아 그거, (생각하다) 좋은 데 썼어.

진희      좋은 데?

선호      (그냥 웃는)


S#37. 선호 집_거실 / 밤

선호 올라가는 거 보고, 진희, 얼른 소파 아래 위스키병 꺼내 방
으로 가려는데, 도우미 아줌마와 딱 마주친다.
진희, 화들짝하면 도우미 아줌마, 엄한 눈으로 진희에게 내놓으
라는 듯 손 내민다. 진희, 새초롬히 보면.

도우미      큰 소리 안 내는 게 낫지 않을까요?

진희      (별수 없다. 위스키병 주는)

도우미      (한심하다는 듯 고개 절레절레하며 갖고 가는)

진희      (화딱지 나지만 선호 들을까 뭐라 말도 못 하고)


S#38. 해이 집_해이 방 / 밤

이불 속에서 핸드폰 가계부 앱 보고 있는 해이.

해이      (가계부 앱 합계 -150,000원 보며) 학원비가 굳어도 마이너스네. 이걸
어케 메꾸나… (에라 모르겠다, 핸드폰 놓고 누워 버리는) f.o

서가 알바 중인 해이. 트레이 밀며 책장에 책을 꽂고 있다. 책 꽂고 옆으로 옮기는데 도서관 한쪽에 공부하는 정우가 보인다. '올~ 공부 열심히 하는데' 하는 표정으로 정우 보다, 이내 다시 책을 꽂는데 뒤쪽 서가 알바2, 3이 책 꽂으며 얘기하는 소리 들린다.

| | |
|---|---|
| 알바2 | 대타 못 구했어? |
| 알바3 | (끄덕) 오늘따라 다들 안 된대. 두 배 쳐 준데도 지원자가 없다. (후 한숨 쉬며 책 꽂으려 하는데 책장 사이로 슥 들이밀어 지는 해이 얼굴, 화들짝 놀라 뒤로 물러나면) |
| 해이 | (책장 사이에 얼굴 넣은 채) 그 대타 제가 해도 돼요? |
| 알바3 | (병찐) … |

/딜 마친 듯 알바3과 헤어지는 해이.

| | |
|---|---|
| 해이 | (만족스런 얼굴로 걸어 나오다 공부하고 있는 정우 보고 아차 싶어) 아… 훈련. |

/공부하고 있는 정우에게 오는 카톡.

INS) 카톡 메시지

| | |
|---|---|
| 해이(E) | 단장님, 저 오늘 몸이 안 좋아서 아무래도 훈련에 참석 못 할 거 |

같아요. ㅠㅠ

정우(E)　　(보다, 단답으로) 그래. (하고 다시 공부)


해이, 서가 한쪽에서 숨어 정우 보고 있다. 괜히 찜찜하다.


S#40. 운동장 / 낮

신입생들과 뛰고 있는 정우.


S#41. 도서관 / 낮

도서관에서 일하는 해이. 시계 보는데 훈련 시간이다.
괜히 찜찜하고… '별수 없지.' 고개 털고 다시 일하는 해이.


S#42. 도서관 앞 / 저녁

도서관에서 빠져나오는 해이. 노천 쪽 보다, 쩝… 하고 정문 쪽
으로 간다.
양손에 이온음료 가득 든 봉투 들고 노천으로 가다 해이를 본
민재.


S#43. 노천극장 / 저녁

쉬고 있는 단원들. 정우 한쪽에서 홀로 쉬는데… 이때 그쪽으로

오는 민재, 마치 할 말 있는 듯한 민재에 무슨 일이냐는 듯 보는
정우.


S#44. 재혁 집 아파트 앞 / 밤

최집사 알바 중인 해이. 자전거 단지 앞에 세우고 아파트로 뛰어
들어간다.


S#45. 재혁 집 문 앞 / 밤

해이, 벨 누르면 문 열린다.


| 해이 | (빙긋 웃으며) 최집삽니다. (하는데 문 연 사람 재혁이다. 얼굴 굳는) |
|---|---|
| 재혁 | (꽉 찬 100리터 쓰레기 봉지 갖고 문 열곤, 해이 보고 굳는, 그 와중에 곰돌이 티셔츠) |
| 재혁 모 | (재혁 쪽으로 와) 아는 사이…? |
| 재혁 | (당황하다) 어, 고등학교 친구. |
| 재혁 모 | 아… (하며 해이 훑는) |
| 재혁 | (쓰레기를 해이한테 주기가…) 엄마, 이거 그냥 내가 버릴게. |
| 재혁 모 | 왜 더러워서 싫다며, 그래서 사람 불렀잖아. (해이 보며) 아 친구라… 이게 좀 그런가? 다른 사람 부를까요? |
| 해이 | 아뇨 괜찮습니다, 고객님. 주세요. (방긋) |
| 재혁 | (곤란한데) |
| 재혁 모 | (해이 보다) 그러고 보니 예전에 우리 집 앞에서 보지 않았어요? |

우리 재혁이랑 같이.

| 재혁 | (OL) 아냐! |
| 해이 | (보면) |
| 재혁 모 | (갸웃) 아닌가… |
| 재혁 | 어 아냐. 그럼 내가 그냥 같이 갖고 나갈게. |
| 재혁 모 | (떨떠름하지만 친구라니) 그래 그럼… (다시 들어가며) 사람 괜히 불렀네. |

S#46. 재혁 집 앞 쓰레기 수거장 / 밤

| 재혁 | (자꾸 쓰레기 가져가려고 하고) |
| 해이 | 됐어. 돈 받고 하는 일인데. |
| 재혁 | 아냐, 같이 해. |
| 해이 | 내가 한다고. (하고 쓰레기봉투 뺏는데) |
| 재혁 | (자기가 가져오려다 쭉 찢어진다) |
| 해이 | 하… (짜증스럽고 쓰레기 줍는) |
| 재혁 | (같이 줍는) … |
| 해이 | (쓰레기 버리고 가려는데) |
| 재혁 | (잡으며) 아깐… |
| 해이 | (툭 놓으며) 괜찮아. |
| 재혁 | 아니 그게… |
| 해이 | 원래 나랑 사귈 때도 엄마한테 비밀이었잖아. 뭘 새삼스럽게. |
| 재혁 | 엄마가… 괜히 알면 피곤해지니까. |

| 해이 | (헛웃음) 내가 그렇게 쪽팔리고 숨기고 싶은데 왜 다시 만나잔 건데? 넌 내가 좋아서 이러는 게 아니라, 그냥 네가 차여서 자존심 상한 거잖아. |
| 재혁 | 그런 거 아냐. |
| 해이 | 이재혁, 난 두 번 다시 너 안 만나. 그러니까 계속 내가 다른 남자랑 있는 걸 상상하면서 괴로워해. 그게 내가 바라는 거니까. (가버리면) |
| 재혁 | (조롱에 기분 나쁘다) |
| 해이 | (역시 기분 더럽다) f.o |

S#47. 노천극장 / 낮

모여 있는 신입생들. 선자와 해이 오는데 해이를 보는 시선이 싸하다. 선자, 뭔가 싶은데 해이, 어제 일로 침전된 기분이라 눈치 못 챈다. 이때 정우 들어온다. 신입생들 앞에 가 서는 정우.

| 정우 | 도해이. |
| 해이 | (그제야 정신 들어) 네? |
| 정우 | 어제 일, 설명할 게 있을 거 같은데. |
| 신입생들 | (보면) |
| 해이 | (아… 걸렸구나…) 그게… (난감하고, 모르겠다 솔직히 말하자) 근로 대타 뛰는 게 훈련 시간이랑 겹쳐서… 죄송합니다. |
| 신입생들 | … (선호, 선자 빼고 표정 안 좋고) |
| 정우 | (해이 보며) 훈련에서 요행은 사고로 이어집니다. 본인 때문에 다 |

른 사람이 다쳐도 괜찮습니까?

해이 　…

정우 　거짓말하고 훈련을 빠지는 건 모두의 노력을 기만하는 행위고, 그런 건 용납될 수 없습니다. 우선순위가 다르면, 그만두는 게 맞겠죠. 서로 시간 낭비 안 하게.

해이 　… 죄송합니다.

정우 　죄송하단 무책임한 말을 듣자고 한 얘기가 아닙니다. 본인이 응원단을 할 수 있겠냐고 묻는 겁니다.

해이 　… 다신 이런 일 없도록 하겠습니다.

정우 　피해를 본 동기들한테 해야 할 얘긴 거 같은데요.

해이 　(울컥해 '이렇게까지 할 일인가' 싶어 정우 보는데)

정우 　(냉하게 해이 보고)

해이 　(눈물 나올 거 같은 거 꾹 참으며 동기들 향해 고개 푹 숙이고) 죄송합니다. 다신 이런 일 없도록 하겠습니다. (하는데 운동화로 눈물 툭 떨어진다.)

일동 　… (마음 불편하고 분위기 심란한)

정우 　(해이 보다) 10분 있다 훈련 시작하겠습니다. (가면)

일동 　(고개 못 드는 해이를 힐긋힐긋 보며 흩어지는)

선자 　(해이 쪽으로 오며) 괜찮아? 단장 찌르면 파란 피 나오는 거 아냐? 뭘 이렇게까지.

해이 　(눈물 훔치며 일어나) 물 좀 마시고 올게.

선자 　같이 가?

해이 　아냐 괜찮아. (하고 애써 눈물 감추며 가는)

선자 　(가는 해이 안쓰럽게 보고)

선호 　(역시 그런 해이 보고 쫓아가려다, '지금 가는 건 아니다.' 싶어 만다)

S#48. 수돗가 / 낮

수돗가에서 세수하는 해이.

해이 (세수하고도 눈물 나오자 옷으로 닦으며) 뭐 그렇게 대단한 거 한다고. 백만 원이고 뭐고 내가 때려 치고 만다.

이때 해이 발견하고 수돗가 쪽으로 오는 재혁.
해이, 재혁 오는 거 보고 물기 닦고 수습하며 재혁을 지나치려 하는데.

재혁 (팔 잡으며) 얘기 좀 해.
해이 (뿌리치며) 무슨 얘기. 우리 이제 진짜 할 얘기 없을 거 같은데.
재혁 (다시 붙잡으며) 내가 있어.
해이 글쎄 난 할 얘기 없대도. (하며 뿌리치려는데 힘으로 뿌리쳐지지 않는)
재혁 (완강하고)
정우 (나타나 재혁 팔 잡으며) 할 얘기 없다는데. (손 놓으라는 듯 손 보는)
재혁 (정우 보며) 저희 둘 일입니다. 그쪽이 상관할 거 아닌 거 같은데.
정우 (재혁 손 악력으로 치우며) 그건 타인이 원치 않는 신체 접촉이 없을 때 일이고.
재혁 (아파하며 손 놓으라는 듯 찡그리면)
정우 (손 놔 주는)
재혁 (정우 보다 해이 보며) 난 조용히 둘이 얘기하려고 했는데, 정 그럼 여기서 얘기할게. 너 말야, 뭔가 착각하는 거 같은데 널 계속 그리워하며 살라고? (조소 보이며) 그럴 리가 없잖아. 가진 거 없는

집에 편모. 그런 조건에 내가 설마 무슨 너랑 미래를 꿈꾸면서

만났겠어? 지금 잠깐 만나자 한 거지.

해이      (정우까지 듣고 있는데, 치욕적이다. 목소리 떨리는) 야, 이재혁.

정우      (일단 끼어들지 않고 있고)

재혁      너 말야, 네가 꽤나 잘났다고 착각하는 거 같은데. 착각하지 마.

당장 돈 백 원에도 벌벌 떠는 너 같은 애, 솔직히 다들 만나기 부

담스러워해. 미래도 없는데, 현재는 더 없잖아. (얘기 끝났다는 듯 정

우 보다 가면)

해이      (치욕스러움과 상처에 눈물 날 거 같다. 정우한테 들키기 싫어서 자리 얼른 피

하는)

정우      (가는 해이 잡지 않고 보는)


S#49. 교정 일각 / 낮

한쪽에 쭈그리고 앉아 우는 해이.

정우, 휴지와 크림빵 사 들고 해이 쪽으로 와 툭 건넨다.


해이      (얼른 눈물 닦으며) 뭐예요?

정우      필요할 거 같아서.

해이      (훌쩍대며 받아 휴지로 눈물 닦는)

정우      (옆으로 앉는다)

해이      ('뭐야 왜 앉아.') 금방 갈게요. 좀 가죠? (사이) 쪽팔린데.

정우      초등학교 5학년 때 축구 실기가 있었거든?

해이      ('갑자기 뭔 소리야.' 싶고)

| | |
|---|---|
| 정우 | 다른 애들은 다 아빠가 가르쳐 준다는데, 난 아빠가 없었어. 넌 아빠 없어서 못 하겠다 애들이 놀렸지. 그리고, 축구 시험을 완전 망쳤어. 이게 다 아빠가 없어서야. 그렇게 생각했어. |
| 해이 | (보는) |
| 정우 | 그때부터 뭐든 일이 안 되면 아빠 탓을 했어. 이게 다 아빠가 없어서 그런 거라고. |
| 해이 | … |
| 정우 | 그리고 중학교를 갔는데 농구 시험을 봤어. 근데 농구 시험에선 만점을 받은 거야. 아빠는 여전히 없었는데 농구는 잘하더라고. |
| 해이 | (보면) |
| 정우 | 그때 알았어. 아, 아빠가 없어서 축구를 못 한 게 아니구나. 난 그냥 축구에 소질이 없었던 거구나. 아빠가 없어서 안 되는 건, 아니구나. |
| 해이 | … |
| 정우 | 그때부턴 아빠가 없단 사실이 안 불행하더라. 남들은 여전히 날 안쓰럽고 불쌍하게 봤지만 괜찮았어. 내가, 그렇지 않으니까. |
| 해이 | … |
| 정우 | 남이 뭐라든 네가 그렇게 생각하지 마. 그럼 괜찮을 거야. |
| 해이 | 뭐예요. (코 닦으며) 어른인 척하긴. |
| 정우 | 그러게. 너무 어른인 척했네, 내가. |
| 해이 | (눈물 그쳤다) 울었더니 배고파. (빵 뜯어 먹는) |
| 정우 | (빵 먹는 해이를 신기한 생명체 보듯 보며) 먹으라고 사줬지만, 그게 바로 넘어 가는구나. (좀 나아졌다 싶어 일어나며) 어제 못한 거 마저 해야 오늘 연습 끝난다. 얼른 먹고 튀어 와. |

| 해이 | (빵 꾸역꾸역 먹다) 근데요, 왜 이렇게 열심히 해요? 단장은 동기들 |
| | 다 취업 준비하는데 안 불안해요? |
| 정우 | 불안해. |
| 해이 | 근데 왜. |
| 정우 | 그냥, 좋아서. (잠깐 생각) 이 고생을 왜 하나 싶다가도 그걸 다 잊 |
| | 게 하는 순간이 오거든. (가면) |
| 해이 | … (가는 정우 보는) |

S#50. 노천극장 / 밤

훈련하는 신입생들. 해이, 열심이다.

신입생들 폼 동작 봐주며 해이 보던 정우, 끄덕하고 다른 신입
쪽으로 가는데 해이의 시선이 정우에 향해 있다. 그런 해이의 시
선을 느낀 선호, '뭐지?' 싶다.

/훈련 끝나고 흩어지는 신입생들.

해이, 기진맥진해 가방과 짐 챙기는데 시선으로 노천 객석 보
인다.

정우 말이 생각나는 해이.

| 정우(E) | 그냥, 좋아서. |

이때 해이 핸드폰으로 오는 메시지. 메시지 보는 해이.

INS) 문자 메시지

주투동 선배(E)  내일 종목 PT *시 ***관 101호야.


S#51. 학교 전경 / 낮


S#52. 운동장 / 낮

모여 있는 신입생들. 정우 앞에 서 있다.

정우  합웅 단상에 설 두 명 선발은, 체력 테스트로 진행합니다.

일동  ('응?' 의외의 선발 방법에 놀라는)


/출발선에 서 있는 신입생들. 해이, 꽤나 비장하다. 온 힘을 다할 기세.

그런 해이 보는 선호. '시작' 소리와 함께 뛰기 시작하는 신입생들. 그중 해이 먼저 박차고 나가고, 선자, '쟤 뭐야' 싶은 얼굴로 해이 보는.

/여기저기 하나씩 쓰러지기 시작하는 학생들. 해이가 선두고 선호, 민재, 선자 박빙이다. 곧이어 포기하듯 나가떨어지는 선자. 민재, 선호, 해이가 달리고 있다.

/마지막 바퀴인 듯 선호 먼저 들어와 쓰러지면 박빙인 해이, 민재.

막판 스퍼트로 해이가 달리고 결국 해이 먼저 라인으로 들어와 쓰러진다.

계단에 앉아 이를 보던 초희, 미소 짓는다.

정우             진선호, 도해이. 둘은 합응 전까지 따로 훈련이 있을 거야.


해이, 헉헉대며 정우 본다.



S#53. 노천극장 / 낮

노천극장에 앉아 책 보고 있는 정우. 책, 우주에 관련된 책이다.
해이, 그쪽으로 걸어가는데 뒤에서 부르는 소리.

선호             삼다.
해이             (돌아보면 선호다, 뛰어오는 선호 보고) 뭐냐, 삼다는.
선호             주전자가 삼다라고 하길래.
해이             주선자겠지. (걸어가면)
선호             (따라가는)


둘이 걸어오는 거 보이자, 정우, 보던 책 덮는다.
/선호와 해이, 단상 동작 연습 중이다.
해이, 팔 동작 교정하며 팔목 잡아 각도 조정해 주는 정우.
해이, 문득 정우 얼굴 가까이 오자 두근두근하고, 그런 자신에
본인도 황당한데, 정우와 시선 마주치자 민망함에 시선을 피한
다. 이를 귀신같이 캐치한 선호.

| 선호 | 단장, 저는요. (하고 포즈 취해 보이는데, 역시 엉성하다) |
|---|---|
| 정우 | (선호 쪽으로 와 포즈 잡아 준다) |

해이 시선이 정우를 향하고, 선호, 그런 해이 시선을 보다 정우를 본다.

정우, 자세 잡아 주다 선호와 눈 마주치는데, 선호 어딘지 도전적인 남자의 눈빛으로 정우를 보고 있다. 정우 의아한데, 선호, 시선 거두지 않고 정우 본다. 잠시 눈빛 부딪히는 둘.

S#54. 노천 전경 / 낮

S#55. 노천극장 / 낮

마지막 동작 탁 하는 선호와 해이.

정우 잘했다는 듯 끄덕이면 선호가 해이를 툭 치고 쓰러진다.

선호와 해이, 쓰러져 있는데 쏟아지기 시작하는 비.

얼른 지붕 있는 단상으로 피하는 셋.

/선호, 잠시 자리 비웠고. 해이, 널브러져 비 오는 거 보고 있으면 정우가 해이에게 이온음료를 건넨다. 해이, 받아 꿀떡꿀떡 마시는.

이온음료 마시며 빈 노천극장 객석 보는 해이.

| 해이 | 알 것도 같아요. |
|---|---|

| | |
|---|---|
| 정우 | (?? 보면) |
| 해이 | 여기가 꽉 차서. |

해이 상상으로 관중석 학생들로 가득 채워지고.

| | |
|---|---|
| 해이(E) | 함성 터지면. |

단상에서 단복, 단장복 입고 동작 취하는 해이.
와 하고 터지는 학생들의 함성.
벅찬 해이 얼굴. (해이 상상 끝)

| | |
|---|---|
| 해이 | 죽일 거 같네요. |
| 정우 | (관중석 보고 평소와 달리 환하게 웃곤) 죽이지. 그건 해 봐야 알아. |
| 해이 | (뭔가를 정말 좋아한다는 듯한 정우의 처음 보는 표정에 묘한 기분) |

선호, 손에 우산 들고 노천 쪽으로 걸어오는데 사뭇 다정해 보이는 분위기의 해이와 정우. 선호, 멈칫하며 멈춰 서 그런 둘을 본다.
/그리고 노천극장 근처에서 A4 용지 들고 있는 누군가. (얼굴 보이지 않는다)
A4 내용 보이면… 해이 지원서다. 누군가의 시선, 무대 위 해이를 향해 있다.
/무대 한쪽 해이의 가방 위 핸드폰으로 지잉 하고 메시지 들어온다.

INS) 핸드폰 화면

(페북 메시지 미리 알림) 응원단 그만둬.

/(곧이어) 올해 응원단원 중 한 명이 죽는다.

/(곧이어) 세 번째 예언, 기억해.


메시지 온 줄 모르고 한쪽에서 웃으며 정우와 얘기하는 해이.


S#56. 창고 / 밤

박스 들고 창고로 오는 해이와 정우. 짐으로 가득 차 있는 창고.
박스에서 짐 꺼내 창고 제자리에 놓는 정우. 해이 역시 따라 한다.

| | |
|---|---|
| 정우 | 가 봐. 내가 정리할게. |
| 해이 | (됐다는 듯 정리하며) 마저 하고 갈게요. |
| 정우 | 그러든가 그럼. |
| 해이 | (표정 하다 다시 정리하는데 한쪽에 쌓여 있는 물건을 툭 치고 만다. 물건들이 쏟아지려 하자) |
| 정우 | 조심해. (몸으로 물건 떨어지는 것을 막는다. 물건 무너지고 해이와 더 밀착되며) 괜찮아? |
| 해이 | (놀라 정우 보는, 거리 너무 가까워 민망) 네? 아… 네. (정우 보는데, '이 각도?' 익숙하다 문득 기억나는) 어? (미스터 션샤인처럼 정우 입 살짝 가려보는) |
| 정우 | (표정) 안 괜찮구나… |
| 해이 | 혹시 그 술집 앞, 쉿? |
| 정우 | (아…) |

| 해이 | (표정 보고) 기억하는 거 같은데, 왜 아는 척 안 했어요? |
|---|---|
| 정우 | (떨어진 물건들 정리하며) 별로 좋은 기억은 아니잖아. |
| 해이 | … 생각보다 상냥하시네요. (같이 줍는데 새삼) 하, 돈 없다고 차이고 온갖 쪽팔린 건 다 들켰네. |
| 정우 | (정리하며) 알바해서 자기 앞가림하는 게 쪽팔린 건가. 오히려 반대 아닌가. |
| 해이 | (괜히 쑥스럽다. 말없이 정리하는) |
| 정우 | (역시 별말 없이 정리한다) |

이때 창고 쾅 하고 닫히는 소리.
해이와 정우, 놀라 문 쪽 보다, 해이 문 쪽으로 가 문 열어 보는데
안 열린다.

| 해이 | (정우 보며) 잠겼어요. |
|---|---|

정우, 문 쪽으로 와 잠금쇠 돌려 보는데 돌아가지 않는다. 이번
엔 무력으로 손잡이를 돌려 보는데 굳게 잠겨 열리지 않는 문.
이때 울리는 화재 경보음 소리. 놀라 정우 보는 해이.


S#57. 건물 앞 / 밤

건물 쪽으로 다른 짐 박스 들고 가던 선호, 화재 경보음 소리에
놀라 건물 쪽으로 뛰어간다.

S#58. 창고 / 밤

정우      (전화 중) 어 빨리 좀 와 줘. (전화 끊는데 문 쾅쾅 하는 소리 난다. 문 쪽 보면

해이 문 열려고 몸으로 부딪치고 있다. 가서 해이 잡는) 뭐 하는 거야! (하는데)

해이      (패닉이다. 과호흡 증상 오는)


INS) S#3 반지하


해이      (잠긴 문 두드리며) 엄마, 엄마.

해이      열어… 열어 줘.

정우      도해이, 도해이 괜찮아?

해이      (과호흡 하며 괴로워하고)

정우      (괴로워하는 해이 보는데 '이걸 어쩌지' 싶고)



S#59. 창고 앞 / 밤

      비상벨 울리는 속에서 잠긴 창고 문 보다 돌아서는 누군가에서.

엔딩.

S#1. 창고 / 밤

해이, 화재 경보음 소리에 더 패닉이다. 과호흡 증상 오는.

정우      (해이 어깨 잡으며 정신 차리라는 듯) 곧 사람 올 거야. 좀만 기다려.
해이      (끄덕하며 호흡 진정시키려 애쓰는)


창고 한쪽으로 가 해이 앉히고 심호흡 시키는 정우.


S#2. 건물 일각 / 밤

초희, 단실 쪽으로 올라가려는데, 역시 단실 쪽으로 급히 가던
선호와 만난다.


S#3. 창고 / 밤

해이, 심호흡하며 좀 안정된 듯하고.

이때 문밖에서 덜컹거리는 소리. 해이, 정우 문 쪽 본다.


S#4. 창고 밖 / 밤

문밖에서 열쇠 구멍에 열쇠 넣으려고 하는데 뭐가 걸린 건지 열쇠가 잘 안 들어가고, 답답해하며 열쇠 구멍에 열쇠를 계속 쑤셔 넣는 초희.
선호, 헉헉대며 창고 쪽으로 뛰어온다.

선호   불은 안 난 거 같아요. 오작동이래요.

초희   (끄덕하고 열쇠 넣으려는데 잘 안 된다)


선호, 주변 둘러보다 공구 상자 보이자 거기서 망치를 찾아 들고 와선, 초희를 물리고 망치로 손잡이 쾅 내려친다. 미동 없는 손잡이, 선호 힘 있게 몇 번 더 손잡이를 내려치자, 손잡이가 헐거워지며 문이 열린다. 문 열고 안으로 급히 들어가는 초희와 선호.


S#5. 창고 / 밤

초희와 선호, 안으로 들어오면, 정우, 해이를 부축하고 있다.
꽤 가까워 보이는 둘의 모습을 보는 선호, 순간 멈칫하다 둘 쪽으로 간다.

S#6. 의무실 / 밤

의무실 베드에서 수액 맞고 있는 해이.

정우, 선호 옆에 있다. 한쪽에서 접수 처리 중이던 초희, 그쪽으로 오면 선호 남고. 정우, 초희 쪽으로 온다.

초희    왜 갑자기 문이 고장이 나서. 화재 경보 벨까지 아주 콜라보로 식겁했네.

정우    …

초희    근데 이거 (머뭇하다) 그날이랑 좀 비슷하지 않아?

정우    (보면)


INS) 창고 / 낮

잠긴 창고 문. 화재 경보음 울리고, 문 두드리는 유민.

초희    괜히 기분 더럽네.

정우    … (초희 보다, 해이 보는)


자고 있는 해이를 걱정스레 보고 있는 선호, 정우에서 타이틀 인치얼업.


S#7. 창고 문 앞 / 낮

창고 문 고치고 있는 열쇠 수리공 아저씨. 정우, 옆에 서 있다.


136 × 137

| 열쇠 아저씨 | (수리하며) 아이고 문을 아주 박살을 내놨네. (손잡이 뜯어내는데, 손잡이 구멍 아래쪽 보고 갸웃) 이거 본든가? |
|---|---|
| 정우 | 네? |
| 열쇠 아저씨 | 아니, 여기 본드가 묻은 건가 해서. (하고 이내 손잡이 새 걸로 갈아끼는) |
| 정우 | (뜯어진 손잡이 보는데) |
| 선자(E) | 와 진짜 박살났네? |
| 정우 | (소리에 뒤돌아보면 선자와 해이, 단실 쪽으로 오고 있다. 둘이 꾸벅 인사하는, 해이 보곤) 몸은 어때? |
| 해이 | 말짱해요. (하며 괜찮다는 듯 가슴 탕탕 하는데 꼬르륵, 머쓱해져) 배는 안 괜찮은가 봐요. |
| 정우 | (어이없는) |

S#8. 강의실 / 낮

강의실에 모여 앉아 있는 선호, 용일, 재혁, 남자1, 여자1.

| 용일 | (온몸 아프다는 듯 두드리며) 아이고 (선호 보며) 닌 괜않나? 니랑 해인 추가 연습까진 하는데. |
|---|---|
| 재혁 | (해이?? 보면) |
| 선호 | (으쓱하며 사투리 흉내) 괘안타. (누가 봐도 서울 애가 흉내 낸) |
| 용일 | (표정) 뭔데. |
| 남자1 | 근데 둘만 하는 연습도 있어? |
| 용일 | (끄덕) 둘이 대표로 뽑혀가 거까지 더 한다 아이가. |

| 남자1 | 오오~ (눈치 없이) 둘이 그러다 눈 맞는 거 아냐? (하다 재혁 보며 아차 |
| | 싶은) |
| 선호 | 그러려고 하는 건데. |
| 재혁 | (보면) |
| 용일 | 진짜가? |
| 선호 | (웃는) |
| 재혁 | (언짢다) 좀 그렇지 않나? 그래도 친구 전 여친인데, 상도가 있지. |
| 선호 | (갸웃) 우리가 친군 아니지 않나? 그냥 동기지. |
| 일동 | (분위기 애매하다) |

이때 교수님 들어오고, 일동 수업 준비하는.
재혁 역시 수업 준비하며, 기분 나쁜 얼굴로 선호를 본다.


S#9. 식당 근처 / 낮

구내식당 가며 얘기하고 있는 선호와 용일.


| 선호 | 첫 연애? (아득한 옛날 회상하며) 그때가… 내 나이 4세였지. 간식 시 |
| | 간에 고백해서 사귀고 두 시간 뒤 성격 차이로 헤어졌어. |
| 용일 | 떡잎부터 솔찬히 달랐구만… (머뭇거리다) 좀 알려도, 여자 맘 얻 |
| | 는 법. |
| 선호 | (보면) |
| 용일 | 내 보니까네 니가 그 방면엔 일가견이 좀 있어 비네. |

식당으로 들어오는 선호와 용일.

선호　(약간 허세 느낌) 그냥 기본에 충실하는 거지. 표현하고, 신경 쓰고 잘해 주고, 뭐 남들 다 아는 그런 거.

용일　그게 다가?

선호　(식판 들며 끄덕) 원래 뭐든 기본만 하면 반은 하는 법이거든.

용일　맞나, 근데 그래도 싫다면 우야노?

선호　그럼 go, stop을 정해야지.

용일　고스톱?

선호　(용일 보며) 쓰리 아웃제. 세 번까진 고, 그래도 안 됨 스톱.

용일　쓰리 아웃…? 고스톱? 뭐 게임이가?

선호　(식판에 비냉 받으며) 안 될 판에 배팅해 봤자, 상대한테도 나한테도 서로 못 할 짓이잖아?

용일　맞나… (갸웃) 근데… 스톱이 맘대로 되나.

선호, 어깨 으쓱하고 식판에 다 받고 자리 보는데, 해이와 선자, 밥 먹는 거 보인다, 반가운 마음에 그쪽으로 가는데 앞쪽에 정우 앉아 있다. 선호와 용일, 그쪽으로 가 앉는다.

선호　몸은 괜찮은가 보네.

해이　(괜찮다는 듯 끄덕하고 계속하던 말 이어가는, 물냉 먹으며) 무조건 밤이지. 원래 고구마는 퍽퍽한 맛에 먹는 거거든.

선자　뭔 귀신 고구마 까먹는 소리야. 고구만 호박이지. 나문희 할무니

도 외치잖아. (성대모사) 호박 고구마.

해이     (철모르는 소리라는 듯 갈음하다, 정우에게) 단장은 뭐예요. 밤이예요, 호

박이예요.

정우     (역시 물냉 먹다 별생각 없이) 밤.

해이     그쵸? (선자 보며) 거 봐. (정우 보며) 단장, 먹을 줄 아네.

선자     아 단장 그렇게 안 봤는데 실망이예요.

정우     (이게 이럴 일인가, 묵묵히 밥 먹는)

해이     (그 기세 몰아 정우에게) 짜장, 짬뽕.

정우, 해이     (정우 밥 먹으며 덤덤히 대답, 동시에) 짜장.

선자     (동시에) 짬뽕.

해이     물냉, 비냉.

정우, 해이     (동시에) 물냉. (계속 기계적 대답으로 하다, 뭐냐는 듯 해이 보면)

선자     (동시에) 비냉.

해이     와… 단장 사람 괜찮네.

선자     와… 단장 아주 몹쓸 사람이었네요.

정우     (어이없고)

해이     원래 먹는 걸 보면 그 사람을 아는 법인데, 단장 완전 내 과였어.

정우     (표정) 욕이냐?

해이     칭찬이죠. (웃는)

정우     (고개 저으며 물냉 먹는)

선호     (얼른 용일 물냉과 자기 비냉 바꾸곤 해이에게) 나도 물냉 좋아하는데.

용일     ('뭐야?' 끔뻑끔뻑하다 별생각 없이 그냥 먹는)

해이     (별 관심 없다. 먹으며) 그래?

선호     ('뭐여… 왜 난 관심 없어.')

| 용일 | (구내식당 TV 보다) 뭐꼬, 원 아웃이가. |
|---|---|
| 선호 | (그 말에 보면) |
| 용일 | (구내식당 TV 야구 보다, 선호가 보자 별생각 없이 선호를 빼꼼빼꼼 본다) |

해이와 정우를 각각 보다, 자기한테 관심 없는 해이에 시무룩해
물냉 먹는 선호.


S#11. 복도 / 낮

사물함에서 책 빼고 있는 해이. 이때 핸드폰 진동음 울려 보면
페이스북 메시지다. 확인하는 해이.

INS) 페이스북 메시지

(2회 S#56 메시지) 응원단 그만둬.
올해 응원단원 중 한 명이 죽는다.
세 번째 예언, 기억해.
(새로운 메시지) 너도 당하게 될 거야.

굳은 얼굴로 이를 보던 해이, 발신자를 클릭해 보는데 아무 정보
도 없는 공계정. 이내 익숙하단 듯 고개 절레절레하곤 메시지 끄
면, 메시지 함에 '선호 오빠한테서 떨어져', '선호 오빠한테 붙지
마' 등등의 메시지가 주르륵 와 있다.
해이, 핸드폰 주머니에 넣곤 책 챙겨 가는데 그런 해이를 음침히
보고 있는 호민(24세, 남).

단실에 모여 있는 신입생들. 자유롭게 흩어져 있는 분위기다.
손에 유인물 하나씩 들고 있다. 운찬, 의자 한쪽에 걸터앉아 있
고, 소윤, 옆에서 뭔가 끄적이며 일하고 있다.


| | |
|---|---|
| 해이 | (유인물 읽는) 호대, 호구 왔는가? 올해도 호되게 호~온나야겠네. 호.호.호. (표정 하고 몸 부르르 떨며 운찬 보고) 뭐예요? 이 나까지 부끄러워지는 멘트는. |
| 운찬 | (자기가 한 멘트다. 우씨) 야, 그 정도 멘트 짜기도 얼마나 힘든데! |
| 해이 | ('그건 아닌 거 같은데…' 싶은 표정) |
| 선자 | (유인물 보다, 운찬 보며) 이걸 저희가 해야 된다고요? |
| 운찬 | (끄덕) 합동 응원전이 서로 멘트 치고 응원곡하는 형식이거든. |
| 선자 | 그니까, 그 멘트들을 미리 다 만들어라… |
| 운찬 | (끄덕) 그게 신입생들의 합동 응원전 mission이지. (유인물 가리키며) 작년 멘트지니까 참고해서 만들도록. |
| 해이 | (A4 용지 넘기는데 왤케 많나 싶고) |
| 용일 | 근데예, 이 곡 따라 치는 멘트들은 갸들이 뭔 곡을 할 줄 알고 이리 만듭니까? |
| 운찬 | 그니까 전곡 다 멘트를 만들어야지. |
| 일동 | 전부요? |
| 운찬 | (끄덕) Of course. |
| 소윤 | (계속 끄적이며 고개 안 들고) Of course. |
| 운찬 | (홱 보는) |
| 선호 | 호대 응원곡이 몇 곡인데요. |

| | |
|---|---|
| 운찬 | 한 40곡 정도 될 걸? |
| 일동 | 네? |
| 선자 | 아니, 합숙이 열흘도 안 남았는데 그걸 언제 다 듣고 멘틀 만들어요. |
| 해이 | (손 들고) 전 추가 연습도 있는데 빼주심 안 돼요? |
| 선자 | (휙) |
| 운찬 | You know 공동체 의식? 너랑 선호까지 빠짐 다른 애들이 얼마나 힘들겠어. 아~주 조금씩만, little more 힘내자! |
| 해이 | (신입생들 보면) |
| 일동 | (가련한 눈빛으로 해이 보는) |
| 선자 | (넌 못 빠져나간다는 듯 손 꼭 잡는) 함께하자. |
| 해이 | (털썩, 체념한다) 에이씨. |
| 선자 | (기특하다는 듯 해이 쓰담쓰담 해 준다) |
| 운찬 | (시계 보고) 어? 훈련 가야겠다. Move move. |
| 해이 | 멘트 만들라면서요? |
| 운찬 | 응. 훈련 외 시간에. |
| 해이 | (표정) |

S#13. 노천극장 / 낮

노천 쪽으로 모이는 신입생들.

| | |
|---|---|
| 해이 | 스케줄이 아주 아이돌 뺨을 치겠어. 우리 낼모레 인기가요 가는 거냐? |

| 선자 | (둠칫 둠칫 하며) 가 볼까? |
|---|---|
| 해이 | (맞춰 주며 같이 둠칫 둠칫 하는데) |
| 정우 | (둘 한심하게 보고 있는) |
| 해이 | (정우 쪽으로 둠칫 둠칫 가며) 단장, 저희 벤은 준비됐죠? |
| 정우 | (일갈) 들어가라. |
| 해이 | 넵. (조크를 모르는 사람이라는 듯 무대 쪽으로 가면) |
| 정우 | (가는 해이 보며 피식 웃는다) |
| 선호 | (둘 보는데…) |

INS) 2회 S#55

다정해 보이는 둘. 뒤에서 보는 선호.

| 선호 | (친해 보이는 둘, 영 기분 별로다) |
|---|---|

/운찬, 초희, 소윤, 정우, 신입생들을 봐주고 있다.
선호, 두 손 하늘 위로 뻗는 동작을 계속 틀린다.

| 정우 | 왼발 지지. |
|---|---|
| 선호 | (다시 해 보는데, 또 틀리고) |
| 정우 | 다시 합니다. |
| 선호 | (다시 해 보는데, 또 틀리고) |
| 정우 | 다시. |
| 선호 | (다시 해 보는데, 또 틀린다. 짜증난다) 하. |

어느새 동작 멈추고, 둘을 보고 있는 단원들.

| | |
|---|---|
| 정우 | 왼발 지지가 안 되니까 틀리는 겁니다. 다시. |
| 선호 | (다시 해 보는데, 또 틀린다) |
| 정우 | **왼발!** |
| 선호 | (자기도 답답해 발끈) **했어요!** |
| 정우 | (선호 왼발 보면) |
| 선호 | (왼발 돌아가 있다. 못 해 먹겠다는 듯 동작 푼다) |
| 해이 | (힐긋) |
| 정우 | (보면) |
| 초희 | (분위기 보다) **10분간 휴식.** |

흩어지는 신입생들. 선호, 표정 구겨져 식수대 쪽으로 간다.
가는 선호 보는 정우.


S#14. 식수대 / 낮

식수대에서 물 마시는 선호와 용일.

| | |
|---|---|
| 선호 | (물 꿀떡꿀떡 술처럼 마신다) |
| 용일 | **조심해라. 물에 체함 약도 없데이.** |
| 선호 | (물 마시고, 노천 근처에서 신입생들과 화기애애해 보이는 해이, 정우 보는) |
| 용일 | **와이리노? 아까부터 저기압이네.** |
| 선호 | (정우와 해이 보며) **재미없다.** (하고 그쪽으로 가는) |

| 용일 | ?? 뭔데? ('나한테 하는 말?' 따라가며) 야, 내 완전 재미지다니까. |
|---|---|
| 초희(E) | 용일아. |
| 용일 | (자기 이름 부르는 소리에 보면, 초희다, 수줍) 예? |
| 초희 | 잠깐. (와 보라는 듯 손짓) |
| 용일 | (부끄부끄 하며 초희 쪽으로 가는) |

S#15. 노천극장 / 낮

선호, 모여 있는 쪽으로 온다. 일동, 정우와 선호를 힐긋 눈치 보며 약간 어색해지는 분위기. 선호, 해이 마시라는 듯 물병 휙 던지면, 해이, 물병 받고. 해이, 뭐냐는 듯 선호 보면 선호 마시라는 듯 빙긋. 해이, 물 마시면서 분위기 풀어진다. 풀어지는 분위기에서 시선 돌리다 정우와 눈 마주치는 선호. 시선 부딪히다 선호, 이내 시선 돌려 버린다. 정우는 선호가 못내 마음 쓰이고…

S#16. 식수대 근처 / 낮

초희, 용일과 얘기 중이다.

| 초희 | 별말 없었다고? |
|---|---|
| 용일 | (부끄부끄) 네. |
| 초희 | ('휴… 다행이다.' 싶고) |
| 용일 | 부단장요, 제가 잘할게요! |
| 초희 | (황당) 뭘? |

| | |
|---|---|
| 용일 | ('뭐라 그래야 되지?') 어 긍까, (단호) 제가 단도리 잘 할게예. |
| 초희 | 그래. 애들 뭐 힘들다 하면 얘기 좀 해 줘. (강조해서) 특히 선호. |
| 용일 | 예! |
| 초희 | (잘 됐다는 듯 툭툭 치고 가는) |
| 용일 | (부끄부끄 하며 한 발로 땅 톡톡 치는) |

S#17. 노천극장 / 낮

운찬, '연희 일어'서 동작해 보인다.

| | |
|---|---|
| 신입생들 | 오오~ |
| 운찬 | (허세 허세, 조정석 야나두 선전처럼) 야, 너희들도 할 수 있어. You can do it. 한 일 년만 빡세게 구르면, 뭐 물론 나만큼 하긴 쉽지 않겠지만. |

초희, 용일과 함께 들어오고.

| | |
|---|---|
| 해이 | 할 수 있을 거 같은데. |
| 운찬 | (훗) 이게 보기엔 쉬워 보이는데, 보이는 게 다가 아니에요. |
| 해이 | (일어나 척척척척 해 보인다) 맞죠? 이거. |
| 운찬 | (당황) 얼추… 맞네. |
| 정우, 초희 | (역시 좀 놀랐다) |
| 해이 | 아, (우쭐우쭐) 제가 못하는 걸 또 못해서. |
| 운찬 | (꿈) 야, 이게 얼핏 흉내 냈다고 되는 게 아니야. (동작해 보이며) 핏, |

핏이 생명이라고.

| | |
|---|---|
| 소윤 | (조용히) fit. |
| 운찬 | (퓩 보는) |
| 선호 | (한쪽에서 자기도 따라 해 보는데, 뚝딱뚝딱 거린다) |
| 수일(E) | **여어~ 얘들이 51긴가.** |
| 일동 | (보면) |

수일(25세, 남), 진일(23세, 남), 남2 양손 가득 간식 들고 서 있다.
난감한 운찬, 소윤의 표정. 정우와 초희, 굳은 표정으로 수일
보는.


S#18. 노천 전경 / 낮


S#19. 노천극장 / 낮

신입생들 둘러앉아 샌드위치를 먹고 있고.
수일, 진일, 남2, 그 사이에 끼어 앉아 있다.
한쪽에서 이를 보고 있는 선배들.

| | |
|---|---|
| 운찬 | (복화술) 으뜨케요. |
| 초희 | (마뜩잖게 수일 보다) 뭘 어떡해. 간식 빨리 먹고 내쫓아야지. 너도 가서 아무거나 하나 집어 먹어. (진일, 남2 보며) 진일이 저 자식은 왜 수일 오빠 따라다녀. |

| 정우 | … |
| --- | --- |

우걱우걱 먹는 해이를 경이롭게 보던 수일, 진일, 남2.

| 진일 | (샌드위치 하나 더 주며) 천천히 먹어. 더 있으니까. |
| --- | --- |
| 해이 | (감격해 진일 보며) 선배, 좋은 사람이군요. |
| 진일 | (그 말에 부끄러워하는) |
| 민재 | 몇 기 선배신 거예요? |
| 수일 | 난 47기, (진일, 남2 가리키며) 얘넨 49기. 초희 동기들이지. |
| 진일, 남2 | (끄덕) |
| 수일 | 지금은 다 기획팀이야. (*자막 기획팀: 현재는 현역 단원으로 활동하지 않는 재학생들 모임으로 축제나 연고전 같은 큰 행사 시 도움을 준다) 합응 준비하느라 죽어들 나겠네? |
| 해이 | (그 말이 끝나기 무섭게) 네, 죽어나요. (하고 정우 눈치 보는) |
| 수일 | (해이 보고 웃다 비밀이라는 듯 소리 낮춰 말해 주는) 너희들 노고를 좀 줄일 수 있는 방법이 있는데. |
| 일동 | (솔깃) |

/수일 일당 어느새 갔고, 흩어지는 신입생들.
정우가 해이, 선호를 손짓으로 부른다. 그쪽으로 가는 해이와 선호.
정우 A4 용지 하나씩 선호, 해이에게 준다. 추가 훈련 스케줄 표다.

| 정우 | 추가 훈련 스케줄이야. 톡으로도 보냈으니까 보고, 변동 사항 있음 알려 줘. |
|---|---|
| 해이 | (보다) 에? (밤 시간대 추가 훈련 쪽 가리키며) 저 이때 알반데. |
| 정우 | (끄덕) 가능 시간은? |
| 해이 | (고민하다, 말하는) 근데 단장 이렇게는… 좀 그런데. |
| 정우 | (보면) |
| 해이 | 공강 시간이랑 오후 시간 뺐잖아요. 그 이상은 힘들어요. |
| 정우 | 합응이 코앞인데, 그 정도는 해야 따라오지. |
| 해이 | 저희도 이것만 하는 거 아니잖아요. 수업도 들어야 되고, 시험도 봐야 되고, 알바도 해야 되고. 정규 훈련 시간에 추가 훈련까지 지금도 시간 맥스로 빼고 있는데 거기서 더 빼라는 건 무리예요. 무리한 일정을 다 맞출 순 없어요. |
| 정우 | (보는) |
| 선호 | (분위기 싸한데… 이 와중에 해이랑 정우가 싸우는 게 좋다. 비식 웃음 새어 나온다) |

S#20. 교정 일각 / 낮

걸어가고 있는 선호와 해이. 해이, 말해 놓고도 못내 신경 쓰이는 눈치다.

| 선호 | 삼다 말 잘한다? 그래 단장이 좀 오버가 심하지. 무슨 목숨 걸고 이거 하는 사람처럼. |
|---|---|
| 해이 | (생각에 잠겨 있다 그 말에 '어?' 보며) 아… 뭐. (하면서도 내심 정우가 신경 |

쓰인다)

선호      (그런 해이 보는. 신경 쓰는 거 알겠다)


이때 선호와 해이 핸드폰, 동시에 톡 수신 메시지음 울리고.
둘 핸드폰 보면 '테이아 신입방' 단톡이다.


INS) 문자 메시지


선자(E)    긴급 접선 요망



S#21. 치얼스 / 낮

치얼스에 모여 앉아 맥주 한 잔씩 하고 있는 정우, 초희, 운찬, 소윤.
드문드문 손님 보인다.


운찬      라떼 지금 훈련은 뭐 그냥 놀이 수준이었는데, 세상 좋아진 거
         모르고 요즘 애들은 참 근성이 없어요.
초희      너도 되게 근성 있진 않았어.
운찬      누나!
소윤      (소심히) 그게… 딱히 뭐라 하기에 틀린 말도 아니어서… 알바해
         야 한다는데 무리하게 빼라고 할 순 없잖아요. 그래도… 해인 빨
         리 배워서 괜찮을 거 같아요. 문젠 (사이) 선호지…
운찬      호대 이번에 단상에 10명 올라오고 신입도 20명 단상 아래 깐

다는데, 저흰 단상에 6명 올라가고 단상 아래 신입도 6명밖에
안 되잖아요. 합응 땐 기획팀에 지원 요청 좀 하는 게 낫지 않을
까요?

정우        (고민이다)


이때 치얼스로 들어오는 수일, 진일, 남2.


수일        여어~ 모여 있었네.

일동        (그쪽 보고, 수일 보는데 표정 안 좋아진다)

수일        (그쪽으로 오며) 회의해?

운찬        예… (말 흐리는)

수일        (빙글빙글 웃으며) 어우 운찬이 좀 컸다고 인사 안 하는 거야?

운찬        ('아…' 꾸벅 인사하면)

수일        (됐다는 듯 웃으면서 운찬 툭툭 치곤) 너네 이번에 물건 하나 있더라?
          도해인가?

초희        (표정 썩어서) 네, 뭐.

수일        걔 보니까 유민이 생각나던데. 유민이가 딱 그랬잖아.

초희, 정우   (표정 굳고)

소윤, 운찬   (??)

운찬        유민? Who's that?

정우        (표정 굳었다 말 돌리려 수일 보며) 형, 앞으로 그런 식으로 오지 말아
          주세요.

수일        (보면)

정우        작년 일로, 제명되셨잖아요. 단원도 아닌데 선배로 오는 거, 원

| | |
|---|---|
| | 칙에 위배 돼서요. |
| 수일 | (표정 썩으면서도 쿨한 척) 야, 박하네. 박정우. 같이한 세월이 몇 년 인데. |
| 정우 | … |
| 운찬 | (분위기 안 좋아질 거 같아, 맥주잔 들며) 저희 한잔할까요? |
| 수일 | (운찬 말 무시하고) 너 작년 진행비 캐고 다닌다며? |
| 초희, 운찬, 소윤 | (그 말에 역시 놀라 정우 보고) |
| 수일 | 괜히 일 시끄럽게 만들지 말자. (정우 툭툭 치며) 좋은 게 좋은 거 니까. |
| 정우 | (툭툭 친 데 툭 털며) 좋은 게 좋은 게 아니라. 옳은 게 좋은 거죠. |
| 수일 | (서늘히 보면) |
| 정우 | (지지 않고 보는) |
| 일동 | (분위기 쎄한) |

S#22. 잔디밭 / 낮

모여 있는 신입생들. 뭔 작당을 하는지 똘똘 뭉쳐 있다.

| | |
|---|---|
| 선자 | 아까 수일 선배 말 말야. 해 볼 만하지 않아? |
| 일동 | (고민…) |

S#23. 노천극장 / 낮 / 회상

S#19 이어지며.

| 수일 | (비밀 얘기해 준다는 듯 소리 낮춰) 메뉴판만 구하면 돼. |
|---|---|
| 일동 | 메뉴판이요? |
| 수일 | (끄덕) 합응 곡 리스트. |

INS) 메뉴판 이미지

곡 리스트 써 있는 널빤지.

| 수일 | 그게 있으면 전곡 다 멘트 만들 필요 없이 그 곡만 준비하면 되니까 너희들 노고가 싹 줄지. |
|---|---|
| 용일 | 그걸 우예 구하는데요? |
| 수일 | 뭐, 호대 친한 애한테 술 먹여서 불게 하기도 하고, 보통 단실에 있으니까 몰래 가서 찍어온 놈도 있고. |
| 용일 | 진짜요? |
| 수일 | 용기 있는 자가, 열매를 얻는 거지. (빙긋) |
| 일동 | (보는) |

S#24. 잔디밭 / 낮

| 민재 | (이런 논의 불만스럽다) 그러다 걸리면. |
|---|---|
| 선자 | (수일 말 반복) 용기 있는 자가, 열매를 얻는 거지. |
| 일동 | (일견 동의) |
| 해이 | 하자! 시간만 줄일 수 있담 뭐라도 해 봐야지! |
| 민재 | (부루퉁, 싫다) |

| 용일 | 그럼, 누가 총댈 멜지 결정해야 되는데… 누고? 누가 고양이 목에 방울을 달끼고? |
|---|---|
| 일동 | (서로 눈 피하는) |
| 민재 | 난 안 해. 난 분명 반대했어. (하고 가방 들고 나가면) |
| 선자 | (표정) 아 저 밉상. |
| 용일 | (별수 없단 듯) 지원자 없나? |
| 일동 | (서로 눈 피하기) |
| 용일 | 그럼, 제비뽑기로 하자. (머리 굴리고) 망보고 할라믄 세 명? |
| 일동 | (보는) |

/각자 앞에 놓인 쪽지. 모두 X고 해이, 선자, 용일 O다. 망연자실한 세 명.

| 해이 | (현실 부정) 아니지? 아니라고 말해 줘. |
|---|---|
| 선자 | (정신 붙들라는 듯 해이 어깨 부여잡으며 자기도 울상) |
| 해이 | (울상) |
| 선호 | (보는) |

S#25. 거리 / 낮

야쿠르트 차 옆에서 야쿠르트 아줌마 옷 입고 한쪽에서 담배 피고 있는 춘양. (담배 피는 모습은 안 보이고 연기만 모락모락 올라온다) 갑자기 아앙 아이 우는 소리. 춘양, 우는 소리에 보면 7세 정도 아이, 손가락으로 춘양을 가리키며 엄마 손 붙잡고 울고 있다.

| | |
|---|---|
| 아이 | (충격 먹은 듯) 야쿠르트 아줌마 불났어. |
| 춘양 | (얼른 담배 끄며, 연기 휘휘 없애고) 아냐, 야쿠르트 아줌마 불 안 났어. (하는데) |

아이 엄마, 야쿠르트 아줌마가 뭐하냐는 거냐는 듯 춘양 보다 아이 손 끌고 얼른 간다.

| | |
|---|---|
| 춘양 | (가는 아이와 엄마 보며) 아 뭐 야쿠르트 아줌마도 이미지 관리를 해야 되는 거냐고. (하며 냄새 없애려 칙칙, 페브리즈 뿌리는) |

이때 명품으로 휘감은 선글라스 낀 진희, 또각또각 춘양 앞으로 지나간다.

| | |
|---|---|
| 춘양 | (판촉하려, 야쿠르트 하나 빼서) 사모님~ 프리미엄 요거트 새로 나온 거 시음 한 번 해 보고 가세요. |
| 진희 | (지나치려 힐긋 보다 춘양 얼굴 보곤 또각또각 춘양 쪽으로 오는) |
| 춘양 | ('오!' 싶은데) |
| 진희 | (선글라스 벗으며 요거트 받아 쪽 마셔 보는) |
| 춘양 | (진희 보는데 영 낯이 익다) 혹시 황…진희? |
| 진희 | (쪼옥 요거트 마저 들이키며 보면) |
| 춘양 | (호들갑 떨며) 나야 나 성춘양 기억 안 나? 왜 황진이 선발 대회 진 했던, 넌 선이고. 사람들이 황진이 대회에서 황진희가 아니고 성춘향이 진이라고 막 웃긴다 그랬잖아. 우리 같이 풋고추 행사도 다니고 그랬는데. |

| | |
|---|---|
| 진희 | (빨대에서 입 떼며, 그냥 춘양 무심히 보면) |
| 춘양 | 야 어떻게 여기서 만나냐. (진희 차림새 보며) 와! 너 완전 잘나가는 집 사모 됐구나. |
| 진희 | (보다) 우리가 그렇게 친했던 사인 아닌 거 같은데… (반 존대처럼 말 흐리는) |
| 춘양 | (민망) 그런가. 난 오랜만에 봐서 반가워서 그랬지. |
| 진희 | (요거트 춘양 주며) 이건 너무 시네요. (하고 또각또각 다시 가면) |
| 춘양 | (표정 하다, 남은 요거트 마시곤, '신가?' 갸웃하다 진희 보면) |
| 진희 | (춘양 뒤로 하고 또각또각 걸어가는데 묘하게 떠오르는 웃음. 기분이 나쁘지 않다) |

S#26. 버스 정류장 / 밤

버스 정류장에서 믿어지지 않는다는 듯 기둥에 옆머리 콩콩 박고 있는 해이.
해이 머리와 기둥 사이에 손 슥 들어와, 해이 머리 박는 거 막아준다.
해이, 뭔가 보면, 선호다.

| | |
|---|---|
| 선호 | (옆에 앉으며) 고양이 방울 땜에? |
| 해이 | 요새 운빨이 영 별론 게 굿이라도 한 판 해야 될까 봐. |
| 선호 | 나 호대에 아는 애들 좀 있는데, 도와줄까? |
| 해이 | 진짜? |
| 선호 | (끄덕하곤, 해이 보며) 삼 주 뒤에 반영해 줘. |

| | |
|---|---|
| 해이 | ?? 3주? |
| 선호 | 그때까지 맘 안 변하면 다시 얘기하자며. |
| 해이 | (빤히 보다) 너… 되게 성실하게 들이댄다. |
| 선호 | 뭐? |
| 해이 | 아니, 내가 뭐 그래. 나쁘진 않은데… 이럴 정도까진 아닌 거 같은데… (깊이 고민) 뭐지. 그새 매력이 늘었나. |
| 선호 | (웃으며) 역시 재밌어. |
| 해이 | (뭐가 그렇게 웃긴가 싶고) |
| 선호 | 단장 말야. |
| 해이 | 응? (단장이 여기서 왜 나와?) |
| 선호 | 그런 스탈은 어때? |
| 해이 | 뭐가? |
| 선호 | 남자로. |
| 해이 | 에? (약간 당황한) |
| 선호 | (빤히 보면) |
| 해이 | (당황하다 이내) 에이 완전 꼰대잖아. |
| 선호 | 그치? 좀 그런 면이 있지? (기분 좋은) |
| 해이 | (보면) |
| 선호 | (택시 오는 거 보고 잡아탄다) 내일 봐. (손 흔들고 택시 타면) |
| 해이 | (얼결에 손 흔드는) |
| 선호 | (가면) |
| 해이 | … (기분 묘하다…) |

## S#27. 단장실 / 밤

문 열린 단장실 캐비닛 부스럭부스럭 뒤지고 있는 누군가.
소윤, 지나다 화들짝 놀라고, 어쩐지 단장실 근처 안절부절 서
성이다, 문 앞에 있는 볏짚 빗자루 들고 용기 내 조심스레 들어
와선.

| 소윤 | (빗자루 손에 꽉 쥐고) 누, 누구야. (하는데) |
|---|---|
| 정우 | (툭 일어나고) |
| 소윤 | 꺅! (빗자루로 정우를 미친 듯이 치는) |
| 정우 | (황망히 보면) |
| 소윤 | ('정우구나.' 미안해 볏짚 털어 주며) 도, 도둑인 줄 알았잖아요. 뭐해요, 단장. |
| 정우 | 아… 뭐 좀 찾느라. |
| 소윤 | (미안하다는 듯 꾸벅하고 가슴 쓸어내리며 가는) |

정우, 다시 캐비닛 안 금고 장부들 뒤진다. 드디어 찾은 듯 장
부 하나 들어 보는 정우. 라벨에 '2018년 회계 장부'라고 쓰여
있다.
회계 장부 열어 5월 축제 예산 집행 내역 중 대행사 번호 보는
정우.
이를 핸드폰에 입력한다.
장부 다시 금고에 넣고 금고문 잠그고 캐비닛 문 닫으려는데, 잘
못 건드려 후두두 떨어지는 사진 뭉치들.
정우, 이를 줍는데, 그중 2016년 유민과 신입생들 함께 찍은 사

진에 시선 머문다. 앳된 정우와 초희, 유민 주변에 보이고. 사진 속 유민 보는 정우.


## S#28. 교정 일각 / 낮 / 정우 회상

동아리 거리제로 한참인 교정. 정우, 새내기 촌티 풀풀 풍기며 걷고 있다.

별다른 관심 없이 건물 향해 걸어가는 정우 앞으로 탁 내밀어지는 지원서.

정우, 뭐지 싶어 보면 미니 확성기 들고 있는 유민(21세, 여). 싱긋 웃는다.

정우에게 지원서 주고 미니 확성기로 주변 학생들에게 들리게 홍보하는 유민.

유민    2016년 3월 20일 오후 5시 연희대학교 신입생 응원단 모집이 마감됩니다. 얼른 와서 지원해 보세요.

정우, 그런 유민 본다. 한눈에 반했다.

단원1(E)    (뒤에서 부르는) 유민아.

유민    어. (하고 정우에게 방긋 인사하고 가는)

정우    (가는 유민에게서 시선 못 뗀다)

S#29. 노천극장 / 낮 / 정우 회상

노천극장에서 공연 연습하고 있는 응원단.

유민, 센터로 신나서 연습 중이다.

사이드에 있는 신입생 연습티 입고 있는 정우, 움직임이 서툴다.

다리 지지하고 몸 돌리다 휙 삐끗하는 정우.

털썩 쓰러진다. 유민, 쓰러진 정우 본다.

/모두 가고 김밥 나눠 먹으며 얘기 중인 유민과 정우. 정우, 죽상
을 하고 김밥만 질겅질겅 씹고 있다.


유민      (등 팡 치며) 그거 좀 못했다고 죽상 하긴.

정우      (등 문질문질 하며 구시렁) 아파요. 말로 하지 왜 때려 사람을.

유민      맨날 구시렁거리면서 용케 잘 버틴단 말야. 사실 네가 이런 단체
         생활 하고 싶어 할 과는 아닌데, 응원단 왜 들어왔어?

정우      (괜히 눈 피하며) 그냥 거리제에서 처음 받은 입회원서가 응원단이
         었어요. (김밥 먹는)

유민      근데 꼭 너 같이 젤 그만둘 거 같은 애가 단장까지 가드라.

정우      단장은 무슨, 지금도 매일매일 그만둘까 싶거든요.

유민      또 너 같은 애가 단장하면 되게 잘해요. (어깨 팡 걸치며) 끝까지 함
         가 보자.

정우      (그 말에 기분 좋으면서 괜히 팔 치우며) 가긴 어딜 갑니까. (놀리듯) 어차
         피 내가 단장 할 때 되면 누난 회사에서 썩고 있을 텐데.

유민      아, 네가 또 단장 한다고 하면 내가 휴가 내고라도 구경 오지. (싱
         긋) 얼마나 개고생 하는지. 그런 재미난 볼거릴 놓칠 순 없잖아?

정우      (어이없어 보다 다시 김밥 먹으며) 누난요? 누난 응원단 왜 해요?

유민　　　(그 말에 노천 계단 쪽 보며) 되~~게 힘들긴 한데 그걸 다 잊게 하는
　　　　　순간이 오거든. (웃는)


S#30. 단장실 / 밤

　　　　　유민 얼굴 사진으로 이어지고.
　　　　　정우, 사진 속 유민 보는데, 마음이 안 좋다. 사진들 주워 캐비닛
　　　　　에 넣고 캐비닛 문 닫는 정우.


S#31. 해이 집_해이 방 / 밤

　　　　　춘양, 좌식 화장대에서 크림 바르며 거울 속 얼굴을 뜯어본다.
　　　　　옆에서 골몰히 생각에 잠겨 있는 해이.

춘양　　　야, 엄마 그래도 이 정도면 괜찮지 않냐? 나 어디 나가면 40대
　　　　　초반처럼 보인다 그러던데. 막 되게 고생이 덕지덕지 묻어 있고
　　　　　이런 느낌은 아니잖아, 그치?
해이　　　(골똘…)
춘양　　　(답 없자, 해이 보며) 씹냐? 뭔 '사느냐 죽느냐'라도 고민하는 애처럼
　　　　　그러고 있어.
해이　　　(여전히 골몰해서) 안 보여.
춘양　　　(보면)
해이　　　40대 초반으로 안 보인다고. 딱 47세 여자로 보여.
춘양　　　(에이씨, 말을 말자는 듯 크림 문지르는)


162 × 163

| 해이 | (여전히 골몰) 엄마. |
|---|---|
| 춘양 | (삐져 팩해서) 왜! |
| 해이 | 누가 예상치 못한 질문을 했는데, 그게 묘하게 맘에 걸리면 그게 신경 쓰인단 건가? |
| 춘양 | 뭔 소리야. |
| 해이 | 왜 그런 질문을 했을까 싶으면서도. '내가 그랬나?' 싶은 게… (에잇 모르겠다) 아 몰라. 잠이나 자자. (이불로 쏙) |
| 춘양 | (표정) 넌 갈수록 애가 이상해지는 거 같다. |
| 해이 | (괜히 싱숭생숭) |


S#32. 연희대학교 전경 / 낮


S#33. 도서관 / 낮

해이, 서가에서 책 꽂는 알바를 하고 있는데, 창가 근처에서 공부하고 있는 정우 보인다.

| 선호(E) | 단장 말야./어때?/남자로. |
|---|---|

해이, 정우를 보다 뭔 생각이냐는 듯 고개 절레절레하고 다시 책을 꽂는다.
/정우가 공부하는 책상 근처에 남아 있는 책 회수하던 해이.
정우, 피곤한지 책상에 기대 잠들어 있다. 자는 정우 얼굴 보는 해이, 자는 얼굴이 아이 같다 싶다. 이때 창으로 햇볕 들어오고 정우, 얼굴 찡그린다.

해이, 책으로 햇빛 가려 보는데, 그러자 다시 곤히 잠드는 정우.

해이, 피식 웃으며 햇빛 가리고 있는데 정우, 잠에서 깬 듯 눈을 뜬다.

햇빛을 책으로 가리고 있던 해이, 어딘지 이상한 포즈로 정우 앞에 서게 되고. 정우는 해이 뭐 하는 거냐는 듯 보면.

| | |
|---|---|
| 해이 | 아니 그게. (배에서 나는 꼬르륵 소리) |
| 정우 | (표정) |
| 해이 | (민망한 얼굴) |

S#34. 매점 / 낮

크림빵 야무지게 먹고 있는 해이. 정우, 경이로운 듯 해이 본다.

| | |
|---|---|
| 정우 | 매 끼니를 참, 열심히 먹는 경향이 있다. |
| 해이 | (크림빵 야무지게 먹는데) |

옆에 테이블, 쓰레기 그대로 두고 나간다.

정우, 보다 쓰레기를 자기가 주워 버린다. 해이, 이를 빤히 보고 있으면 정우, '왜?'라는 듯 해이 보고.

| | |
|---|---|
| 해이 | 공중도덕을 참, 열심히 지키는 경향이 있네요. |

| | |
|---|---|
| 정우 | (굴하지 않고 해이 쓰레기도 치우는) |
| 해이 | (크림빵 다시 야무지게 먹다) 단장 근데 무슨 과예요? |
| 정우 | (손가락으로 하늘 가리키는) |
| 해이 | (!!) 단장도 신학과예요? 단장도 점수 맞춰 왔구나. (반가워서 하이파이브 하려고 손 내밀면) |
| 정우 | (표정, 개무시하고) 천문우주학과. |
| 해이 | (아… 민망해 손 거두면서 다시) 그러니까 점수 맞춰 온 거죠? |
| 정우 | (표정) 점수 낮춰 온 거야. (자부심 넘치는 표정으로) 나, 과탑이야. |
| 해이 | (표정) 아 예. (혼자 빵 먹으며 노래) 물어본 사람 궁금한 사람. |
| 정우 | (어이없어 하며 해이 보는) |
| 해이 | 근데 대체 거기서 뭐 해요? 별자리 점 보고 막 그러나? 미신은 안 믿는다면서요. |
| 정우 | (어이없는 표정하다) 생성 초기 항성의 내부 구조와 활동성 연구, 항성 표면 복사 유체 수치 모사 연구, 이런 거 배워. 말하면 아니? 쓸데없는 소리 그만하고 빨리 먹기나 해. 나 가야 돼. |
| 해이 | ('잘난 척하기는…'이라는 표정 하며 크림빵 먹는데) |

이때 지나가던 정우 동기1, 정우 보곤 아는 체한다.

| | |
|---|---|
| 동기1 | (해이 힐긋 보곤) 여자 친구? |
| 정우 | (뭔 말도 안 되는 소리냐는 듯) 아니, 후배. (하는데 삑사리, 민망해 큼큼) |
| 해이 | (힐긋 정우 보고) |
| 동기1 | 그래? (호감 어린 눈으로 해이 보며 인사하고) 나중에 밥이나 함 먹자. |
| 정우 | 그래. |

| | |
|---|---|
| 동기1 | (해이에게도 꾸벅 인사하고 가는) |
| 해이 | (역시 꾸벅 인사하고, 동기1 가는 거 보고 정우 보다 빵 먹으며 구시렁구시렁)

그냥 아니라고 하면 되지, 뭘 또 그렇게 정색을. |
| 정우 | (보면) |
| 해이 | (오버해서 질색하는 표정 지어 보이며) 아니 후배, 이랬잖아요. |
| 정우 | (어이가 없다) 내가 그렇게까지 이상한 표정을 지었을 리는 없을

거 같은데. |
| 해이 | (구시렁거리며) 뭐 솔직히 나 정도면 괜찮지. 오해해 주면 감사하

지. (가슴 탕탕) |
| 정우 | (표정) 빵에 무슨 약 탔어? |
| 해이 | 아뇨. (삐쭉 하고 다시 빵 먹고 우유 먹으며, 떠보는) 그래서 단장은 어떤

여자가 좋은데요? |
| 정우 | (보면) |
| 해이 | 아니, 뭐 얼마나 대단한 이성적 취향을 가지셨나 싶어서. |
| 정우 | 너. |
| 해이 | (나? 약간 두근) |
| 정우 | 입에 크림 (한심) 좀 닦아라. |
| 해이 | (민망해서 삐쭉 하고 얼른 핸드폰으로 얼굴 보고 크림 닦는데) |
| 정우 | (픽 하고 웃는) |

언제부터 봤는지 모르겠으나 매점 입구 들어오다 서서 이를 보

고 있는 선호.

| | |
|---|---|
| 용일 | (옆에서 핸드폰으로 야구 보며) 아, 투 아웃. |

| 선호 | (용일 확 보면) |
|---|---|
| 용일 | ?? |
| 선호 | (둘 보다 아는 체 않고 매점 쪽으로 가는, 기분 별로다) |
| 용일 | 같이 가자. (하고 쫓아간다) |

S#35. 방송부실 / 낮

방송부실 회의실에 모여 있는 방송부 8명 정도.
아이템 회의 중이다. 그중 구석에 호민 보인다. 음침하게 앉아
혼자 아이패드로 뭔가 열심히 적고 있다.

| 방송부장 | 합동 응원전 꼭지는 홍보팀이랑 취재팀 두 팀으로 쪼개져야 할 거 같은데. 홍보는 주영이랑 한진이가 맡고, (둘러보며) 취재는… |
|---|---|
| 호민 | (쭈뼛거리며 손 들고) 내가 할게. |
| 방송부장 | (보며) 그래, 호민이랑 (둘러보다) 소미가 맡자. |
| 소미 | (싫은 표정) |
| 호민 | (끄덕) |
| 방송부장 | 각자 기획안 정리되면 올려주고. (회의 끝났다는 듯 정리하면) |

다들 정리하고 회의실 밖으로 나간다. 호민 역시 음침히 사라
진다.

| 소미 | (남아서 기분 나쁜 놈이라는 듯 호민 보다 부장에게) 부장, 아 나 저 선배 쫌 그런데. |
|---|---|

| 방송부장 | 뭐가. |
|---|---|
| 소미 | 뭔가 좀 분위기도 음침하고, 기분 나쁘고 그렇잖아요. |
| 방송부장 | 너 호민이 일하는 거 못 봤지? |
| 소미 | 네… 뭐 호민 오빠 이번에 복학했으니까. 일하는 건 못 봤죠. |
| 방송부장 | 재밌는 놈이야. (소미 보며) 맨날 조회 수 몇 천짜리 아무도 안 보는 방송하는 거 지겹지 않아? |
| 소미 | … 그렇긴… 한데 |
| 방송부장 | 두고 봐. 조회 수 단위가 달라질 테니까. |
| 소미 | (뭔 소린가 싶은) |

S#36. 도서관 / 낮

해이, 도서관에서 공부하고 있는데 카톡 온다. 메시지 확인하는데.

INS) 문자 메시지

| 선자(E) | D-Day! |
|---|---|

S#37. 호경대 노천극장 / 낮

연습 중인 호경대.
하진을 필두로 30여 명의 단원들 일사불란하게 연습 중이다.
앞에서 긴 머리 휘날리며 뒷짐 지고 그 사일 지나다니는 하진.

한쪽 담장 쪽에서 숨어 이를 지켜보고 있는 해이, 용일, 선자, 선호.

어디서 주워 입었는지 각자 다른 호대 과잠 입고 있다.

해이의 시선이 하진에 꽂혔다.

용일    와! 올해 호대 전력 장난 아니라카디. 진짜 장난 읎네. 신입생이 몇 명이고.

선자    (감탄) 호대 단장, 포스.

해이    (감탄) 쩐다.

선호    (보는) 근데 우리 단실로 가야 되는 거 아냐?

일동    (그 말에 '아 그렇지…' 싶은)


움직이는데, 해이, 못내 하진 모습 다시 보고 싶어 뒤돌아 하진을 본다.


S#38. 회의실 / 낮

큰 테이블에 학생처장과 지영이 한쪽에 앉아 있고 학생회장과 몇 명, 정우, 초희가 서로 대면해 앉아 있다.

정우    축제는 50년간 응원단이 해 왔던 일입니다.

학생회장    지금까지 해 왔다고, 앞으로도 해야 한단 법은 없죠. 문제가 있으면 개선을 해야 하니까.

정우    네. 그래서 내부 감사 들이고 예산 집행 내역 공개하기로 했죠.

| | |
|---|---|
| 학생회장 | 관례로 해 오던 일들이 많아서, 투명하게 될지 의문이라. |
| 정우 | 학생회에서 관례로 하는 학생회비 집행은 투명하지 않나 보죠? |
| 학생회장 | (보면) |
| 학생처장 | (별다른 진전 없을 거 같자) 자자, 이건 합동 응원전 끝나고 다시 얘기 해 보자고. |
| 정우, 초희 | 네? |
| 학생처장 | 뭐 학생회 말도 일리가 없는 건 아니니까, 들어보고 결정하자고. |
| 정우, 초희 | (영 분위기 별로다 싶은데) |

S#39. 건물 밖 / 낮

학생처장, 지영, 정우, 초희, 학생회장과 몇 명이 단체로 회의 끝난 듯 나오는데, 건물 앞에서 몇 명 모여 시위하고 있다.
패널 내용 '합동 응원전 불참 선언', '비리의 응원단 합동응원전 불참으로 보여 줍시다'
학생처장, 혀 끌끌 차며 지나가면 지영, 정우 어깨 툭툭 해 주고 간다.
학생회장, 의기양양해 가고. 정우 시선 '비리의 응원단'에 머문다…
시위대 옆 벤치에 앉아 심각한 얼굴로 시위대 보고 있는 영웅.
지영, 대체 저 인간은 왜 맨날 동에 번쩍 서에 번쩍 학교에 나타나나 싶다.

| | |
|---|---|
| 영웅 | (지영 옆으로 지나가자) 지영아, 위기에 빠진 응원단을 구해 줘. 넌 힘이 있잖아. |

| 지영 | (영웅 슥 보고) 인간아, 현실을 좀 살아. (하고 가는) |
|---|---|
| 초희 | (걸어가며) 후… 아까 학생처장 표정 봤어? 당장 통째로 학생회 입에 털어 줄 기세던데. |
| 정우 | … |

S#40. 호대 단실 / 낮

살금살금 문 열고 들어오는 선자와 해이, 미리 얘기됐던 듯 흩어져 움직이는데.

| 해이 | 윽. (하다 입 막는 소리) |
|---|---|
| 선자 | (속닥) 뭐야? (보면) |

해이, 말은 못 하고 손가락으로 탁상 아래쪽을 손가락으로 격하게 가리킨다.
선자, 보면 커다란 회의 책상 아래 의자 붙이고 자고 있는 남학생 보인다. 테이블 아래 있어 보이지 않던 것. 남학생 헤드폰 끼고 있어 소리 안 들리는 듯하고.

| 선자 | (헉 하고, 안 들리게 입 모양) 어케. (하는데) |
|---|---|
| 해이 | (시선으로 남학생 머리 아래쪽에 깔고 누운 메뉴판 보인다) |

S#41. 호대 단실 근처 / 낮

계단 쪽에서 망보던 용일. 핸드폰 떨어뜨리는데 핸드폰 또르르 계단 아래로 굴러간다. 용일, 핸드폰을 쫓아가는데, 누군가의 앞에서 틱 하고 서는 핸드폰.

핸드폰 주워 용일에게 주는 누군가.

| | |
|---|---|
| 용일 | **감사합니다.** (하고 얼굴 보는데, 그 사람은 하진이다) |
| 하진 | (빙긋 웃고 단실 쪽으로 가면) |
| 용일 | ('헉' 어카나 싶다. 얼른 핸드폰으로 선호에게 전화 거는) |


S#42. 호대 단실 / 낮

선자와 해이, 숨죽이고 메뉴판 이래저래 어떻게 봐 보려 하는데, 이때 자다 몸 뒤척이는 남학생. 선자와 해이, 얼른 의자 아래로 바짝 엎드린다.

남학생 뒤척이는 바람에 3/4정도 빠져나온 메뉴판. 다시 잠드는 남학생.

해이와 선자, 남학생이 잠든 거 같자, 숨을 꼴깍거리며 다시 일어나는데 메뉴판 거의 다 빠져나와 있는 거 보인다. 둘, 무음의 쾌재를 부르는데 이때 열리는 단실 문. 식겁해 보면.

| | |
|---|---|
| 선호 | (속닥) **나와.** (나오라는 듯 손짓하고 나가는) |

선자, 포기하자는 듯 손짓하며 나가는데.
해이, 고지가 눈앞인데 포기하기 아쉽다.

이때 남학생 옆으로 메뉴판 떨어지려 하고, 해이, 바닥에 떨어지기 전에 받는다. 해이, 핸드폰 꺼내며 선자에게 먼저 가라는 듯 손짓.

선자, 해이 보다 문 쪽에 의자 세워 두고 일단 먼저 나가면.

해이, 메뉴판 얼른 열어 핸드폰으로 사진 찍는다.

성공 후 메뉴판 놓고 나가려는데 단실 문 여는 소리. 문이 의자에 걸려 달그락거리면. 해이, 놀라 문 쪽 본다.


S#43. 호대 단실 밖 / 낮

하진, '??' 하면서 문 밀어 본다.


S#44. 호대 단실 / 낮

문 열고 들어오는 하진. 문에 걸린 의자 보며 '이거였구나.' 싶고. 단실 보는데 자고 있는 남학생만 보인다.

하진, 테이블 쪽에 앉아 남학생 툭 치며.

| | |
|---|---|
| 하진 | 단장실에 있으라니까 왜 단실에 있어. |
| 남학생 | 어? 누나 왔어? (하며 일어나는데) |

테이블 밑에 숨죽이고 있는 해이. 어쩌나 싶다. 숨죽이고 문자 하는.

S#45. 호대 단실 밖 / 낮

　　　모여 있는 선자와 선호, 어쩌냐는 듯 단실 문 보고 있다.
　　　용일, 둘 쪽으로 뛰어온다.


용일　　해인? 우예 됐노.

선자　　(고갯짓으로 단실 안쪽 가리키는)

용일　　우야노.

선자　　(이때 톡 울려 보면, 해이에게 온 톡이다) 숨어 있대. 좀 기다려보자.

선호　　… (걱정 돼 단실 쪽 본다)


S#46. 호대 단실 / 낮

　　　해이, 테이블 밑에서 쥐날 거 같아 손가락에 침 묻혀서 코에 발
　　　라 보는데.


하진　　나가자. 애들 곧 올 거야.

해이(E)　예스! (그래 얼른 나가라)

남학생　뽀뽀해 주면 나가지.

해이　　('헉, 뭐지 이 전개는?')

하진　　(어이없다는 듯 보다 쪽) 됐지? (하는데)

남학생1　(하진 잡고 키스하는)


　　　둘, 키스 이어지고.
　　　/테이블 아래서 뭔가 쪽쪽 소리 들리자 헉하는 해이.


　　　174 × 175

뭐지 내가 생각하는 그건가… 안절부절하던 해이.

배에서 크게 나는 꼬르륵 소리. 해이 헉하며 배를 움켜쥐어 보는데.

키스하던 둘, 멈추고. 하진, 소리 나는 테이블 아래 보면, 아래 해이 있다.

놀라 해이 보는데, 눈치 없이 또 나는 꼬르륵 소리.

해이, 배 움켜쥐고 어색하게 웃으며 하진 본다.


S#47. 호대 단실 밖 / 낮

단실 밖으로 혼자 나가는 남학생. 선호, 용일, 선자, 뭐지 싶어 보는데 선자 톡으로 문자 온다. 선자, 얼른 핸드폰 보면.

INS) 문자 메시지

해이(E)    걸렸어. 일단 너넨 먼저 가 있어.

해이 문자 보고 망했다는 듯 서로 보는 셋.


S#48. 호대 단실 / 낮

해이에게 주스 하나 내주는 하진. 해이, 꾸벅 인사.

하진    올해 연대 신입은 아주 패기 있네.

| 해이 | … (쭈구리) 죄송해요… |
|---|---|
| 하진 | (메뉴판 들어 보이며) 메뉴판 훔치기야, 뭐 종종 있는 일인데. 꼬르륵 소리만 아니었어도 안 걸렸을 텐데, 그치? |
| 해이 | 아무한테도 말 안 할게요. |
| 하진 | ?? |
| 해이 | 아까 (차마 뭐라 말 못 하고) 그… |
| 하진 | 키스? |
| 해이 | 비밀 지켜드릴 테니까 절 놓아주심이… |
| 하진 | (푸하하 웃곤) 비밀 안 지켜도 되는데? |
| 해이 | (움찔, 딜이 틀어졌다. 어쩌지) |

S#49. 호대 일각 / 낮

모여 있는 용일, 선자, 선호.

| 선자 | 뭐 설마 죽이기야 하겠어. |
|---|---|
| 선호, 용일 | (걱정되는데) |

셋 뒤로 급히 단실 건물로 향하는 정우 보인다. (셋은 보지 못하는)

S#50. 호대 단실 / 낮

화기애애하게 수다 떨고 있는 해이와 하진.

| | |
|---|---|
| 해이 | (정우 흉내 내며) 그쪽 공중도덕 개념에 문제가 있단 생각은 안 해 봤어요? 막 이랬다니까요. |
| 하진 | (푸하하 웃으며) 아 여튼 박정우. 근데 용케 응원단에 들어갔네? |
| 해이 | 그냥 뭐… 어쩌다 보니. 그래도 뭐 단상 위에 있을 땐 쫌… |
| 하진 | (해이 보는) |

이때 들어오는 정우. 서늘한 표정으로 해이 째린다.
해이, 헉하는 얼굴로 정우 본다. 눈치 보며 주섬주섬 호대 과잠
벗는다.
/하진 옆에 해이 인질로 잡혀 있는 것처럼 쭈구리로 앉아 있고.
큰 탁자에 서로 마주 앉아 있는 정우와 하진. (둘, 서로 어느 정도 친
해 보인다)

| | |
|---|---|
| 정우 | 우리 단원이 실수했어. 미안해. |
| 하진 | (해이를 웃으며 보다 정우 보며) 인질을 교환하려면 뭔가를 내 놔야지. |
| 정우 | (후) 얘기해. |
| 하진 | 공적인 걸 할까, 사적인 걸 할까. |
| 정우 | 공적인 거겠지. |
| 하진 | 연대 메뉴판. 우리 거도 가져갔으니, 공평하게. |
| 정우 | 알았어. 학교 들어가면 바로 보내줄게. |
| 해이 | … (눈치 보이는) |
| 하진 | 사적인 건 들어보지도 않는 거야? |
| 정우 | 장난하지 말고. |
| 하진 | 너네 올해 삼대 예언이다 뭐다 해서 애들도 많이 나가고 힘들다 |

며 사적인 걸로 퉁치는 게 낫지 않겠어?

해이    오! 단장도 알아요?

정우    (해이 보면)

해이    … (쭈구리)

하진    (끄덕) 올해 응원단에서 한 명이 죽는다. 무섭잖아?

정우    (대꾸 않고 일어나며) 메뉴판 보내줄게.

하진    그래, 열심히들 좀 해 봐. 너무 빌빌대면 이겨도 재미없잖아?

        (빙긋)

정우    (보는, 약간 자존심 상하고)


S#51. 호대 일각 / 밤

정우, 걸어가면 쭈구리로 뒤에서 따라가는 해이.

정우, 아무 말도 안 하고 걸어간다.


해이    단장.

정우    (홱 돌아봐 째리면)

해이    (다시 쭈구리, 졸졸 쫓아가며 기어 들어가는 목소리로) 그러려고 그런 건

        아닌데…

정우    (뒤돌아, 머리끝까지 화나서) 도해이, 이럴 거면 응원단 그만 둬.

해이    … (쭈구리)

정우    훈련하기 싫다고 거짓말한 것도 모자라 이런 짓까지 벌여?

해이    … 아니 그게.

정우    너 지금 호대에 무단 침입한 거야. 이거 알려지면 어떻게 되는

|      | 지 알아? 하긴, 생각이란 게 있었음 애초에 이런 짓을 독단적으로 벌이지도 않았겠지. 넌 너 하나 편하자고 한 거겠지만, 전체에 피해가 가는 일이라고! |
|------|--------|
| 해이 | … (눈물 날 거 같다, 억울하기도 하고) 아니 훈련이며 멘트며 뭐 하라는 게 오죽 오버면 이럴까 그런 생각 안 해봤어요? 솔직히, 단장이야 자기 좋자고 하는 일이니까 괜찮겠지만 다들 너무 한다 한다고요! |
| 정우 | 그렇게 하기 싫으면 나가! 이렇게 피해 주고 다니지 말고! |
| 해이 | (서운하고 어이없고) 예, 나갈게요! 나가면 되잖아요! (씩씩거리며 정우 앞질러 가는데 눈물 흐른다 억울해 훅 닦는) |
| 정우 | (가는 해이 보는데, 적반하장에 어이없다) |

이때 정우 쪽으로 슬금슬금 오는 용일, 선자, 선호.
정우, 너네가 여기 왜 있냔 듯 셋 보면, 선자와 용일, 난감한 표정 짓고.
선호, 정우를 보다 해이 쫓아간다.


S#52 호대 근처 버스 정류장 / 밤

해이, 버스 정류장에 앉아 울고 있다.
서운함 반, 분함 반으로 연신 떨어지는 눈물 닦아내면, 힐금힐금 보는 사람들. 선호, 해이 발견하고 해이 쪽으로 뛰어온다.

| 해이 | 나쁜 자식. (하며 연신 흐르는 눈물 닦는데) |
|------|--------|

| 선호 | (왜 저렇게까지 우는지, 해이 보는 마음이 복잡하다) |
|---|---|

해이, 버스 오자 버스 타고, 선호, 따라 탄다. (해이, 선호 못 보고)

S#53. 버스 / 밤

버스 앞뒤 좌석으로 앉은 해이와 선호. 눈물 뚝뚝 흘리는데 선호 뒤에서 보다 휴지만 손만 앞으로 해서 해이에게 준다.

| 해이 | (누군지 모르고, 창피해 보지도 못하고 훌쩍이며 부정확한 발음으로) 감사합니다. (휴지로 눈물 닦는) |
|---|---|

아는 채 않고 일단 말없이 뒷좌석에서 우는 해이 보고 있는 선호.
/울음 좀 잦아들었는지 멍하니 앉아 있는 해이.

| 선호 | 좀 괜찮아? |
|---|---|
| 해이 | (헉 놀라 뒤 보면 선호다) 뭐야, 너 언제 탔어. |
| 선호 | 아까. (눈물 의미하듯 자기 눈 손가락으로 톡톡 치며) 그칠 때까지 기다렸지. |
| 해이 | (손에 들린 휴지 보며) 그럼 이거. |
| 선호 | (끄덕) |
| 해이 | … 고마워 |
| 선호 | (빙긋하고 농담조로) 남들이 보면 실연이라도 당한 줄 알겠다. |
| 해이 | … (하차 벨 삑 누르는) |

**S#54. 거리 / 밤**

걸어가고 있는 선호와 해이.

| | |
|---|---|
| 선호 | 배 안 고파? |
| 해이 | (끄덕) 응. |
| 선호 | 천하의 삼다도 먹는 걸 다 마다할 때가 있네. |
| 해이 | … |
| 선호 | (분위기 풀려) 응원단 그만두면 CC 금진 이제 풀린 건가. |
| 해이 | … 나 오늘 좀 피곤해서 먼저… (하는데) |
| 선호 | (OL) 세 번째네. 너 우는 거 본 게. |
| 해이 | (보면, '근데 두 번은 알겠는데 세 번?…') |
| 선호 | 난 너 안 울릴 텐데, 그니까 나한테 오는 게 어때? (빙긋) |
| 해이 | … (멈춰 서, 후 한숨 쉬고) 미안해. |
| 선호 | (역시 멈춰 서, 보면) |
| 해이 | 그땐 (후… 고민하다, 그냥 솔직하자 싶다) 아까워서 그랬어. 너처럼 뭐 하나 빠지는 거 없는 애가 좋다고 하니까, 거절하기 아쉬워서. 미안해. 내가 나빴어. |
| 선호 | 아까우면 사귀면 되겠네. 뭐 하나 빠지는 것도 없는데 (분위기 가볍게) 한 달 뒤에 다시 얘기하자며. 한 달 뒤에 얘기하자. |
| 해이 | … 미안해. |
| 선호 | … 지금 거절하는 중인 건가. |
| 해이 | 네가 그래야 괜한 시간 낭비를 안 할 거 같아서. |
| 선호 | … (분위기 가볍게 하려 농담처럼) 단호하네. |
| 해이 | … (꾸벅하고) 먼저 갈게. |

선호        (가는 해이 붙잡지 못하고 보는데 씁쓸하다) f.o


S#55. 연희대 전경 / 낮


S#56. 도서관 / 낮

해이, 무표정한 얼굴로 서가에 책을 꽂고 있다.

해이 쪽으로 가던 정우, 누군가와 어깨 스치듯 부딪혀 사과하려
는데, 이미 자리 뜨고 있는 누군가의 뒷모습. 정우, 아는 사람인
거 같아 고개 갸웃거리다 해이와 눈 마주치자 이내 해이 쪽으로
간다. 해이는 정우 아는 채 않고 묵묵히 책 꽂는데.

정우        끝나고 얘기 좀 할 수 있을까?

해이        (보면)


S#57. 치얼스 / 밤

한쪽 테이블에 서로 소주 한 잔씩 놓고 앉아 있는 정우와 해이.
영웅, 안주 놓고 둘 힐긋 보고 간다.

정우        내가 말이 심했어.

해이        (보다, 소주 마시는) 갑자기 왜 태세를 전환하셨대 (사이) 요.

| | |
|---|---|
| 정우 | 신입생들 다 같이 한 거라며. 내가 감정적이었어. 미안하다. |
| 해이 | … |
| 정우 | 나 좋자고 하는 일에, 다른 사람들 혹사시킨단 말이 찔려서 그랬나 봐. (자조적으로 쓰게 웃곤) 나 같은 단장 만나서 다들 고생이 많다. (쓸쓸) |
| 해이 | 아니… 뭘 또 그렇게까지. (의기소침해 있는 정우 보자 좀 짠하고) 이렇게 합시다. (손예진처럼 소주잔 보며) 이거 마시면, 우리 (사이) 화해하는 겁니다. |
| 정우 | (보면) |
| 해이 | 뭐해요, 안 마시고? |
| 정우 | (픽 웃다, 소주잔 원샷 하면) |
| 해이 | (픽 웃는) |

/해이와 정우, 둘 다 조금씩 취했다.

| | |
|---|---|
| 해이 | (기분 좋아져 신나서) 아니, 거기 몇십 명 앞에 호대 단장이 딱 서 있는데, 포스가. 완전 개멋. 롤모델 될 뻔했잖아요. |
| 정우 | 하진이, 잘하지. (쓸쓸) |
| 해이 | (의기소침한 거 보고) 에이 단장, (등 팡 치며) 단장도 쓸 만해요. |
| 정우 | (등 아파 문질문질) |
| 해이 | 우리가 쪽수가 밀려서 좀 그렇긴 한데, (으쓱) 제가 있잖아요. 내가 또 일당백이니까. |
| 정우 | (그새 의기양양) 그래. 난 또 일당 천이니까! |
| 해이 | 우리가 이겨 봅시다! |

정우             (취기에) 그래! 해 보자!

해이,정우         (하이파이브)


영웅, 피식 웃으며 의기투합하는 둘 본다.


영웅             좋을 때다.



S#58. 버스 정류장 / 밤

술 취해 나란히 앉아 있는 해이와 정우.
해이는 되려 술 좀 깬듯한데, 정우 그새 잠들었다. 잠꼬대로 중
얼중얼 '우리 애들이 더 잘해. 덤벼 호대.'


해이             어? 저 버스. (하고 정우 보는데, 잠들어 있다. 뺨을 탁탁탁 때리며) 단장, 단
               장 정신 차려 봐요. 단장.

정우             (정신 못 차리고)

해이             아 그새 뻗었네. 나 단장 집 모르는데. (난감한데)


이때 지나가는 동기1 보인다. 해이 생각나서 그쪽으로 반색하며
뛰어가려는데 해이 팔 붙잡는 정우. 해이, 심장 쿵 해 정우 보면.


정우             (무슨 꿈인지 간절하게) 가지 마. 가지 마요.


해이, 꿈에서 누굴 저렇게 애절하게 찾는 건가 싶어 정우 보는데

해이와 정우를 알아보는 동기1.


S#59. 응원단실 / 밤

동기1과 해이, 정우 부축해 단실로 데려와 소파에 털버덕 놓는다.

해이       (동기1에게) 고맙습니다.

동기1     (보다) 둘이 사귀는 줄 알았는데, 그건 아닌가 봐요.

해이       네? (뭔 소리냐는 듯 동기1 보면)


S#60. 강의실 / 낮 / 동기1 회상

정우, 자리 앉아 있으면 정우 쪽으로 오는 동기1.

동기1     너 저번에 그 후배 있잖아. 왜 그 매점에서 빵 먹던, 걔 나 소개팅
          해 줌 안 되냐? 완전 내 스탈이던데.

정우       어? (예상치 못한 말에 뭐라 답 못하는)

동기1     (표정 보고) 왜 걔 남친 있어?

정우       아… 그게 글쎄… (말끝 흐리는)

동기1     ??

이때 교수님 들어오고 동기1, 얼른 자기 자리로 가 앉아 정우 보는데 정우, 마음 복잡한 얼굴.

S#61. 응원단실 / 밤

동기1 갔고, 해이, 정우에게 옆에 담요를 덮어주는데 동기1의 말이 생각난다.

동기1(E)    표정이 하도 난감해 보여서, '둘이 사귀나?' 그랬는데.

해이, 비싯 웃음 새어 나오고, 정우 보고 괜히 혼자 부끄럽단 듯 배실배실 웃다 불 끄고 나간다. f.o

S#62. 연희대 전경 / 낮

용일(E)    나가?

S#63. 교정 일각 / 낮

걸어가며 얘기하고 있는 선호와 용일.

선호    (끄덕)
용일    와? 응원단을 와 나가는데?
선호    쓰리 아웃이면, 피차 곤란하니까.
용일    ?? 뭐라카노?
선호    (피식하고 먼저 가면)
용일    (가는 선호 보며) 안 되는데… 내 단디 단도리한다 약속했는데.

S#64. 노천극장 / 낮

노천에 선자, 운찬, 초희, 소윤, 모여 있다.
노래 흥얼거리며 그쪽으로 오는 해이, 유난히 기분 좋아 보인다.

| | |
|---|---|
| 선자 | 뭐냐, 오늘 유난히 기분이 많이 좋아 보인다. |
| 해이 | (한껏 업된 톤으로) 내가 그랬나? |
| 선자 | (표정) 너 지금 솔톤이야. |
| 해이 | (기분 좋아 두리번거리며) 단장은 아직 안 왔어요? |
| 운찬 | 어… (하면서 쟤 왜 저렇게 기분 좋나 싶고) |
| 해이 | (가방 속 숙취 해소 음료 보는데) |

이때 그쪽으로 오는 선호와 용일.
해이, 선호 보자 흥얼거리던 노래 멈추고 조금 뻘쭘한데.
선호, 아무 일 없던 듯 해이에게 인사하고, 초희 쪽으로 간다.

| | |
|---|---|
| 선호 | 저 할 말이 있는데. |
| 초희 | 응? |
| 용일 | (안절부절) |

이때 부앙 엔진 소리를 내며 노천 근처에 서는 새빨간 포르쉐.
일동 그쪽으로 시선 향하는데, 포르쉐 운전석에서 내린 하진, 노
천으로 향하던 정우 쪽으로 간다.

| | |
|---|---|
| 선자 | 어? 저거 호대 단장 아냐? 와씨, 저 차 호대 단장 건가 봐! |

| 해이 | (보면) |
|---|---|

정우, 하진과 얘기 중이다. 하진, 얘기하다 정우 팔 쪽 터치한다.
제법 친밀해 보이는 터치. 해이, 저건 뭐지 싶고.

| 선자 | (역시 느낀) 뭐죠…? 지금 저 터치는? |
|---|---|
| 운찬 | (당황해) 뭐가! |
| 선자 | (급격하게 뭔가를 숨기려는 듯한 운찬에) 혹시… 둘이 사귀어요? |
| 운찬 | 와, 너 저거만 보고 어떻게 알았어? |
| 선자 | 대박, 찍었는데. |
| 운찬 | (아차 싶고) |
| 해이 | ! (충격이고) |
| 선호 | (해이 보는) |
| 운찬 | (애원) 절대 말하면 안 돼. Top secret이란 말야! |
| 선자 | 미쳤다. 진짜 개미쳤다. (하며 해이 보는데) |
| 해이 | (충격 받은 듯) |
| 초희 | (운찬 쯧쯧 하며 보다, 선호 보며) 할 말 뭐? |
| 선호 | (그 말에) 네? 아… |

이때 노천 쪽으로 걸어오는 하진과 정우.
하진, 해이 알아보고 반갑게 인사하는데.
해이, 아직 충격 가시지 않은 채 하진과 정우 보면.
그런 해이 보는 선호에서.

엔딩.

S#65. 도서관 / 낮

S#56 도서관. 누군가의 시선으로 보여 진다.

서가 책 틈 사이로 해이 보고 있는 누군가의 시선. 누군가 해이 보다 핸드폰 꺼내 페북 메시지 켜는데 S#11 '응원단 그만 둬./올해 응원단원 중 한 명이 죽는다./세 번째 예언, 기억해./너도 당하게 될 거야.' 보낸 메시지 창에 있다.

누군가 메시지 창에 '죽고 싶ㅇ' 쓰는데 이때 서가 쪽으로 걸어 오던 정우, 누군가와 부딪힌다. 정우 알아본 누군가 급하게 핸드폰 넣고 피하면. 피하는 누군가의 뒷모습 보는 정우, 고개 갸웃 거리다 해이와 눈 마주치자 이내 해이 쪽으로 가는 데서.

엔딩.

S#1. 노천극장 / 낮

부앙 엔진 소리를 내며 노천 근처에 서는 새빨간 포르쉐.
일동, 그쪽으로 시선 향하는데, 포르쉐 운전석에서 내린 하진,
노천으로 향하던 정우 쪽으로 간다.

선자       어? 저거 호대 단장 아냐? 와씨, 저 차 호대 단장 건가 봐!

해이       (보면)

정우, 하진과 얘기 중이다. 하진, 얘기하다 정우 팔 쪽 터치한다.
제법 친밀해 보이는 터치. 해이, '저건 뭐지?' 싶고.

선자       (역시 느낀) 뭐죠…? 지금 저 터치는?

운찬       (당황해) 뭐가!

선자       (급격하게 뭔가를 숨기려는 듯한 운찬에) 혹시… 둘이 사귀어요?

운찬       와, 너 저거만 보고 어떻게 알았어?

선자       대박, 찍었는데.

| | |
|---|---|
| 운찬 | (아차 싶고) |
| 소윤 | (소심히) … 바보 같아. |
| 운찬 | (획 보는) |
| 해이 | ! (충격이고) |
| 선호 | (해이 보는) |
| 운찬 | (애원) 절대 말하면 안 돼. Top secret이란 말야! |
| 선자 | 미쳤다, 진짜 개미쳤다. (하며 해이 보는데) |
| 해이 | (충격받은 듯) |
| 초희 | (운찬 쯧쯧 하며 보다, 선호 보며) 할 말 뭐? |
| 선호 | (그 말에) 네? 아… |

이때 노천 쪽으로 걸어오는 하진과 정우.

하진, 해이 알아보고 반갑게 인사하는데.

해이, 아직 충격 가시지 않은 채 하진과 정우 보면, 그런 해이 보는 선호.

| | |
|---|---|
| 선호 | (해이 보다 초희로 시선 돌려) 응원단에서 CC하면 진짜 나가야 돼요? |
| 일동 | (선호 보면) |
| 초희 | 어? |
| 선호 | 그게 사람 감정인데, 금지한다고 금지가 되나 해서요. |
| 하진 | (선호 흥미롭다는 듯 보면) |
| 초희 | 어… 그게… ('뭐라 그래야 되지…' 머리 굴리며 힐긋 해이 보다 떠보는) 왜 뭐 그거 관련해서 뭐 좀 이슈가 있을까? |
| 선호 | 아뇨, 그냥 궁금해서요. 지금까지 CC가 없진 않았을 거 같은데. |

| 초희 | 어… 우리가 이 문제에 대해 따로 심도 높은… (하는데) |
|---|---|
| 정우 | (OL, 유민 생각하며) 일이 많고 위계가 있는 응원단 특성상, 단원 간 연애는 불필요한 문제를 일으키니까 금지하는 거야. |
| 선호 | 그럼 단장은 단내 연앤 안 하겠네요? |
| 해이 | (역시 주목해 보면) |
| 정우 | … 어. |
| 해이 | (한 번 더 쿵 하고) |
| 선호 | (그런 해이 힐긋 보고, 초희 보며 빙긋) 그게 궁금했어요. (한쪽 자리로 가서 툭 앉는) |
| 초희 | (이게 끝?) |
| 용일 | (역시 이게 끝?) |

선호, 앉아 적당히 핸드폰을 보면, 그런 선호 보는 정우.
정우, 고개 돌리면 해이 보이는데, 해이 표정 안 좋아 그쪽에 시선 머문다. 여러모로 마음 복잡해 보이는 해이 얼굴에서 타이틀인 치얼업.


S#2. 노천극장 / 낮

신입생들 모두 갔고. 정우, 초희, 운찬, 소윤과 함께 무대 이거저거 확인하는 하진. 정우, 아까 해이 표정 생각난다.


INS) S#1 노천극장

여러모로 마음 복잡해 보이는 해이 얼굴.

| 정우 | (못내 신경 쓰이고) |
|---|---|
| 하진 | (대충 다 봤다는 듯) 합응날 리허설은 우리가 먼저 할게. |
| 초희 | 원하시면 그렇게 하세요. |
| 하진 | (끄덕하고 같이 무대 아래로 내려가며 정우에게) 근데 너네 이번 신입들, 되게 재밌다? |
| 정우 | (생각에 잠겨 있다, 그제야) 어? |
| 하진 | ?? ('왜 저러지.' 보면) |
| 정우 | … |


S#3. 교정 일각 / 낮

걸어가고 있는 선호와 용일. 앞쪽에 선자와 해이.

| 용일 | 니 나가는 건 그럼 안 하는 거가. |
|---|---|
| 선호 | (앞에 가는 해이 선자 보며) 응. 더 해 볼라고. |
| 용일 | (덥석 선호 두 손 꼭 잡으며) 잘 생각했다. |
| 선호 | (꼭 잡은 손 보다, 용일 보면) 이건… 너무 다정한 거 같은데. |
| 용일 | 글체? 좀 글체? (얼른 떼는) |
| 선자 | 호대 단장이랑 우리 단장이랑 사귀다니. 근래 가장 쇼킹한 소식이었어. 그 시간에 노천극장 있던 나, 칭찬해. 그지 삼다? (하며 해이 보는데) |
| 해이 | (멍… 하니 터덜터덜) |
| 선자 | (해이 흔들며) 이봐 이봐 정신 차려라, 오버. |
| 해이 | (종이 인형처럼 흔들리는) |

| 선자 | 아깐 미친 애 꽃 꽂은 거 마냥 신나서 팔랑거리더니 지금은 왜 이래? 너, 조울이냐? |
|---|---|
| 해이 | 나… 병이 있는 거 같아. |
| 선자 | 병?? (무슨 병?) |
| 해이 | 자뻑. |
| 선자 | (새삼스럽다는 듯) 한두 해 앓아온 병도 아니고. |
| 해이 | 지금까지 괜찮았거든? 얼추 들어맞았어. 근데, 이렇게 (머리 쥐뜯으며) 이렇게. |
| 선자 | ('왜 저래.', 고개 절레절레) |

이때 선자와 해이 쪽으로 오는 선호와 용일.

| 용일 | 밥 먹고 가자. C관? |
| 선자 | 콜, 오늘 C관 뭐 나오지? |

용일과 선자, 식당 쪽으로 먼저 가고. 선호, 해이와 보조 맞추는데…

| 해이 | (선호 보고 아까 말 생각나) 아까 부단장한테 한 말. |
| 선호 | 응? |
| 해이 | 그… 응원단에 좋아하는 사람 생기면… 그만둬야 되냐는. |
| 선호 | 아 그거. |
| 해이 | 혹시 나 땜에… |
| 선호 | (OL) 그냥 궁금해서 물어본 거야. 너한텐, 이미 차였잖아. |

| 해이 | (민망해져 한껏 오버 된 목소리로 바로) 그치? 그러니까. '나 때문은 아 |
|---|---|
| | 니지?'라고 물어보려던 참이었어. 나도. |
| 선호 | (끄덕) 걱정 마. 너 땜에 나가고 그러지 않을 테니까. |
| 해이 | 응, 그러겠지. 내가 뭐라고. (쪽팔려 죽겠다. 진짜 왜 이러지 싶고) |
| 선자 | (식당 앞에서 메뉴 보며 해이 향해 외치는) 오늘 김칫국이다. |
| 해이 | (정색) 나 김칫국 싫어해. |
| 선자 | ('왜 저래.') 너 김칫국 좋아하잖아. |
| 해이 | 싫어! 싫어! 나 김칫국 완전 싫어해! 딴 거 먹을 거야! (홱 하고 식당 |
| | 으로 들어가면) |
| 선자 | ('왜 저래, 진짜 약이라도 먹었나.' 싶고) |
| 선호 | (그런 해이 보고 쿡쿡쿡 웃는) |

S#4. 식당 / 낮

식당으로 들어와 주문대 쪽으로 가던 해이, 쓰레기통 보이자 가
방에서 숙취 해소 음료 꺼내 버리고, 다시 주문대 쪽으로 터벅터
벅 걸어간다.

| 운찬(E) | 호대 단장? |
|---|---|

S#5. 노천극장 / 낮

운찬, 모여 있는 신입생들과 노닥거리며 수다 떨고 있다.

| | |
|---|---|
| 운찬 | 뭐 호대의 Legend라고 할 수 있지. |
| 일동 | (집중) |
| 해이 | (유난히 집중) |
| 운찬 | 원래 응원단 단장이 하고 싶다고 할 수 있는 게 아니거든. 우리 야 뭐, (폭망이란 말은 못 하고) 그랬지만 작년 호댄 진짜 빡셌단 말야. 근데 하진 누나가 압도적으로 이겨 먹었단 거 아냐. 뭐 일학년 때부터 호대에서 하진 누나 모름 간첩이었으니까, 어찌 보면 예견된 결과였지. |
| 일동 | (글쿠나, 고개 끄덕) |
| 용일 | 선배랑도 친한가 봐요? |
| 운찬 | (괜히 오버해서 친한 척) Of course. (비밀 하나 더 말해 준다는 듯) 심지어 성운백화점 딸이야. |
| 용일 | 에? 그 말로만 듣던 재벌 2세요? |
| 운찬 | (고개 젓고) 4세 fourth. |
| 용일 | 와… |
| 해이 | … (왜인지 쪼그라든다) |
| 운찬 | (소근) 사실 응원단이 역대 여자 단장이 별로 없었거든. 근데 올해 하진 누나가 단장된 거 보고 자극받아서 초희 누나가… (하는데) |
| 초희 | (OL) 아주 정답게 노니는구나. 훈련 안 하냐! |
| 운찬 | (그 소리에 화들짝 하며 벌떡 일어나) 해야지. 다들 뭐해 안 인나고. Move move. |
| 신입생들 | (아쉽다… 하나둘 일어나는) |

/신입생들, 모여서 마사지 크림을 몸에 바르고 있다. (해이, 선호, 정우 제외)

한쪽에서 초희도 마사지 크림을 바르고 있는데.

| | |
|---|---|
| 정우 | (그쪽으로 오다, 해이 보곤) 괜찮아? |
| 해이 | (괜히 오버) 저요? 왜요! 뭐 그럴 게 있나요? 당연히 괜찮죠. |
| 정우 | (왜 저래… 표정) 속, 괜찮냐고. |
| 해이 | 그쵸, 속. 그니까요. |
| 정우 | 괜찮은 거… 맞지? |
| 해이 | 네! 완전 괜찮아요. 단장도 괜찮죠? |
| 정우 | 어… |
| 해이 | 그럼 됐네요. (오버하며) 자 뛰어 볼까요. (하며 준비 운동) |
| 정우 | (앞쪽으로 가며 찝찝한 표정) |
| 해이 | (괜히 더 씩씩하게 준비 운동) |
| 선자 | (그런 해이 보며 중얼) 병원을 한 번 데려가 봐야 되나. |
| 선호 | (해이 보는) |

/훈련 끝나고 흩어지는 신입생들.
선호, 해이 쪽으로 온다.

| | |
|---|---|
| 선호 | 라면 먹고 갈래? |
| 해이 | (보다) 내가 병이 있는 거 같아서, 자가 검진 차원에서 한 번만 물어볼게. 이게 혹시… 이성적인 어떤 제스처일까? |
| 선호 | 아닌데, 동기끼리 라면 정도 먹을 수 있잖아? |

| 해이 | 그치. 그러니까. ('병이 깊구나.' 스스로 자책의 한숨) |
|---|---|
| 선호 | 나 그렇게 차이고 구질구질하게 뭉그적대는 스탈 아냐. (빙긋) |
| 해이 | 그치. 우린 친구지. 안녕 친구. (하며 하하하 거리며 가는) |
| 선호(E) | 구질구질하게 뭉그적대 보는 거지. |


S#6. 교정 일각 / 낮

용일과 걸어가고 있는 선호.

| 용일 | (보며) 뭔데, '쓰리 아웃, 스톱'이란 건 우예 된 기고. |
|---|---|
| 선호 | 원래 승부는 9회 말까지 가 봐야 아는 거 아냐? (먼저 걸어가는) |
| 용일 | (뭐야, 선호 쫓아가며) 뭐 서로한테 못 할 짓이라매, 스승이 일케 일관되지 못한 가르침을 주면 우예야 하는 긴데. 내 혼란스럽다 안카나. |
| 선호 | (나도 모른다는 듯 휘파람 불며 가는) |


S#7. 건물 복도 / 낮

해이, 터덜터덜 사물함 쪽으로 가는데 해이 쪽으로 걸어오는 호민. 해이, 무심히 호민 지나치려는데.

| 호민 | 도해이… 님이죠? |
|---|---|
| 해이 | ?? 네… 근데 누구… |
| 호민 | 저번에 못 들어온 서양미술사 파트너가 정해졌는데 제가 파트 |

너라.

| 해이 | 아… |
| 호민 | 톡 아이디 알려 주면 과제 내용이랑 보내드릴게요. (핸드폰 내밀면) |
| 해이 | (적어 주며) 여기로 보내주세요. |
| 호민 | (끄덕하고 가면) |
| 해이 | (역시 무심히 걸어가는데) |
| 호민 | (걸어가다 뒤돌아 그런 해이를 음침히 다시 보고 걸어간다) |

## S#8. 선호 집_거실 / 낮

진희, 도우미 아줌마와 위스키 한 병 두고 실랑이하고 있다.

| 진희 | 딱 한 잔만 한다니까. |
| 아줌마 | 아드님한테 안 드린다고 약속했어요. |
| 진희 | 아줌마 월급 주는 사람 나야. 왜 선호 말을 들어. |
| 아줌마 | (직언) 사모님, 오죽하면 아들이 가사 도우미를 붙잡고 사정하겠어요. 아들 봐서라도 이러시면 안 되죠. 정신 차리셔야죠. |
| 진희 | (그 말에 술 놓고 건조하게 목소리 깔고) 아줌마 나 가르쳐요? 내가 사람을 너무 편하게 대해 줬나 보네. |
| 아줌마 | (단호) 그렇게 말씀하셔도 소용없어요. 이 집에서 술은 안 돼요. |
| 진희 | 아줌마 우리 집에서 일 그만하고 싶구나. |
| 아줌마 | (위스키 가져가며) 네네, 그러세요. 전 갈 데 많아요. 요즘 사람 구하기가 얼마나 힘든지 아세요? 더군다나 사모님 비위 맞출 사람 (고개 절레하며) 저나 되니까 이만큼 하는 거예요. |

진희            (에라이 안 통한다. 미치겠고)


S#9. 선호 집_안방 / 낮

신경질 확 내며 방으로 들어온 진희.
문 쪽으로 흘기다, 침대 옆 협탁 서랍 열면 위스키 한 병 있다.

진희            (문 쪽 보며 의기양양하지만 조그만 목소리로) 여기도 있네요.


이때 밖에서 청소기 돌리는 소리.
좀 있으면 방에도 들어올 것 같고… 위스키병 보며 고민하는
진희.


S#10. 엘리베이터 앞 / 낮

쫙 명품으로 차려입고 엘베 앞에 서 있는 진희.
소중히 든 가방 안을 보는 진희, 명품 백 안에 있는 위스키병.

진희            (중얼) 에이씨, 뺏길까봐 갖곤 나왔는데… (이걸 어쩐다)


이때 야쿠르트 가방 들고 계단 타고 내려오는 춘양. 야쿠르트 하
나 쪽쪽 먹고 있다. 춘양, 인사를 해야 하나 어쩌나 하고 있는데,
가방 다물고 아는 채 않고 도도히 엘리베이터 쪽으로 시선 향하
는 진희. (가방 입구 쪽에 위스키병 살짝 삐쪄나와 있다) '그래 말아라.' 하

고 춘양은 진희 옆집에 야쿠르트 내려놓고 진희 옆으로 가 서
는데.

| | |
|---|---|
| 진희 | (중얼) 관리실은 뭐 하는 거야, 관리비가 얼만데 잡상인을 들여. |
| 춘양 | (어이없고, 야쿠르트 쪽쪽 먹으며) 있는 집들이라 그런가 야쿠르트도 열심히 드십디다. |
| 진희 | … (이때 엘리베이터 문 열리자 팽 도도히 먼저 타는) |
| 춘양 | (가지가지 한다 싶다) |

S#11. 엘리베이터 / 낮

둘, 침묵으로 있는데 문 열리고 택배 가득 쌓인 카트 들어오고,
그 바람에 진희 뒤로 밀리다 가방 떨구는데.

| | |
|---|---|
| 택배 아저씨 | 죄송합니다. |
| 진희 | (홱 흘기면) 사람 있음 다음 엘리베이터를 타셨어야죠. 이렇게 밀고 들어오심 어떡해요. |
| 택배 아저씨 | (미안하고) |

성격 하곤… 쯧쯧 하며 가방 주워 주는 춘양. 살짝 열린 가방 사
이로 위스키병 보인다. 진희는 춘양이 술 본 거 알고, 얼른 가방
가져가는.
춘양, 진희 힐긋 보면 진희 애써 괜찮은 척.

| 춘양 | (중얼) 신선한 소지품일세… |
| 진희 | (확 보는데) |

이때 엘리베이터 1층에 서고, 택배 아저씨 내리고 진희 내리려 는데, 선호가 엘리베이터 쪽으로 걸어오는 거 보인다. 진희, 선 호 보고 당황하다 뒷걸음질 치며 술병 얼른 꺼내 춘양 야쿠르트 가방에 넣는다.

| 춘양 | ('으잉?' 싶고) 아니 이걸 왜. |
| 진희 | (조용히 하라는 듯 손짓하다 엘리베이터 타려는 선호 보며 갑자기 우아하게) 아들 왔어, 일찍 왔네? |
| 춘양(E) | 아들? (하며 선호 보는) |
| 선호 | 응. (진희 옷 보고) 엄마 어디가? |
| 진희 | 아니 엄마도 지금 외출했다 들어가는 길이야. |
| 춘양 | (응?) |
| 진희 | (춘양 보며) 아주머니 안 내리세요? 내리시려는 거 같던데. |
| 춘양 | (뭔가 싶지만 일단) 아… 예. (하고 내리면) |

선호, 춘양과 스쳐 가지만 제대로 못 봐 못 알아보고.
선호와 엘리베이터 타고 엘리베이터 문 닫히는데 닫히는 문 사 이로 진희, 춘양의 야쿠르트 가방 안타깝게 본다.

| 춘양 | (야쿠르트 가방 안 위스키병 보며) 뭐여. 이 시추에이션은. |

S#12. 학교 앞 편의점 / 낮

편의점 알바하고 있는 해이. 정우 들어오다 해이 보곤.

정우    네가 왜 여기 있냐?

해이    (정우 보고 괜히 삐진 사람 마냥 새초롬하게) 편의점 알바 땜빵이요.


/정우 물건 몇 개 계산하는데, 정우 안 보고 툭툭 바코드 찍던
해이.


해이    (바코드 다 찍고, 정우 보며 사무적으로) 17,460원입니다.

정우    (왜 저래 싶지만, 카드 주는)

해이    (계산하며) 소개팅, 저 완전 열려 있어요. 인터컷 하실 필요 없어
요. (중얼) 있는 놈이 더 하다니까.

정우    뭐?

해이    (영수증 주며 빙긋) 계산 완료됐습니다.

정우    내가 어제 취해서 뭐 실수한 거 있어?

해이    아뇨. 그럴 리가요. 실수, 그런 거 안 하시잖아요. 뭐든 확실한 단
장님인데.


정우, '쟤가 대체 왜 저래.' 황당해 하며 영수증 받아 나가는데,
편의점으로 들어오는 만취한 아저씨. 이를 힐긋 보며 나가는
정우.

S#13. 거리 / 밤

집 근처에서 아직 불 안 붙은 담배 들고 핸드폰으로 진희가 가
방에 넣은 위스키 검색해 본 춘양. 술 가격 100만 원 정도다.

춘양     (놀라) 히익. 술 주제에 뭐가 이렇게 비싸? (가방 속 술 보고 담배에 불

붙이려는데)

해이(E)    스톱.

춘양     ('아 걸렸네.'라는 표정 짓다 자연스럽게 담배 쥐어 소매 안으로 넣곤 뒤돌아 웃

으며) 딸 왔어?

해이     (춘양 손목 딱 잡고 손 털면 담배 톡 떨어진다. 춘양 보면)

춘양     (뭐 됐단 표정)

해이     매달 소비되는 담뱃값 플러스 담배로 유발되는 질병으로 인한

치료비가 우리 가계에 미치는 영향, 백한 번째 읊어야 되나?

춘양     아니 끊었지 끊었는데 오늘 하도 뭣 같은 일이 있…

해이     (OL) 됐고. (손 내미는)

춘양     야, 불도 못 붙였어.

해이     (무시, 계속 손 내미는)

춘양     하… (한숨 쉬고 담배랑 지갑에서 만 원짜리 천 원짜리 탈탈 털어 3만 원을 해

이 손에 쥐여 주는데)

해이     (여전히 손 내미는) 벌금 5만 원인 거 몰라?

춘양     (지갑 까 보이며 백 원짜리까지 털어주곤) 야 다 털었어. 깎아 줘.

해이     (돈 슥 스캔하고 바로) 만 구천 삼백 원 송금해. (먼저 들어가는)

춘양     셈은 더럽게 빨라요. (해이 째리다, 바닥에 떨어진 담배 툴툴 털어 주머니

에 넣고 해이 따라 들어간다)

S#14. 해이 집_거실 / 밤

    해이, 재이, 춘양, 모여서 식사 중이다.
    해이, 웬일인지 깨작깨작 밥 먹고 있다.

춘양      (해이 먹는 거 보다) 너 또 차였냐?

해이      (화들짝) 내가 뭐, 내가 왜 차여!

춘양      꼬라지가 또 차였구먼. 너 차일 때마다 밥알 깨작깨작 세잖아.

해이      내가 언제!


S#15. 해이 집_거실 / 낮 / 춘양 회상

춘양(E)    왜 너 초등학교 때도.

    해이(8세), 멍해서 들어오면.
    거실에서 고구마 까먹고 있던 춘양, 놀라 고구마 숨긴다.
    해이가 춘양 보면, 아차 싶은 춘양 숨겼던 고구마 다시 돌려놓
    으며.

춘양      아니, 엄마가 줄려고 했어 줄려고. (하며 고구마 주는데)

해이      안 먹어.

춘양      (웬열??)

해이      (춘양 옆에 털썩 앉아 갑자기 팩 얼굴 묻고 엎어져 닭똥 같은 눈물을 흘리며) 어
      떻게 사랑이 변하니?

| 춘양 | 얼씨구. |
|---|---|
| 춘양(E) | 영칠인가 땡칠인가한테 차이고 와선 며칠을 밥 안 먹고 울고. |

S#16. 해이 집_거실 / 낮 / 춘양 회상

| 춘양(E) | 중1 때는 중2 오빠 쫓아 불교 동아리 들어갔다가. |
|---|---|

둘러앉아 밥 먹고 있는 춘양, 재이, 해이.
해이, 풀떼기 깨작대고 있다. 춘양, 어이가 없고.

| 춘양(E) | 그놈이 스님 된다니까 자기도 비구니 될 거라고 며칠을 풀만 깨작깨작 뜯었잖아. |
|---|---|
| 재이 | (깨작대는 해이 보며) 너 진짜 안 먹지? (고기반찬 야무지게 먹는다) |

해이, 야무지게 고기 먹는 재이 보다 서럽고 울컥해 갑자기 비련의 여주인공처럼 픽 엎어져 서럽게 엉엉거린다.

| 해이 | 부처님을 어떻게 이겨. |
|---|---|

춘양, 가지가지 한다 싶다.

S#17. 해이 집_거실 / 밤

| 춘양 | 식욕 잃었다 하면, 백발백중 어서 차이고 온 거였지. (재이 보며) 그러고 보면 네 누나가 참 여러 방면으로 성실해. 그 없는 시간 쪼개서 열심히 차이고 다닌단 말야. |
|---|---|
| 재이 | (별다른 대꾸 없이 밥 먹는) |
| 해이 | 차인 거 아니라고! |
| 춘양 | (밥 먹으며) 너 얼마 전에도 차이고 와서 울고불고하지 않았냐? 이 번엔 좀 주기가 짧… (하는데) |
| 해이 | (OL 빽) 차인 거 아니라니까! |
| 춘양 | (놀라 해이 보며) 알았어. 승질은. |
| 해이 | (씩씩하다) 재이 너! |
| 재이 | ('아 왜 이 불똥이 나한테 튀어?') |
| 해이 | 수투 열심히 하고 있어? 내가 그 학원비 벌려고 얼마나 뼈 빠지 게… (하다, '아차, 이거 선호가 해 준 거지…') |
| 춘양 | (보는) |
| 해이 | 암튼 5월 모의고사 백분위 안 오르면 너 학원비 두 배로 갚아야 될 줄 알아. |
| 재이 | (해이 보다, 밥맛 떨어진다는 듯 밥숟가락 내려놓고 들어가는) |
| 해이 | 어디가. |
| 재이 | (삐딱) 백분위 올리러 간다. |
| 해이 | 누가 지금 하래? 밥 먹고 해. |
| 재이 | (후) 밥 먹을 때 돈 얘기 좀 안 하면 안 되냐? (방으로 들어가며) |
| 해이 | (저게 근데) |
| 춘양 | 건들지 마. (혹여 재이 들을까 속닥) 드뎌 질풍노도의 시긴가벼. |
| 해이 | (보란 듯 밥 퍽퍽 먹으며) 저 새긴 중2 때도 안 오던 중2병이 왜 고3 |

때 오고 지랄이야.

춘양       (먹던가, 얘길 하던가 둘 중에 하나만 하라는 듯 해이 보는)

S#18. 선호 집_선호 방 / 밤

선호, 씻은 듯 적당히 편한 옷에 머릿수건으로 털며 들어와 책상 위 핸드폰 보는데 메시지 와 있다. 메시지 확인하는 선호.

INS) 카톡 메시지

카카오 페이로 ###원 송금 내역.

해이(E)     학원비 빌려줘서 고마웠어. (적당히 비굴한 이모티콘)

이를 보던 선호, 통화 버튼 누른다.

S#19. 거리 + 선호 방 / 밤

최집사 자전거 타고 알바 중이던 해이.
전화 오는 거 보고, 멈춰 전화 받는다.

선호       빌려준 거 아닌데?
해이       (상냥) 아냐. 고맙게 잘 썼어.
선호       이거 혹시 나 차여서 돌려주는 거야?
해이       (당황) 아니 그건… (맞고…)

| 선호 | 그럼 돌려주는 게 더 이상하지 않아? 차면 돌려주고 안 차면 받는 건, 대가성 돈 같잖아. |
|---|---|
| 해이 | 그게 아니라! 그땐 그냥 있는 애가 쓰겠다는데 굳이 말릴 필요가 있나 싶어서… (말끝 흐리는) |
| 선호 | (피식하고) 맞아. 그런 건데. |
| 해이 | 근데 이게 상황이 (애매하잖아) 이럴 땐 돌려주는 게 국룰인데… |
| 선호 | 그럼 밥 사. |
| 해이 | 어? |
| 선호 | 비싼 밥. |
| 해이 | 아… 그. |
| 선호 | 내가 먹고 싶을 때, 그럼 되지? |
| 해이 | 그…래 뭐. |
| 선호 | 그럼 이건 안 받는다? 내 돈이니까 내 맘대로 해도 되지? |
| 해이 | (전화 끊고 자책하듯 중얼) 그걸 왜 덥석 받아서. 세상에 공짜가 없단 걸 아직도 모르냐 멍청아!! (후 하고 자전거 타고 다시 가는) |

S#20. 선호 집_선호 방 / 밤

선호, 픽 웃고 전화기 내려놓는데, 책 몇 권 들고 선호 방에 들어온 진희.
책상에 책 내려놓는데 의자에 있는 티셔츠 눈에 띈다. '테이아' 쓰여 있는 연습 티다.

| 진희 | (선호 보며) 아들 응원단 들었어? |
|---|---|

| 선호 | 어? (어떻게 알았냐는 듯 보면) |
|---|---|
| 진희 | (티셔츠 흔들어 보며) 이거 시간 너무 잡아먹지 않아? |
| 선호 | 아직 예과니까. |
| 진희 | (못마땅) |
| 선호 | (말 돌리며) 그건 뭐야? |
| 진희 | (아, 그 말에 손에 든 책 선호 책상에 올리며) 대학생 인문 필독서래. 한 달에 두 권씩은 읽어. 독후감 확인할 거야. |
| 선호 | (끄덕) |
| 진희 | 예과라고 마냥 놀면 안 돼. 앞으로 더 치열한 경쟁인데, (테이아 티셔츠 보며) 이런 거보다 더 중요한 데 신경 써야 인생의 방향이 달라지는 거야, 알지? |
| 선호 | (일어나 애교 있게 진희 어깨 주무르며) 알아요, 알아. |
| 진희 | (흘기며) 애교로 넘어가려고 하지 말고. |
| 선호 | 제가요? 아닌데. (하며 어깨 주물주물) |
| 진희 | (못 당하겠단 듯 피식 웃어 버리는) |

/진희 나간 후 홀로 남은 선호, 진희가 놓고 간 책 중 맨 위 책 한 장 넘겨 보다, 이내 관심 잃고 덮어 버린다. 책 덮고 옆에 있는 테이아 티셔츠 보는 선호… 이래저래 생각에 잠긴다.


S#21. 단장실 + 백반집 / 밤

단장실 책상에 앉아 있는 정우. 합동 응원전 자료를 보고 있는데 핸드폰으로 전화 온다. 발신자 '엄마'다. 전화 받는 정우.

| | |
|---|---|
| 정우 | 와. |

/선혜(51세, 여) 영업 끝난 백반집에서 시장 아줌마 서넛과 고스톱 치면서 전화 중이다.

| | |
|---|---|
| 선혜 | 밥 뭇나. |
| 정우 | 뭇다. |
| 아줌마1 | (아는 사인 듯 큰 소리로) 정우 잘 지내나. |
| 선혜 | (시끄럽단 듯 손 하고 고스톱 패 뒤집는데 쌌다. 패 던지며) 에이씨, 쌌네. |
| 아줌마2 | (신나서) 쌌다! |
| 정우 | 또 고스돕 치나. |
| 선혜 | 에이 첫 끗발이 개 끗발이다. |
| 정우 | (전화 끊으려) 고스돕 치라. |
| 아줌마1 | (신나서) 정우야 우리 동진이 이번에 삼성 들어갔데이. |
| 선혜 | (가뜩이나 열 받는데 저 여편네 자랑질) 삼성 뭐 그까이 거, 정운 맘만 먹음 걍 들어갈 수 있는 데다. 안 글나? |
| 정우 | … |
| 아줌마1 | 아이고 거 아무나 들어가는 데가 아이다. |
| 선혜 | (발끈) 정우가 왜 아무나고. 정우 졸졸 쫓아다니면서 쫄다구 노릇 하던 동진이도 가는데. |
| 아줌마1 | 뭐? 쫄따구? 니 짐 쫄따구라 했나. |
| 선혜 | 그래 내 뭐 틀린 말 했나. |
| 정우 | 아 와 싸우는데? |
| 선혜 | 시끄럽다 니 끊어봐라. (끊으면) |

정우        (끊긴 전화 보는데 어이없고, 후 한숨 쉬다, 책상 위 합동 응원전 자료 보자… 왜

인지 자괴감이 든다)


S#22. 해이 집_해이 방 / 밤

불 끄고 누워 있는 춘양과 해이.

춘양, 이미 꿈나라다. 해이, 핸드폰으로 자기 연습 영상 보고

있다.


해이        (영상 보며) 아 이게 잘 안 된단 말야. (하며 이불 속에서 몸짓으로 따라 해

보는데)

춘양        (잠결에) 야 그만 풀썩대고 얼른 자.

해이        (그 말에 삐쭉 하고 영상 끄고 핸드폰 캘린더로 들어가는데 D-day 합동 응원전

적혀 있고, 그로부터 2주 뒤에 '응원단 알바 끝!' 적혀 있다)


S#23. 연습 몽타주 / 낮

        #강의실

수업 끝나자마자 얼른 짐 챙겨 뛰어가는 해이.


        #노천극장

운찬, 연습 지휘 중이고 연습하는 신입생들.


        #거울 방

혼자 연습 중인 선호. 연습하다 스텝 꼬여 넘어지는데, 후 한숨 쉬다 다시 일어나서 연습한다.

#단실
신입생들, 단원들 다 같이 모여 치킨 먹고 있다. 유난히 열심히 먹는 해이. 경이롭게 이를 보는 정우와 선호.

#노천극장
정우의 지휘 아래 연습하는 해이와 선호, 열심이다. 선호, 많이 늘었다.


S#24. 노천극장 / 낮

현수막 걸려 있다. '연희대, 호경대 합동 응원전'
아직 학생들 입장하기 전이다.
호대 응원단들 연습복 입고 무대에서 리허설 중이다
객석 자리에 쪼르록 앉아 이를 구경하고 있는 신입생들.
용일, 선자, 해이, 선호, 쪼르록 일자로 앉아 이를 보고 있다.
하진, 매의 눈으로 리허설 체크 중이고, 카리스마 넘치는 모습.

| 용일 | 호대 단장은 진짜로 멋있네. |
| 선자 | (역시 감탄해 보며) 저 카리스마 팔면 돈 주고 사고 싶다. |
| 해이 | (역시 마찬가지) 긍까, 근데 팔아도 비싸겠지? |
| 용일 | (지윤 보며) 근데 쩌 호대 단원, 어서 본 거 같은데? |

| 일동 | (보는데) |
|---|---|
| 소윤 | (언제 왔는지 조용히 다가와 소심히) 우리도 준비해야 되는데… |
| 일동 | (소윤 말에 어기적어기적 일어나는) |
| 소윤 | (무대에서 연습하는 지윤 보다, 고개 떨구고 자기도 신입들 따라간다) |

S#25. 대기실 / 낮

소윤이 해이와 선호에게 단복 준다.

| 소윤 | 입어 보고 불편한 데 있음 말해 줘. |
|---|---|
| 운찬 | 신입생은 원래 연호전 전에 단복 못 입는데, 이거 아주 special case야. 영광인 줄 알아. |
| 해이 | (단복 보는데 왠지 두근두근) |

/환복하고 나오는 해이와 선호.
해이, 거울에 비친 단복 입은 모습 보는데 두근거린다.

| 운찬 | 어때 단복 입어본 소감이. |
|---|---|
| 해이 | (벅찬 마음에 그저 웃음만) |

선호 역시 단복 입고 나오는데, 멋있다.

| 운찬 | 야 (감탄) 때깔이… 나랑 비슷하네? |
|---|---|
| 소윤 | (헐…) 그건… 아닌 거 같아요. Never… |

| | |
|---|---|
| 운찬 | 뭐야 왜 나한테만 단호한 건데. |
| 소윤 | (소심히 슥 피해 가는) |

나머지 신입들은 흰 셔츠에 청바지로 통일.

| | |
|---|---|
| 용일 | (선호, 해이 보며) 야, 저건 쫌 다르긴 하네. |
| 민재 | … (짜증난다. 보다 휙 나가버리는) |
| 용일 | ?? (보면) |
| 선자 | (고개 절레절레하며) 쟤는 짜증이 고정값이야. 매우 비호감. |

이때 단실로 들어오는 소미, 호민, 카메라.

| | |
|---|---|
| 소미 | 리허설 스케치하려고. |
| 정우 | (끄덕하고 분주히 준비하는) |
| 해이 | (호민 보고) 방송부였어요? |
| 호민 | … 네. |
| 해이 | (이내 다시 단복 매만지며 신나서 연신 웃는데) |
| 호민 | (그런 해이 보는) … |
| 정우 | (들어오며 해이, 선호 단복 입은 거 보고) 단복 입었네. 어때 잘 맞아? |
| 해이, 선호 | 네. |

정우는 해이 단복 뒤쪽 끈 떨어져 내려온 거 보인다. 그쪽으로
가 끈 풀린 거 앞으로 돌려 채워 주는데… 해이 두근.

| | |
|---|---|
| 해이 | 제가 할게요. (하며 자기가 하려는데) |
| 정우 | 단복은 함부로 막 하면 안 돼. (하며 자기가 계속해 주는, 농담처럼) 어때? 촌빨 낭낭한 단복 입은 소감이. |
| 해이 | (보다) 단장 은근 흘리고 다니는 스탈인 거 알아요? |
| 정우 | (보면) |
| 해이 | 이런 거 (사이) 잘못하면 오해한다고요. |
| 정우 | (장난처럼) 왜, 오해했어? |
| 해이 | … (뭐라 답 않고) |
| 정우 | (반응이 없자 약간 뻘쭘해지는데) |
| 해이 | (정우 살짝 치우며) 이런 거 여친은 진짜 싫어할걸요. (하고 자기가 하는) |
| 정우 | … ('뭘 또 이렇게까지', 뻘쭘해) 그래 그럼 네가 해, 단복 망치지 말고. |
| 해이 | (세심히 단복 만지는) |
| 선호 | (옆에서 단복 매만지며 그런 해이 보는) |
| 초희 | (박스 두어 개 갖고 오며, 선호와 해이 보고) 이거 좀 단상에 세팅해 놔. 좀 있음 밴드부 세팅한다니까 안내해 주고. |
| 해이, 선호 | 네. |

S#26. 노천극장 / 낮

박스 하나씩 들고 무대로 온 해이와 선호. (연습복으로 다시 환복했다)
박스 내려놓고 박스에서 물건들 꺼내 세팅하기 시작한다.
아래쪽에서 호민, 그런 둘 스케치 그림 찍고 있다.
호민, 핸드폰으로 뭔가 하는데… 이때 해이 핸드폰으로 오는 착신 알림음.

해이, 핸드폰 확인하는데 페북 메시지다.

INS) 페북 메시지

(3화 S#11 메시지)

응원단 그만 둬./올해 응원단원 중 한 명이 죽는다./세 번째 예
언, 기억해./너도 당하게 될 거야.

(이미 와 있는 메시지들이고)

REPEAT (새로운 메시지)


해이, 메시지 보고 '하' 한숨 쉬다, 선호 보며.

| | |
|---|---|
| 해이 | 리핏은 또 뭐야. 참 이상한데 힘쓰면서 열심히 사는 사람 많다. 너 혹시 사생팬 같은 것도 있나? (고개 절레절레하며 핸드폰 넣는) |
| 선호 | (뭔 소린가 싶고) |
| 해이 | (다시 정리하는데) |
| 선호 | 근데 삼다. |
| 해이 | (계속 정리하며) 왜에. |
| 선호 | 내가 왜 싫어? |
| 해이 | 나 너 안 싫어하는데? |
| 선호 | (비식 웃음 새 나오고) 질문을 바꿀게. 내가 왜 '남자로' 싫어? |
| 해이 | (정리하던 손 멈추고 선호 보며 어이없단 듯) 왜 너한테 이런 여잔 내가 첨이냐? |
| 선호 | 그건 아닌데, 그냥 궁금해서. 궁금할 수 있잖아. |
| 해이 | (다시 정리 계속하며) 그런 거 보통 안 궁금해 하거든. 오히려 모르 |

고 싶어 하지. 아주 대단한 자신감의 발로인 거지.

선호    난 알고 싶은데. 알면 더 클리어 하잖아.

해이    음… (생각하다) 첨엔 사실 대가리 (하다 아차 싶어) 머릿속이 꽃밭이
       다 싶어서 좀… 그랬지.

선호    꽃밭?

해이    (끙 하고 힘쓰며 짐 옮기고) 여친한테 차이고 바로 들이대는 게, 굉장
       히 천진한 바람둥이 같았달까.

선호    (픽 웃는) 담엔?

해이    (보면)

선호    첨이면 다음도 있겠지.

해이    음… 솔직히?

선호    어차피 이렇게 된 마당에, 진짜 솔직히.

해이    그냥… 좀 너무 다 가져서?

선호    (예상치 못한 대답에) ??

해이    왜 그런 거 있잖아. 좋은데 싫어 그런 거. 그래서 '오오' 싶은데
       그래서 좀 거시기 하고. 내가 (사이) 쫄려 보이잖아. 괜히 (사이) 자
       격지심 생기고.

선호    (예상치 못한 대답에) 나 다 안 가졌는데?

해이    (계속 정리하며) 채널 백 던지면서 우는소리 하고 있다.

선호    (그 소리에 피식 웃는)

해이    (잠시 멈춰 선호 보며) 그래도 네가 이렇게 편하게 해 줘서 (사이) 고
       마워. (다시 일하며) 하긴 뭐 그렇게 시리어스하고 그런 건 아니었
       잖아?

선호    … (해이 말 맞춰 주려) 그치.

| 해이 | (계속 정리하며 구시렁) 아 이거 뭐가 이렇게 많아. |
|---|---|
| 선호 | (해이 보는) … |

이때 노천 쪽으로 오는 밴드부.
해이와 선호, 그쪽 보는데 밴드부 끄트머리에 재혁 보인다.
해이, 얼굴 굳는다.


S#27. 노천극장 근처 / 낮

해이와 재혁, 얘기하고 있다.

| 해이 | 갑자기 웬 밴드부? |
|---|---|
| 재혁 | 너야말로 갑자기 무슨 응원단이야, 너답지 않게. |
| 해이 | (하, 헛웃음) 내가 또 여기서 이런 진부한 대살 날려야 되나. 나다운 게 뭔데? (괜히 말 섞었다 싶고, 후) 우리가 방끗 웃으면서 인사할 사이도 아니고 피차 마주쳐도 그냥 모른 척하자. (가려는데) |
| 재혁 | (잡으며) 진선호랑 무슨 사이야? |
| 해이 | (잠시 어안이 벙벙해서) 뭐? |
| 재혁 | 진선호랑 사귀어? |
| 해이 | (황당해 툭 놓으며) 내가 진선호랑 사귀든 진선미랑 사귀든 네가 뭔 상관인데, 나한테 신경 꺼줄래? |
| 재혁 | 걔 그냥 너 데리고 한 번 놀려고 하는 거야. 그런 애가 너한테 진심일 리가 없잖아. |
| 해이 | (보다) 왜? 너보다 잘난 선호가 나한테 진심일 리가 없다, 뭐 이런 |

거야? (말을 말자는 듯) 뭐 눈엔 뭐만 보인다고.

재혁     (나보다 잘난, 이라고 하니 기분 상하고) 그게 아니라. 괜히 상처받지 말

        고, 조심하라고.

해이     (헛웃음) 칼 꽂아 놓고 대일밴드 붙여 준다고 난리 치고 있네. 걱

        정 마. 누군들 너보다 더하겠니?

재혁     그땐 욱해서 그런 거야. 네가 먼저 긁었잖아. 진심 아닌 거 너도

        알잖아?

해이     (후…) 이재혁 제발 여기까지만 하자. 아무리 원래 헤어질 때 밑

        바닥 보는 거라지만, 이러다 내가 널 만났단 사실조차 수치스러

        워질 것 같아. (가려는데)

재혁     (잡으며) 그 말은 진심이었어.

해이     (보면)

재혁     네가 아니면 의미가 없단 말, 다시 시작하고 싶다고 했던 거.

해이     (황당해 보는데)


이때 선호 슥 다가와 해이 손을 잡아 올린다.


선호     그건 안 되겠는데. 해이 남친 있거든.

재혁     (보면)

선호     (자기 손으로 가리키며) 나.

재혁     (해이 보며) 진짜야?

해이     (선호 보다 재혁 보고) 어 진짜야. 그러니까 다신, 이런 일로 나 찾아

        오지 마. (선호와 가는)

재혁     (해이와 가는 선호 노려본다)

S#28. 교정 일각 / 낮

　　　아직 손잡고 걸어가고 있는 선호와 해이.

해이　　　(선호 보며) 이제 손 좀 놓지.
선호　　　(마치 몰랐다는 듯) 아. (하고 그제야 손 놓아주는)
해이　　　… 너 아니어도 혼자 해결할 수 있었어.
선호　　　알아. (웃으며) 근데 경험상 이게 젤 쉽고 확실한 방법이야.
해이　　　…


S#29. 노천극장 / 낮

　　　무대 위에서 세팅 중인 응원단과 밴드부.
　　　해이, 무덤덤하게 자기 자리에서 몸 풀고 있으면, 재혁, 그런 해
　　　이 본다.

초희　　　(정우에게) 기획팀은 이따 합응 때 합류한대.

　　　정우 끄덕하고 앞에서 체크하고 있는데 노천 쪽으로 씩씩대며
　　　오는 수일.
　　　기획팀1 선배, 그런 수일 잡으려 하는데 기획팀1 손 뿌리치고
　　　정우 쪽으로 오는 수일. 사람들 무슨 일인가 멈춰 그쪽 보고.

수일　　　야, 박정우!
정우　　　(보면)

| 수일 | (냅다 정우 얼굴 주먹으로 날리는) |
|---|---|
| 기획팀1 | ('아 저 새끼 사고 쳤구나.' 싶고) |
| 일동 | !! |
| 초희 | (열 받아서) 뭐 하는 거예요. 지금! |
| 정우 | (맞은 곳 쓸며 수일 보곤) 손찌검하는 버릇은 여전하시네요. |
| 수일 | (씩씩 노려보는) |
| 일동 | (이게 무슨 일인가 싶다. 수군수군) |

## S#30. 응원단실 / 낮

모여 있는 기획팀 선배 몇과 정우, 수일.

| 수일 | 네가 날 횡령으로 넘기자 그랬다며? |
|---|---|
| 정우 | 조사가 필요하면, 하고 넘어가는 게 맞다고 했습니다. |
| 수일 | (멱살 잡으며) 야 이 자식아, 누굴 전과자를 만들려고. |
| 정우 | (쳐내며) 할 말이 있으면 말로 하시죠. 두 번은 저도 안 참습니다. |
| 수일 | 뭐? 근데 이게. (다시 멱살 잡으려는데) |
| 기획팀1 | (말리며) 말로 해. 더는 안 봐줘. |
| 정우 | 작년 장부 금액이랑 대행사 집행 내역이랑 출연료 차액이 천만 원이에요. |
| 수일 | 대행사에서 기록이 누락됐거나 실수한 거겠지. (기획팀1 보며) 알 잖아요, 형. 막판에 애들 출연료 올리고 이러기도 하는 거. |
| 정우 | 통장 지급 내역 받았는데, 그런 오류는 없는 걸로 확인했어요. |
| 수일 | 그럼 다른 데서 오류가 생겼나 보지!! |

| | |
|---|---|
| 정우 | 오류라고 하기엔 금액이 너무 크죠. |
| 수일 | 그래서! 내가 그 돈을 착복이라도 했단 거야? |
| 정우 | 조사해 보면 진실이 밝혀지겠죠. |
| 수일 | 야, 박정우! (다시 멱살잡이하려는데) |
| 기획팀1 | (진정시키며) 진정하고. (수일 보며) 수일이 너, 정말 몰라? 천이 왜 비는지? |
| 수일 | (억울하다는 듯) 네! |
| 정우 | … |
| 기획팀1 | (정우 보며) 사실 천이면, 진행비 중에 뭔가가 누락된 걸 수도 있고, (사이) 지금 이걸 공론화하면 가뜩이나 안 좋은 여론이 더 안 좋아질 텐데. |
| 정우 | 의혹은 그대로 두면 오히려 더 커지죠. 환부는 제대로 파내는 게 상처가 번지는 걸 막는 방법이라고 생각합니다. |
| 수일 | (정우 노려보는) |
| 기획팀1 | … 일단 다른 선배들이랑도 얘기해 볼게. 둘 다 먼저 경거망동하지 말고. |
| 수일 | (별수 없다. 후… 하고 정우 노려보는) |
| 정우 | … |

/선배들 먼저 가면 수일, 가려는 정우 붙잡는다.

| | |
|---|---|
| 수일 | 너 나한테 무슨 억하심정 있어? |
| 정우 | (수일 손 치우며) 아뇨. |
| 수일 | 너 설마 나한테 이러는 게 유민이 때문이냐? 너 유민이가 나 땜 |

에 그렇게 됐다고 생각해서.

정우       (OL) 아뇨. 그냥 해야 할 일을 하려는 거뿐이에요. (가면)

수일       ('저 자식 내가 언젠가 한번 깐다.' 하는 표정)


S#31. 교정 일각 / 낮

      노천 쪽으로 걸어가는 정우… 생각에 잠겨 있다.


수일(E)       유민이 때문이냐?


S#32. 응원단실 / 낮 / 정우 회상

      단실 소파에 앉아 노닥이고 있는 정우와 규진.

      신입생 몇 '진짜?' 등 리액션 하며 단실로 들어온다.

      단실 들어온 단원들, 규진 보고 멈칫하다 서로 눈짓하곤 규진 쪽

      으로 가.


단원1       (규진 향해) 너 진짜 유민 언니랑 사귀어?

정우       !!

규진       (당황한 기색 역력해)

단원2       진짠가 보네. 와! (서로 표정 썩어 눈빛 교환하는 단원1,2)

단원1       (정우 보며) 너도 알았어? 유민 언니랑 규진이랑 사귀는 거.

정우       … 아니.

이때 유민 들어오자, 분위기 갑자기 싸해지며 어색한 침묵 흐른다.
유민 '왜 그러지?'라는 표정으로 단원들 보면, 단원들 한 둘씩 눈 피하고
규진, 자리 피하며 나가자, 유민, 무슨 일인가 싶은.
정우, 유민을 보는데 마음이 복잡하다.


### S#33. 노천극장 / 낮 / 정우 회상

노천 무대에서 리허설 중인 응원단.
/무대 아래서 준비하던 정우, 구석에서 핸드폰 게임하는 수일 쪽으로 간다.


정우  형이 애들한테 유민 누나가 규진이랑 사귀어서 일학년 대표 세운 거라고 그랬다면서요.

수일  (보다, 다시 게임하며) 뭐, 없는 말 아니잖아?

정우  유민 누나가 그럴 리 없단 거 형이 더 잘 알잖아요. 규진이가 신입생 대표로 뽑힌 건.

수일  (픽 웃으며 OL) 누가 보면 네가 유민이랑 사귀는 줄 알겠다?

정우  그렇게 단장이 하고 싶어요? 유민 누나한테 흠집 내면 형이 단장 될 수 있을 거 같아 그런 거예요?

수일  (일어나서 정우 멱살 잡으며) 이 새끼가 잘한다 잘한다 봐줬더니, 이제 위아래도 없냐?

정우  (같이 멱살 잡으며 분노) 선배 대접을 받고 싶으면 행동을 똑바로 해.

이렇게 치졸하게 굴지 말고!

(E)          꺄악, 곳곳에서 비명소리.


수일, 정우 무슨 일인가 싶어 단상 쪽 보면.
유민 위로 조명 떨어진다. 떨어지는 조명 보는 유민, 퍽 하는 소
리와 함께.


운찬(E)      단장.



## S#34. 노천극장 근처 / 낮

생각에 잠겨 걷던 정우, 운찬 소리에 보면.


운찬        (어떻게 된 건가 눈치 보며) 리허설… 시작할까요?
정우        어? 어, 그래야지.



## S#35. 노천극장 / 낮

정우와 운찬, 무대 쪽으로 오고 다들 정우 눈치 살피는데.


운찬        (분위기 띄우려) rehearsal부터 보여 주자고! 누가 이 무대의
           winner인지!
초희        (역시 정우 보다, 이내) 자 대열 정리하고, 다들 자기 자리 서 봐.

그 말에 일사불란하게 움직이는 단원들.

해이, 움직이며 정우 눈치 살피면, 정우, 덤덤히 자기 준비 중이다.

| | |
|---|---|
| 하진 | (정우 쪽으로 와 맞은 곳 보며) 괜찮아? (하며 상처 쪽으로 손 가면) |
| 정우 | (손 적당히 치우며) 괜찮아. |
| 하진 | 대체 뭔 일이야. |
| 정우 | 별거 아냐. (애써 웃으며 농담) 상대 팀 걱정도 하고, 너무 여유 부리는 거 아냐? |
| 해이 | (그런 둘 보는데… 맘 복잡하고) |

/적당히 응원곡 흘러나오고, 단상에서 리허설 중인 단원들.

해이 열심인데, 그런 해이를 한쪽에서 보는 듯한 누군가의 시선.


S#36. 복도 / 낮

대기실 쪽으로 서둘러 가던 해이, 하진과 마주친다.

해이, 꾸벅 인사하면.

| | |
|---|---|
| 하진 | 잘하더라. |
| 해이 | (보면) |
| 하진 | 아까 봤어. 리허설하는 거, 잘하던데. 신입생이 제법이야. |
| 해이 | (배시시 하다 팬심 고백처럼) 단장도 완전 멋있었어요! 막 (하진 따라 해 보며) 이러는데 하마터면 호대 응원할 뻔. |
| 하진 | (푸하하 웃으며) 아, 너 진짜 웃기다. 그때 인질로 교환을 할 게 아니 |

라 눌러 앉혔어야 됐는데.

해이      (그 말에 생각나는)


INS) 호대 단실 / 낮

3부 S#49

남학생과 키스하는 하진.


해이      단장.

하진      (보면)

해이      어… (막상 뭘 말하자니 주제넘은 거 같고) 그니까. (덥석 하진 손잡고) 옛것

은 소중한 것이죠.

하진      어? (황당)

해이      (고개 깊이 끄덕하고 꾸벅하고 가면서) 옛것은 소중하다.

하진      (황당히 해이 보다, '쟤 진짜 뭐지.' 싶어 웃는)



S#37. 대기실 / 낮

해이, 대기실에서 단복 챙겨 갈아입으려고 하는데, 배 꾸르륵거

린다.

단복 잠시 두고 급하게 나가는.

그런 해이 보고 있는 누군가의 시선.



S#38. 대기실2 / 낮

정우, 홀로 바쁘게 진행 리스트를 보며 체크하고 있는데, 지나가다 그런 정우 보고 들어오는 하진.

| | |
|---|---|
| 정우 | (왔냐는 듯 인사) |
| 하진 | (한쪽에 적당히 앉아 정우 보다) 나 남친 생겼다? |
| 정우 | (그 말에 보면) |
| 하진 | (정우 빤히 보는) |
| 정우 | 축하해. |
| 하진 | 우리 헤어진 지 삼 개월밖에 안 됐는데 서운한 척이라도 좀 해주지? |
| 정우 | … |
| 하진 | (농담처럼) 어떻게 네가 다시 만나 준다면 헤어지고. |
| 정우 | (장난치지 말라는 듯) 맘에도 없는 소리. |
| 하진 | 진짠데. 헤어질게. |
| 정우 | (보면) |
| 하진 | 그거 알아? 나 딴 남자 만난 거 네가 알았을 때, 난 네가 나한테 쌍욕 하면서 화내길 바랬다? 근데 그때도 세상 나이스 하더라 너. 마음이 없으니 상처도 없었던 거지. (정우 툭툭 치며) 바람은 내가 폈는데 상처도 내가 받았네? |
| 정우 | 너 우리 만나는 내내 힘들어했어. 나랑 있으면 (사이) 더 외롭다며. |
| 하진 | … 그래도 괜찮다면? |
| 정우 | … 안 괜찮을 거야. |
| 하진 | … (픽 웃곤) 개자식. 그냥 솔직히 마음이 없다고 하지. (사이, 정우 보고) 혹시 좋아하는 사람 생겼니? |

| 정우 | (보는) |
|---|---|

이때 밖에서 (하진) 단장 찾는 소리가 들리고.

| 정우 | (그 소리에) 나가자. |
|---|---|
| 하진 | (별수 없다는 듯 정우와 같이 나간다) |
| 선자 | (정우와 하진 나가자 테이블 아래 의자 붙여 놓고 누워 있다 슬금슬금 일어나며) 와우! |


S#39. 대기실 / 낮

해이, 단복 테이블 위에 올려져 있고 아무도 없는 대기실.
누군가 대기실로 딸깍하고 들어와 해이 단복 쪽으로 온다.
손엔 커피(혹은 물감?)가 들려 있고, 저벅저벅 해이 단복 쪽으로 오는 누군가. 해이 단복 들고 손에 든 종이컵 단복 쪽으로 부으려는 찰나, 탁 누군가의 손을 잡는 손. 누군가 놀라 보면 그 사람, 선호다.
선호 무슨 짓이냐는 듯 노려보면, 그 누군가… 응원단 신입녀1이다.


S#40. 대기실 밖 / 낮

해이, 대기실 쪽으로 오는데 단복 갖고 나오는 선호.
해이 '??' 뭐냐는 듯 선호 보면..

232 × 233

| 선호 | 2번 방에서 갈아입으래. |
|---|---|
| 해이 | ?? 어… (하며 단복 받는) |

S#41. 대기실 / 낮

정우, 신입녀1과 얘기 중이다.

| 신입녀1 | (눈물 그렁그렁해서) 싫었어요. 거짓말하고 훈련도 빠져 놓고. |
|---|---|

INS) 2회 S#42

도서관에서 빠져나오는 해이. 노천 쪽 보다, 쩝… 하고 정문 쪽으로 가면 민재 양손에 이온음료 가득 든 봉투 들고 노천으로 가다 해이 본다. 그 다음 신입녀1, 노천에서 나오다 역시 해이 본다.

INS) 복도 / 낮

신입녀1, 정우에게 뭔가 얘기 중이다.

| 신입녀1 | 대표로 뽑혔다고 기고만장해서 (사이) 선혼 그런 애가 뭐가 좋다고. |
|---|---|

이 말과 동시에 선호, 대기실로 문 열고 들어오고, 신입녀1, 선호 보고 확 고개 떨군다.

| | |
|---|---|
| 정우 | 어떤 이유도 변명이 안 될 거란 거 알지? |
| 신입녀1 | … 죄송해요… |
| 정우 | (후…) 충동적인 행동이었을 테니 공론화하진 않을게. |
| 신입녀1 | (울먹) 감사합니다. 다신 안 그럴게요. |
| 정우 | 그냥 넘어갈 순 없어. 이 일을 어떻게 처리할진 내일 다시 얘기하자. |
| 신입녀1 | … 네. (인사하고 일어나려는데) |
| 선호 | 너 혹시 나 좋아해? |
| 신입녀1 | (그 말에 얼굴 확 붉어지면) |
| 선호 | 근데, 해이 아니더라도 난 너 같은 앤 딱 질색인데. |
| 신입녀1 | (상처받고 울먹거리면) |
| 선호 | (차게 신입녀1 보는) |
| 신입녀1 | (결국 울먹거리며 뛰쳐나간다) |
| 정우 | … (나가는 신입녀 보다 선호 보며) 그렇게까지 말할 필요 있었나? |
| 선호 | 흘리는 거보단, 확실한 게 낫죠. |
| 정우, 선호 | (시선 부딪히다) |
| 정우 | (그만하자 싶어 일어나 나가려는데) |
| 선호(E) | 저 해이 좋아해요. |
| 정우 | (뒤돌아보면) |
| 선호 | (일어나 정우 쪽으로 가며) 그래서 흔들지 말았으면 좋겠어요. 단장이. |
| 정우 | … (보면) |
| 선호 | (분위기 풀려 장난처럼 빙긋하며) 도와주심 더 좋고요. (하고 지나쳐 먼저 나가려는데) |
| 정우 | 그런 일은, 없을 거야. |

S#42. 복도 / 낮

　　　해이, 환복하고 나오면, 선자, 그런 해이 보고 격하게 뛰어온다.
　　　해이, 붙잡고 숨 고르는 선자. 해이, 뭐냔 듯 보면.


선자　　　대박 뉴스.

해이　　　??



S#43. 대기실 / 낮

　　　대기실에 모여 있는 단원들. 운찬이 정우 쪽으로 와 속닥거린다.


운찬　　　미정이(신입녀1)가 몸이 안 좋다고 갑자기 집에 갔대요. 어쩌죠?

정우　　　(후… 결국) 기획팀에 얘기해 줘. 단상 아래 신입생 한 명 자리 빈
　　　다고.

운찬　　　(끄덕)

소윤　　　(나직한 목소리로) 낙오자는 버려.

일동　　　(소윤 보면)

소윤　　　(평소랑 달리 카리스마 있게) 정신 똑바로 차려. 단복 확인하고 호대
　　　에 약한 모습 보이지 마. 올해 호대 부숴 버리는 거야. 아자!

용일　　　(평소와 다른 모습에 놀라서) 소윤 선배…?

선자　　　(역시 신기한 듯 소윤 보며) 부단장인 줄…

운찬　　　청심환만 먹음 저래. 저런 건 double identity 인가?

소윤　　　(운찬 보며 버럭) 한국말로 해! 순천 토박이가 자꾸 안 되는 영어 쓰
　　　지 말고!

| 운찬 | (뻘쭘) |
| --- | --- |
| 용일 | (슬쩍 운찬 눈치 보다 자리 피해 주는) |
| 소윤 | (투지로 이글이글 불타는) |
| 초희 | 다들 소윤이 말대로 오늘 정신 똑바로 차려. 실수하는 놈은 가만 안 둔다! |
| 해이 | (정우 쪽 보는데 선자가 한 말 생각난다) |
| 선자(E) | 투 단장 커플, 이미 찢어진 커플이었어. |
| 해이 | (썩 마음이 좋진 않고) … |

S#44. 노천극장 / 낮

학생들로 꽉 찬 노천극장. 연대 쪽 학생들 참여율 다소 저조하고, 호대 학생들이 압도적으로 많다. 응원곡하고 있는 호대 무대. (민족의 아리아)

| 하진 | 민족의 힘으로 지축을 박차고 포효하라 그대 (동작하면) |
| --- | --- |
| 학생들 | (함성) |

S#45. 무대 뒤 / 낮

노천 객석 보며 마음 무거운 정우.

| 초희 | (정우 마음 알겠고, 어깨 툭툭 치며) 그래도 이 정도면 선방했어. |
| --- | --- |
| 정우 | … |

무대 뒤에서 하진 무대 보고 있는 해이. 기세에 눌린 듯하다.
긴장해 손에 땀이 잔뜩 난다. 장갑 벗어 땀 닦아내는 해이.

| | |
|---|---|
| 선호 | (해이 장갑 챙겨주는데 축축하다) 워, 다 젖었네. (덜덜 떠는 해이 보며) 너 떠는 거 봐. |
| 해이 | (덜덜 떨면서 허세) 떨긴 누가 떤다 그래. 이거 뭐 별것도 아니구먼. (하며 덜덜덜덜) |
| 선호 | (해이 긴장 풀어 주려) 심호흡 크게 해 봐. |
| 해이 | (심호흡 크게 하는데, 여전히 덜덜덜덜 떨리고) |
| 정우 | (긴장한 해이 보고 그쪽으로 와) 하던 대로만 해. 그럼 돼. |
| 해이 | 네… (하는데 덜덜 떨린다) |
| 정우 | (덜덜 떠는 해이 보다) 전체 보지 말고, 아무나 딱 한 명만 봐. 그럼 좀 나을 거야. |
| 해이 | … (끄덕) |
| 선호 | (가는 정우 보다, 해이 보는) |
| 아가리(E) | 이어지는 응원곡, 여러분들은 연희를 사랑하십니까. 연희여 사랑한다 |

함성과 함께 무대로 나가는 단원들.
해이, 침을 꼴깍 삼키고 무대로 나간다.

S#46. 노천극장 / 낮

단상에 선 응원단원들.

해이, 막상 단상에 서자 너무 떨린다. 사시나무 떨듯이 떨리는 손. 해이, 손잡아 보는데, 여전히 바들바들 떨린다. 패닉 올 거 같다. 이때 생각나는 정우 말.

정우(E)  아무나 딱 한 명만 봐.

해이, 눈감고 깊게 심호흡하다 눈 뜨고, 정우 본다. 해이의 시선에서 정우 주변으로 모든 관중 사람들 없어지고 오로지 정우만 무대에 남는다.
떨리던 손 멈추고, 차분해지는 해이.
응원곡 시작하면 정우, 마이크 잡는다.

정우  (마이크로) 연희를 사랑하는 마음으로 불러 보도록 하겠습니다. 사랑한다 연희여. 연희여 사랑한다

학생들  (환호)

응원곡 시작되면 그에 맞춰 응원 군무 시작하는 응원단원들.

노래  사랑한다 연희 사랑한다 연희 내 가슴 속에 영원히 남을 사랑이 되어라

해이 역시 실수 없이 능숙하게 동작해 보인다.
관객석 학생들 함께 동조해 응원곡 부르고.
해이, 점점 긴장 풀리며 열기가 느껴지기 시작한다.

| | |
|---|---|
| 학생들 | 사랑한다 연희 사랑한다 연희 내 가슴 속에 영원히 남을 사랑이어라 |
| 정우 | (음악 소강 되고 오로지 목소리만) 나는 |
| 학생들 | (나는) |
| 정우 | **연희를** |
| 학생들 | (연희를) |
| 정우 | **사랑한다** |
| 학생들 | (사랑한다) |

다시 음악 울려 퍼지고. 떼창에 점점 더 격해지는 동작들. 해이와 선호 역시 열심이다. 단원들 각각의 표정 보이며 울려 퍼지는 응원곡.

무대 아래서 응원단 흐뭇하게 바라보고 있는 영웅과 지영.

지영, 영웅과 눈 마주치자 언제 그랬냐는 듯 표정 싹 변해서 고개 돌리는데, 개의치 않고 신나서 어깨동무하고 응원하는 영웅 보이자 픽 하고 웃는.

| | |
|---|---|
| (E) | (마지막 소절) 내 가슴 속에 영원히 남을 사랑이어라 |

응원곡 끝나고, 마지막 동작으로 정지하면, 우레와 같은 함성 퍼져 나온다.

숨 헉헉거리는 해이. 온몸에 전율이 오는 듯하다.

무대 아래서 투기 어린 시선으로 해이와 선호 보는 민재.

무대 한쪽에서 이를 보는 재혁.

그리고, 역시 무대 아래 한쪽에서 해이 지켜보고 있는 호민.
다른 한쪽에, 무대 아래서 정우 노려보고 있는 수일.


S#47. 무대 뒤 / 낮

무대 끝나고 숨 고르고 있는 단원들. 해이, 여전히 아직 무대 위
전율 있는 듯하다. 쉽게 열기가 가라앉지 않는다. 정우, 선호와
해이 쪽으로 온다.

| | |
|---|---|
| 정우 | 잘했어. |
| 해이 | (열기 식지 않아 호흡 가누며) 와… 진짜 그런 게 있네요. |
| 정우 | (보면) |
| 해이 | (정우 보면서) 전율… 그런 게 있어요, 진짜. |
| 정우 | (그 말에 웃는) |

/단상에서 뒤로 나오던 하진, 해이 보며 웃는 정우 보는데, 직감
적으로 그런 정우 표정을 보니 썩 느낌이 좋지 않다.
/정우, 미소 머금은 채 다시 준비하러 앞쪽으로 가는데 한쪽에
유민인 듯한 사람 보인다. 정우, 굳은 얼굴로 유민 쪽 보면, 유민,
어디론가 가기 시작한다.
정우, 행여 유민 놓칠까 그쪽으로 급하게 뛰어가고.

| | |
|---|---|
| 초희 | (뛰어가는 정우 뒤로) 어디가? |
| 해이, 선호 | ?? (보는) |

| 초희 | 바로 들어가야 되는데 어딜 가는 거야. |
|---|---|

## S#48. 무대 근처 일각 / 낮

정우 뛰어가 두리번거리다 아까 유민과 같은 옷 입은 사람 잡는다.

| 정우 | 누나! |
|---|---|
| 학생1 | (유민 아니다. 뭐냐는 듯 정우 보면) |
| 정우 | 죄송합니다. 사람을 잘못 봤어요. |
| 학생1 | (뭐냐는 듯 정우 보다 가면) |
| 정우 | (후… 하고 미련에 주변 둘러보다 결국 포기하고 다시 무대 뒤쪽으로 가는) |

## S#49. 무대 뒤 / 낮

굳은 얼굴로 무대 뒤로 다시 돌아오는 정우.

| 초희 | 무슨 일이야? |
|---|---|
| 정우 | 어? (차마 말 못 하고) 아냐. (가면) |
| 초희 | (뭔가 싶은) … |

## S#50. 합동 응원전 몽타주 / 낮

무대 위 공연하는 연희대, 호경대 응원단 모습.

/어깨 걸고 신나서 응원하는 학생들.

/서로 대치하듯 서서 각자 응원곡 목 놓아 부르는 연희대, 호경대 학생들.

/다 같이 하나 돼 신나서 노는 학생들.


S#51. 무대 뒤 / 밤

무대 뒤에서 대기 중인 연희대 단원들.

초희      마지막 곡이다. 파이팅.

일동      (의지 다지는)

아가리(E)    우리의 목소리가 하늘 끝까지 닿게 해 보겠습니다. 하늘 끝까지 하늘 끝까지 준비

일동      (무대로 나간다)


S#52. 노천극장 / 밤

단상에서 응원 중인 연희대 응원단.
<하늘 끝까지> 맞춰 열심히 동작 중이다.

노래(E)    피어나라 그대여 피어나라 연희여 승리를 향해 외쳐라 하늘 끝까지

해이 역시 열심히 동작 중이다.

S#53. 장치실 / 밤

비어 있는 장치실로 슥 들어오는 누군가.

밖으로 들리는 연희대 응원곡 소리.

모니터로 이를 보는 누군가, 모니터 속 해이 모습 보고 있다.

S#54. 노천극장 / 밤

다들 열심히 응원 중인데, 해이 위쪽 조명 움직이기 시작한다.

S#55. 장치실 / 밤

장치실에서 조명 기구 만지는 누군가의 손.

S#56. 노천극장 / 밤

무대 뒤에서 단상 보던 하진, 해이 위 조명 끽 내려오는 게 보인다.

하진   (해이 향해) 조심해, 위에 조명.

해이, 멀어서 잘 들리지 않고 뭔 소린가 싶어 하진 보면, 하진, 손
으로 위 가리킨다. 그 소리에 위쪽 보면 해이 위쪽에서 끼익 내
려오고 있는 조명.

놀라 보는데 해이 쪽 조명 흔들린다.

해이, 너무 놀라 발이 얼어붙었고, 동작 멈추면. 그런 해이 보고

뭔가 싶어 시선 위로 향하는 정우. 흔들리던 조명… 떨어지기 시작한다.

S#57. 장치실 / 밤

장치실에서 이를 보고 있는 누군가.

누군가　　리핏. (입 모양만 보인다)

S#58. 노천극장 / 밤

충격에 굳어 떨어지는 조명 보는 정우.

INS) 노천극장 / 낮

유민 위로 떨어지는 조명.

정우, 몸 움직여 보려는데 역시 저번처럼 굳어 움직이지 않는다. 해이, 굳어 떨어지는 조명 보는데, 이때 선호 몸 던져 해이 구한다. 해이, 선호 품에 안겨 한쪽으로 쓰러지며 피하면, 해이 있던 자리 한참 뒤쪽으로 퍽 하고 떨어지는 조명. 비명과 함께 모두 얼굴이 하얘져 떨어진 조명 보고 있다.

정우　　괜찮아?
해이　　(너무 놀라) 네?… 네. (하는데 손 여전히 벌벌 떨린다)

정우        (떨리는 해이 손 보는)

정우, 걱정스레 해이 보다 장치실 쪽 보곤 장치실 쪽으로 뛰어 간다.

S#59. 장치실 / 밤

장치실 모니터로 뛰어오는 정우 보고 있는 누군가.

S#60. 노천극장 / 밤

장치실로 분노해 뛰어가는 정우에서.

엔딩.

#Epilogue

S#61. 학교 앞 편의점 / 낮

S#12 이어지며.
정우 나가면 만취한 아저씨 들어오고, 해이, '진상이겠구나.' 싶 어 살짝 긴장한다. 만취한 아저씨 소주 한 병 계산대 위에 틱 올 리곤. 음침하게 숨 식식거리며 알아들을 수 없는 혼잣말과 욕 시 발 시발을 중얼중얼한다. 해이, 좀 무섭다…

| 해이 | (조심스레) 이거… 계산해 드리면 될까요? |
| 아저씨 | (공격적으로) **야,** (하다 밖에서 당장이라도 뭔 일 생기면 쳐들어올 것처럼 노려보고 있는 정우와 눈 마주친다. 조용히 다시 시발 중얼거리다 현금 던지고 가는) |
| 해이 | (어쨌든 가니 안심… 얼른 현금 챙기는) |

S#62. 편의점 밖 / 낮

아저씨 편의점에서 나와 정우 힐긋 보다 지나치면, 정우 그제야 편의점 안 해이 보다 안심한 듯 발길 옮긴다.

엔딩.

S#1. 노천극장 / 밤

떨어지는 조명 보던 선호, 몸 던져 해이 구한다. 해이, 선호 품에
안겨 한쪽으로 쓰러지며 피하면, 해이 있던 자리 한참 뒤쪽으로
퍽 하고 떨어지는 조명.
비명 소리와 함께 모두 얼굴이 하얘져 떨어진 조명 보고 있다.
정우, 해이 보다 장치실 쪽 보곤 장치실 쪽으로 뛰어간다.

S#2. 장치실 / 밤

장치실에서 뛰어오는 정우 보고 있는 누군가.

S#3. 장치실 근처 / 밤

장치실로 분노해 뛰어가는 정우.

S#4. 노천극장 / 낮 / 정우 회상

유민, 구급차에 실려 가고 이를 보고 있는 단원들.

수일　　왜 하필 재수 없게 이런 사고가.

정우　　(허공 응시하며 읊조리듯) 사고가, 맞아?

일동　　(정우 보면)

정우　　(단원들 보며) 저번에, 창고 일은… 그것도 사고였나?

　　　　INS) 창고 / 낮

잠긴 창고 문. 화재 경보음 울리고, 문 두드리는 유민.

일동　　(아무 말 못 하는데)

정우　　(분노해 소리 지르며) 이게 사고가 맞는 거냐고!!!

S#5. 장치실 / 밤

장치실로 뛰어 들어오는 정우. 하지만 비어 있는 장치실이고.
정우, 미친 듯이 주변을 살펴보지만, 아무 흔적도 발견하지 못한다.
헉헉대며 좀 전까지 누군가가 보고 있던 모니터 보는 정우에서
타이틀 인 치얼업.

S#6. 장치실 / 밤

기사님 한 분이 와 장치실 장치 확인하고 있다.
초희와 정우, 기사님과 얘기 중이다.

기사님　(곤란한 기색 가득) 분명 확인했는데, 어떻게 된 일인지 모르겠네. 그게 그렇게 쉽게 떨어지는 게 아닌데. 인명 사곤 없어 다행이에요.

정우　　누가… 고의로 그랬을 수도 있나요?

초희　　(정우 보면)

기사님　네? 뭐… 그럴 순 있겠지만, 설마 누가 그런 짓을 하겠어요?

정우　　… (생각에 잠기는)

초희　　무슨 생각 하는 거야?


S#7. 치얼스 전경 / 밤


S#8. 치얼스 / 밤

　　　　짠 하고 맥주잔 부딪히는 단원들.
　　　　연희대 응원단, 호국대 응원단 모두 모여 북적북적하다. 큰 행사 끝내고 와자지껄 신난 분위기. 한쪽에서 단원들, 손병호 게임 중이다.


선자　　남자 접어.

운찬　　(마지막 손가락 접지 못하고 버티는)

선자　　안 접으시나요.

| | |
|---|---|
| 운찬 | No no no no, 나 남자 아냐. |
| 선자 | (마지막 손가락 접어 주며) 선배, 벌주 피하겠다고 남자이길 포기하면 안 되죠. |
| 운찬 | (울상으로 마시는) |
| 해이 | (이때 갑자기 큰 소리로 손 들며) 흑장미. |
| 일동 | (보면) |
| 해이 | (벌주로 가득 찬 잔 벌컥벌컥 마시곤 배시시) 맛있어. |
| 일동 | (황당) |
| 선자 | 죽을 뻔했다고 난리 친 거 치곤 상당히 해맑다. |
| 해이 | 놀란 가슴 알코올로 마취 시키는 거야. |
| 선자 | (표정) |

굳은 얼굴로 한쪽에서 맥주 마시고 있는 정우.

| | |
|---|---|
| 초희 | 사고야. |
| 정우 | (보면) |
| 초희 | 아까 들었잖아. 사고라고. 애초에 해이 있던 자리 한참 뒤쪽이었어. 해이가 못 피했어도, 다칠 거린 아니었다고. (사이) 이상한 생각하는 거 같아서. |
| 정우 | … |
| 초희 | 다행히 아무도 안 다쳤고, 다음부턴 이런 사고 없도록 행사 전에 무대 안전 점검 더 철저히 하기로 했으니. 오늘은 이 정도까지만 해. (사이) 다들 네 눈치 봐. |
| 정우 | … 그래. |

/소윤, 운찬 쪽 테이블로 오는 지윤. 소윤, 약기운 떨어져 다시 차분해진 상태다. 운찬, 호감 어린 시선으로 지윤 본다. 지윤이 운찬 시선에 빙긋 웃고 인사하면 운찬 괜히 발그레.

| | |
|---|---|
| 지윤 | (소윤 쪽으로 와) 최소윤! 엄마가 전화 받으래. |
| 운찬 | (소윤 보며) Mother? (영어 쓰고 흠칫 눈치 보곤 덧붙이는) 엄마? |
| 소윤 | (관심 없다. 전화 확인하는데 부재중 와 있다) 아… |
| 운찬 | ('휴… 그래 정상 소윤이지.' 싶은) |
| 지윤 | 다 큰 딸 전화 한 번 안 받았다고 호들갑은, 여튼 김 여사 과보호 쩐다니까. 휴~ (절레절레) |
| 운찬 | (지윤에게) 누구? 어떻게 소윤이와 엄마를 share하는 걸까? |
| 지윤 | (갑분) 지축을 박차고 포효하는 호경대학교 응원단 1학년 최지윤입니다. (빙긋) 소윤이 언니예요. |
| 운찬 | 아… (소윤 보면) |
| 소윤 | (별로 얘기하고 싶지 않은지 맥주 마시는) |
| 운찬 | (갸웃) 근데 어케 호대 신입이 언니가 될 수 있지? |
| 지윤 | 쌍둥이면 가능하지 않을까요? (이때 다른 테이블에서 지윤 부르고, 지윤 빵긋 인사하고 얼른 달려가면) |
| 운찬 | 헐 twins? ('많이 다른데?'라는 듯 번갈아 보는) 이란성? |
| 소윤 | … 일란성인데요. |
| 운찬 | 아… (여전히 시선은 지윤 향하며) 언니가 참… 잘 컸네. |
| 소윤 | (보면) |
| 운찬 | (시선 느끼고 소윤 보며) 언니니까, 아무래도 언니니까 더 컸다 뭐 그런 의미지. |

| 소윤 | ('또 시작이구나…' 후 한숨 쉬고 맥주 마시는) |

S#9. 치얼스 밖 / 밤

한쪽에서 얘기하고 있는 정우와 하진.
해이, 나오다 하진과 정우 쪽으로 시선 향한다. 기분 이상하고.
선호 따라 나오자 선호 보곤 반갑게 인사.

| 해이 | (평소와 달리 기분 좋아 취기에) 이게 누구야 동기 아닌가! |
| 선호 | (귀엽다) 많이 달리셨나 보네. |
| 해이 | 응! |

이때 해이와 선호 쪽으로 오는 하진과 정우.

| 해이 | 어? 이게 누구야 단장 아니십니까! |
| 정우 | ('취했군 쯧', 여러 의미로) 괜찮아? |
| 해이 | (손 번쩍 들며) 네! |
| 정우 | 적당히 마셔라. (사이) 사고도 날 뻔했는데, 조심해야지. |
| 해이 | (갑자기 정우 주변에 뭔가를 주섬주섬 줍는 모션) |
| 정우 | (뭐냐는 듯 해이 보면) |
| 해이 | 단장이 흘리고 다니는 친절을 좀 주워야 할 거 같아서. |
| 정우 | (표정) |
| 하진 | (픕) |
| 정우 | (더 말해 뭐하냐는 듯 들어가면) |

| 해이 | (과장되게 꾸벅) 들어가십쇼! |
|---|---|
| 정우 | (들어가며) 아 저 또라이. |
| 하진 | 나 쟤 좋아. |
| 정우 | (절레절레하면서도 픽 웃는다) |
| 하진 | (웃는 정우 표정 보는데, '뭐지?' 싶다) |

정우와 하진 가는 거 보다, 어디론가 힘차게 갈지자로 걸어가는 해이.

| 선호 | (따라가 잡으며) 어디가. |
|---|---|
| 해이 | (비밀 말해 주듯 선호 귀에 속삭) 응가. (하고 화장실 간다) |
| 선호 | (푸하하 웃곤 '쟤 진짜 뭐지.'라는 듯 보다 들어가는) |

그리고 한쪽에서 지금까지 지켜본 듯 화장실 가는 해이를 지켜보는 누군가의 시선.


S#10. 치얼스 / 밤

해이, 상쾌한 표정으로 배 뚜들기며 들어오면, 곧이어 들어오는 민재. (마치 아까 그 시선이 민재였던 듯)
카운터 쪽에서 서랍에 뭔가 넣던 영웅, 하진이 비싸 보이는 담금주 들이키는 거 보이고 표정 구기는데 이때 나온 음식. 잘 됐다는 듯 그 음식 들고 얼른 하진 쪽으로 간다. 급하게 가느라 서랍 문 열려 있다.

민재, 카운터 쪽 지나가려는데 열린 서랍 문으로 계약서의 '도해이' 이름 보인다.

INS) 2회 S#22 치얼스

해이      생각해 볼게요. (밥 먹다) 계약서 특약으로 넣어 줘요.

주변 살피는데 영웅은 하진에게서 담금주 뺏느라 정신없고, 그 틈을 타 그쪽으로 가 계약서 사진 찰칵 찍는 민재.
/여전히 얼큰하게 술 마시고 있는데, 이때 술집으로 들어서는 수일, 진일, 남2.

수일      분위기 좋네들.

일동      (정우, 수일 번갈아 보며 갑분싸)

수일      선배 봤는데 인사도 안 한다 이거지. 응원단 기강이 어쩌다 이렇게 됐나. (해이 보며 과장되게 걱정하며) 아, 신입. 오늘 사고 날 뻔했잖아. 괜찮아?

해이      (보면)

정우      (수일 쪽으로 가 물리며) 취한 거 같은데. (하는데)

수일      (정우 뿌리치며 신입생들 향해) 조심해. 올해 흉흉한 예언도 있는데 몸들 사려야지. 2년 전에도 사고 나서 하나 골로 갈 뻔했어.

신입생들      !!!

정우      (보면)

수일      왜, 네가 그렇게 목매던 유민이, 기억 안 나? 딱 오늘 같았지? 아

휴, 왜 이런 흉흉한 일이 계속 생기나. 이러다 진짜 사달이라도 나면 어쩌려고.

| | |
|---|---|
| 정우 | 주정은 다른 데 가서 하시죠? 여기서 추태 부리지 말고. |
| 수일 | 혹시 말야, 그때 그거 너 아냐? 유민이한테 까이고 빡쳐서 막. |
| 정우 | (수일 노려보는데) |
| 수일 | 왜? 치게? (피식) |
| 정우 | (주먹 꾹 쥐고 참으며) 가요. 소란 피우기 싫으니까. |
| 일동 | !! |
| 영웅 | (수일 목덜미 질질 끌며) 어디서 개가 짖나… 진짜 개가 와 있었네. |
| 수일 | 아 형 놔요. 목 졸려. 이거 안 놔요. |
| 영웅 | 아이고 개가 열심히도 짖는구나! (하고 수일 질질 끌고 나가는) |

진일과 남2, 수일 쫓아 나가고, 분위기 개판이다.
신입생들, 서로 모종의 눈빛 주고받으며 분위기 흉흉한데.

| | |
|---|---|
| 운찬 | (분위기 풀려) 자자, 치얼스 치얼스. 원래 술자리에 주사가 빠지면 섭섭한 거지? 그치? (짠짠 하며 분위기 다시 돋우려 애쓰는) |
| 해이 | (정우 보면) |
| 정우 | (표정 굳어 있다) |
| 선자 | (속닥) 유민이 누구예요? |
| 소윤, 운찬 | (자기들도 모른다는 듯 어깨 으쓱) |
| 하진 | (무심히) 박정우 첫사랑. |
| 해이 | (보면) |
| 하진 | 이자 마지막 사랑, 적어도 지금까진? (빙긋) |

| | |
|---|---|
| 선자 | (입모양만) WOW! |
| 하진 | (마치 뭔가 아는 거처럼 해이 보며) 박정우가 잘 안 바뀌어. |
| 해이 | (보면) |
| 하진 | (술 마시며) 뭐든 한 번 꽂히면, 잘 안 바뀌. 좋아하면 피 보는 스타 일이지. |
| 해이 | … (괜히 술 꿀떡꿀떡) |
| 선호 | (해이 보는) |


## S#11. 치얼스 밖 / 밤

파하는 분위기. 모두 나와 있다. 운찬, 지윤 쪽으로 슬며시 가서.

| | |
|---|---|
| 운찬 | (연락처 달라는 듯 핸드폰 주며) 어쩌면 내가 도움 줄 일이 있지 않을 까? 적을 알고 나를 알면 WIN WIN이니까. |
| 지윤 | 아… (번호 찍어 핸드폰 돌려주며 빙긋) |
| 운찬 | (헤벌쭉해서 번호 저장하는데) |
| 지윤 | (들어오는 택시 보며) 택시 왔다. (운찬에게 인사하고 그쪽으로 뛰어가는) |
| 소윤 | (운찬 저장한 번호 옆에서 보다 조용히) 그거… 아빠 번호예요. |
| 운찬 | (놀라) 뭐? |
| 소윤 | (한심하다는 듯 운찬 보다 택시 쪽으로 가는) |

해이, 멀쩡한 듯 평온한 표정으로 서 있다 인사한다.

| | |
|---|---|
| 해이 | 들어가 보겠습니다. |

해이, 꾸벅하고 멀쩡히 걸어가다 갑자기 신발을 벗고 보도블록
으로 올라가더니 누우려고 한다. 그런 해이 뭔가 아는 듯 노려보
는 민재.

초희    해이야, 거기 아니야. 거기 집 아냐.

해이    어? 네? 아닌데 우리 집인데.

초희    (상태 안 좋은 해이 보다, 선자 보는데 선자도 상태가 썩 안 좋아 보인다. 그 옆에

        선호 보며) 톡으로 해이 주소 찍어줄 테니까 네가 책임지고 데려

        다줘. 동기사랑 나라사랑 알지?

선호    (대답하려는데)

정우    내가 할게. (해이 보며 한심하다는 듯) 얜 상태 안 좋아서 힘들 거 같

        으니.

선호    제가 데려다줄게요.

정우    (보면)

선호    동기사랑 나라사랑. (씩 웃는)

정우    (해이 보다, 역시 걱정되고) 그럼 같이 가자.

선호    (어깨 으쓱해 보이며) 그러죠.

하진    (옆에서 호대 애들 챙기다 그런 정우 보는데, 기분이 영 이상하다)


S#12. 택시 / 밤

정우와 선호 사이에 앉아 꾸벅꾸벅 졸고 있는 해이.
손에는 가지런히 신발 들려 있다. 소중한 듯 신발을 끌어안고 있
는 해이.

| 선호 | (해이 보고 픕 웃으며) 술버릇이 신선하네요. (정우 보며) 제가 데려다 줘도 되는데. |
|---|---|
| 정우 | 총 책임은 나한테 있으니까. |
| 선호 | 오~ 책임감. |

이때 해이, 꾸벅 졸다 정우 쪽으로 머리 쏠린다. 허공에 직각으로 꺾여 있어 상당히 목이 아파 보인다. 정우, 그 모습 한심하게 보다 해이 머리 살짝 들어 편하게 자기 어깨에 기대게 한다. 그 모습 보고 해이 머리 살포시 들어 자기 어깨 쪽으로 하는 선호. 정우, 선호 보면.

| 선호 | 동기사랑. 나라사랑. (웃어 보이는) |
|---|---|
| 정우 | … |
| 해이 | (갑자기 벌떡 일어나더니) 연희 일어서 (손동작 취하다 다시 잔다) |

택시 아저씨 포함 일동 황당.

| 선호 | (끅끅끅끅 대며 웃으면) |
|---|---|
| 택시 아저씨 | 연대생들인가? |
| 정우 | (쪽팔리지만) 네… |
| 택시 아저씨 | (웃는) |
| 정우 | … (쪽팔려 하다 해이 보며 어이없어 웃는) |

S#13. 해이 집 앞 / 밤

집 앞에 나와 있는 춘양과 재이.

택시에서 해이가 선호, 정우와 내리자 뛰어와 해이 등짝 스매시

한다. 해이, 그 와중에 아파 등을 쓱쓱. 해이 데려가는 재이.


정우           술을 너무 많이 마셔서… 죄송합니다. 주의했어야 하는데.

춘양           내가 내 딸을 모르는 것도 아니고. 쟤 탓이지 누구 탓이겠어요.

                  (선호 얼굴보다) 근데 묘하게 낮이 익네. 누구…?

선호           (웃으며) 사위다 생각하세요.

정우           (보면)

춘양           ('사위? 오 뭐 있는데.' 이번엔 호기심에 정우 보면)

정우           아! (전) 테이아 총 책임자 박정웁니다.

춘양           테이아…? 그게 뭔데?

선호           (풉)

정우           (민망)

재이(E)      누나.


또 지그재그로 직진하고 있는 해이. 재이 잡으러 가고 안 되겠다

싶은 춘양.


춘양           (선호에게 친근히) 그럼 담에 집으로 놀러 와요. (해이 등짝 스매시 하며

                  재이와 들어가면)


선호가 춘양, 재이, 해이 들어가는 낡은 다세대 주택 보곤 정우

와 걸어가며.

선호       와… 진짜 가난하구나.

정우       (보면)

선호       그러더라구요. 자기 가난하다고. 근데, 진짜 가난하네요.

정우       이런 얘긴 좀…

선호       뒷담 아닌데? 가난한 게 욕은 아니잖아요?

정우       …

선호       내일 숙취로 머리 좀 아프겠다.


           각자 생각하며 걸어가는 둘에서 f.o


S#14. 강의실 / 낮

           숙취에 강의실 책상에 머리 박고 있는 해이.

해이       내가 또 이렇게 술을 마시면 도해이가 아니라 도라이다.

선자       (역시 옆에서 숙취에도 중얼) 맘껏 마셔. 이미 도라이니까.

해이       (우쒸 보는)

선자       (또 말짱한 선호 보며) 넌 아주 건강 체질인가 봐.


           선호 빙긋하고, 이때 교수님 들어온다.


교수       오늘은 각자 생각하는 가정상에 대해 파트너를 정해 얘기해 보죠.

정우, 골똘히 생각에 잠겨 있다.
정우, 생각하다 공책 아래 있던 A4 종이 꺼내면… 2017년 테이아 단원 주소록이다. 심각하게 이를 보다 명단표 옆에 펜으로 '조명…'이라고 적는 정우.


S#15. 노천극장 / 낮 / 정우 회상

연습 중인 2017년 단원들.

진일       (장치실에서 나오며) 조명 만질 수 있는 사람, 좀 도와줘.
초희, 수일    (그쪽으로 가는)


S#16. 장치실 / 낮 / 정우 회상

장치실에서 조명 보고 있는 진일, 초희, 수일, 정우 외 몇 명. 이거저거 만져 보고 있는데.

유민       (지나다 모여 있는 거 보고) 왜? 뭐가 안 돼? 내가 봐줘?


S#17. 강의실 / 낮

정우, 명단에 진일, 초희 외 몇 명 더 동그라미 쳐져 있고, 수일에 동그라미 치며 주의 깊게 보다… 잠시 후 천천히 유민에 동그라미 치는데.

| | |
|---|---|
| 교수(E) | 박정우. |
| 정우 | (그 말에 놀라 벌떡 일어나며) 네. |
| 일동 | ('뭐야 왜 저래.' 하는 얼굴로 정우 보면) |
| 정우 | (뻘쭘하지만 그런 티 안내며 교수에게) 네. 제가 박정웁니다. |
| 교수 | (표정) 그래 네가 박정운 건 알겠고, (명단 보며) 도해이랑 파트너. |
| 정우 | ?? |

/각자 파트너 정해서 얘기 중인 학생들.
해이와 정우가 파트너고 선자와 선호가 파트너다. 선호, 계속 해이와 정우 쪽 기웃댄다. 각자 질문지 답 적힌 종이 들고 있다.

| | |
|---|---|
| 정우 | (질문지 읽는) 본인이 생각하는 가정생활에 가장 중요한 요소는? |
| 해이 | (간단명료하게 답 읽는) 돈. |
| 정우 | (표정) |
| 해이 | ('왜? 당연한 거 아닌가?' 하는 표정으로 응수하다) 단장은 뭔데요? |
| 정우 | 사랑. |
| 해이 | (진심 어이없는 표정) |
| 정우 | (왠지 부끄럽다) 왜? 뭐? 사랑이 얼마나 중요한데! |
| 해이 | (비꼬듯) 생각보다 굉장히 로맨티스트시네요. (썩은 표정) |
| 정우 | (비꼬는 거 알겠다. 역정 내며) 넌 생각만큼 세속적이고. |
| 해이, 정우 | (서로 팽) |

| 해이 | (바로 다음 질문 퉁명스럽게 읽는) 가장 피하고 싶은 배우자상은? |
|---|---|
| 정우 | (바로 응수하듯) 돈만 밝히는 사람. |
| 해이 | (바로) 사랑 타령이나 하고 자빠져 있는 사람. |
| 정우 | ('뭐 타령? 자빠져?') |
| 해이 | (바로 세 번째 질문) 원하는 배우자 상은? (동시에 바로 대답) 돈 중한지 아는 사람. |
| 정우 | (동시에) 사랑 귀한 줄 아는 사람. |
| 해이 | (질문지 내려놓으며) 저희가 결혼할 일은 없겠네요. |
| 정우 | (자기도 탁 내려놓으며) 그럼 절대 없지. |

서로 팽 하고 있는 해이와 정우 보는 선호, 기분 좋다.

| 선자 | (집중 하라는 듯 짜증 가득) 원하는 배우자상이 뭐냐고. |
|---|---|
| 선호 | (그 말에 선자 보며) 돈 좋아하는 사람. |
| 선자 | (황당) |
| 선호 | (빙긋) |


S#18. 학생식당 / 낮

식당에서 학식 먹고 있는 선자, 선호, 해이, 용일.

| 용일 | (해이 보며) 니 몸은 괜않나? 어디 아픈 데 없고? |
|---|---|
| 해이 | (밥 퍼먹으며) 응? 응. 왜? |
| 용일 | 아니 어제 사고도 글코. (비밀 얘기하듯 은밀히) 우리 엄마가 섬을 봤 |

는데 올해 내 있는 데서 보통도 아니고 어마어마한 사고수가 있다고 했다드라. 그러면서 뭔 일 없냐는데… 영 찜찜해서 엄마가 부적 보낸다고.

해이 (밥 퍼먹으며) 뭐 그런 걸 돈 주고 사. (하다 번뜩) 그러지 말고 너네 엄마한테 네가 부적 샀다 그래. 내가 예쁘게 그려 줄게. 나 완전 잘 그려.

용일 (그건 아닌 거 같은데 표정)


이때 지잉 하고 네 명 동시에 울리는 핸드폰. 핸드폰 보면 단톡방 운찬 메시지다.

INS) 문자 메시지

#월 #일 신입생 MT 참석 여부 투표!!


선자 올 MT (둠칫둠칫 하며) 고고?

해이 난 알바 땜에. (모르겠단 듯 어깨 으쓱하고 밥 먹는)

선호 (해이 보며) 응원단 그만두는 거 어때?

해이 응?

선호 알바도 하는데 넘 빡세지 않아? 사고도 있었고.

해이 어?

선자 야! 왜 가만히 있는 앨 들쑤셔! 아니야, 함께해. (해이 어깨 꽉 붙드는)

선호 어차피 한 달 정도 하다 그만두려고 했던 거 아냐? 그때 한 달 뒤에 얘기하자고 한 거. 그래서 그런 줄 알았는데?

선자 얘기? 뭔 얘기?

| | |
|---|---|
| 해이 | 아니, 뭐 그건. (이때 핸드폰으로 전화 오는, 발신자 같이다. 발신자 누가 볼까 얼른 돌려놓고) **가 봐야겠다.** (하고 가방 챙기는데 A4 용지 툭 떨어진다) |
| 용일 | **갑자기?** |
| 해이 | **어. 일 있는 걸 깜빡했네.** (하고 호다닥 가는) |
| 선호 | (A4 용지 주우며) **삽**(다… 하려는데 A4 용지, 전 시간 '결혼과 가정' 질문지다) |

S#19. 운동장 / 낮

용일, 선자, 선호 걸어가는데 저쪽으로 초희, 운찬, 소윤 걸어가는 거 보인다.
용일, 반가운 마음에 초희 쪽으로 쪼르르 가려다 멈칫.
한쪽으로 지나가던 럭비부 무리, 럭비부 주장, 초희 보고는 무리에서 이탈해 초희 쪽으로 간다.

| | |
|---|---|
| 럭비부 주장 | **얘기 좀 해.** |
| 초희 | (보고) **할 얘기 없는데.** |
| 럭비부 주장 | **난 있어.** |
| 초희 | (보는) |
| 럭비부 주장 | (갈 기미 없어 보이자) |
| 초희 | (결국) **난 잠깐, 먼저 가 있어.** |

럭비부 주장과 한쪽으로 가는 초희.
럭비부 주장, 초희 팔 잡으려 하자 초희 확 뿌리친다.
/멀리서 초희와 럭비부 주장이 투닥투닥 하는 모습 보던 용일,

저벅저벅 그쪽으로 간다. 선자와 선호, 어리둥절해 용일 보는데 그런 용일 잡는 운찬.

운찬       어디가.

용일       아니, 저 곤란해 보이는데. 저 놈팽이가 초희 누나를 해코지 하는 거 아임니꺼.

운찬       (고개 저으며) 초희 누나 ex-boyfriend. 남의 치정사에 끼는 거? no no

용일       네? (충격, 더 못 가고 황망히 그쪽 보는)


S#20. 아파트 단지 / 낮

단지 내에서 시음 행사하고 있는 춘양. 앞에 손님에게 설명 중이다.

춘양       글쎄, 이거 먹음 아침에 화장실 걱정은 안 해도 된다니까요.

손님       (고민하다 가고)

춘양       (아쉬운 듯 털썩 앉아 야쿠르트 쪽)

이때 시음 요거트 드는 누군가의 손, 보면 진희다. 진희 요거트 쪽.
춘양, 별말 않고 앉은 채 진희 보고 있다.

진희       이거 매일 배달 신청할까 하는데.

| 춘양 | (그 말에 벌떡 일어나 갑자기 속사포) 그죠. 이게 신맛도 안 나고 아주 부드럽고, 혹시 변비 있어요? 변비 있음 이거 마심 끝장이지. 알죠? 유쾌 상쾌 통쾌! |
| --- | --- |
| 진희 | 신청서나… (애매하게 뒷말 흐리는) |
| 춘양 | (바로 펜과 함께 준비) 신속 정확. 너무 좋으시다. |
| 진희 | (신청서 쓰면서 슬쩍) 근데 그날 (뒷말 흘리며) 술… |
| 춘양 | 에? 뭐라고요? |
| 진희 | (신청서 쓰면서 시선은 신청서에 두고 조금 더 정확히) 엘리베이터에서 술, 어쨌어요? |
| 춘양 | 아, 그 버린 술. |
| 진희 | (그 말에 냅다 춘양 보며) 버린 거 아닌데? (사이) 요. |
| 춘양 | (끔뻑끔뻑 보면) |
| 진희 | 잠깐, 맡긴 건데. |
| 춘양 | 나한테? 갑자기? |
| 진희 | 우리 단지 매번 오니까. 그래서 말인데 돌려줬음 좋겠는데. (사이) 요. |
| 춘양 | 뭐 그르시죠. 내일 배달 갈 때 같이 넣어 놀… (하는데) |
| 진희 | (OL 다급히) 안 돼! (차분히 추스르고) 요. |
| 춘양 | (깜짝 놀라 보면) |
| 진희 | 직접, 받고 싶은데. |
| 춘양 | (왜 저래…) 예, 뭐 그르시든가. |
| 진희 | (끄덕하고 또각또각 다시 가는) |
| 춘양 | ('뭐여.' 쟤는 대체 뭔가 싶고) 그래서 언제 달란 거야. 나보고 그걸 맨날 이고 지고 다니란 거여 뭐여. |

S#21. 치얼스 / 낮

치얼스에 울려 퍼지는 응원곡. 영웅, 잔을 닦고 있다.
해이, 바 자리 쪽으로 와 영웅 앞에 털썩 앉는다.


해이     제발 응원곡 말고 딴 노래도 좀 틉시다. (영웅 보며) 왜 불렀어요.

영웅     (계약서 해이에게 내미는)

해이     ??

해이     (약간 벙찐 표정) 지금… 그만둬도 된다고요?

영웅     (끄덕) 합응도 끝났고, 축제까진 안 할 거면 굳이 더 할 필요 없을
　　　　　거 같아서. (비통) 원하는 결과는 못 얻었지만 알바비는 약속한
　　　　　대로 줄게.

해이     (보다, 계약서 다시 돌려주며) 제가 살면서 배운 교훈 중 하나가, 세상
　　　　　에 공짜 돈은 없단 겁니다. 나중에 뭔 딴소릴 할 줄 알고, 계약 내
　　　　　용대로 가요.

영웅     (빙글빙글 미소로 빤히 보는)

해이     왜요?

영웅     (냉큼) 아냐. 그래 그럼.

해이     (괜히 들킨 거 같아 새초롬하게) 그래요. (하며 일어나려는데)

영웅     응원단 그만두면 뭐 할 거야?

해이     (생각) 알바…?

영웅     (고개 끄덕이며) 그래.

해이     (괜히 쓸쓸하고 말 돌리며) 근데 아저씬 대체 부의 원천이 뭐예요? 금
　　　　　수저?

영웅     지금까지 가져본 수저라곤 밥수저 밖에 없지.

| 해이 | 오오~ 자수성가? (적극적으로) 뭘로? 투자? 사업? 아이템이 뭐예요? |
|---|---|
| 영웅 | 맨입에? |
| 해이 | (됐다 됐어) 여튼 있는 사람이 더해. (삐쭉하다) 그래도 은수저 정돈 되니까 자수성가도 했겠죠. |
| 영웅 | (보다, 500잔 쾅 하고 해이 앞으로 내밀며) 불행 배틀을 시작하지. |
| 해이 | (황당) |

/꽉 차 있는 500잔. 대치하듯 서로 마주 보고 있는 영웅과 해이.

| 영웅 | 집에 빨간딱지 붙어 봤나. |
|---|---|
| 해이 | (바로) 빚도 능력이죠. 저희 집은 딱지 붙을 물건이 없어요. |
| 영웅 | (혁, 마음 다잡고) 빨간딱지 붙고 아버지가 위암 진단을 받으셨지. |
| 해이 | (혁… 숙연) 아버지 괜찮으시죠? |
| 영웅 | (끄덕) 다행히. |
| 해이 | 전 아빠가 없어요. |
| 영웅 | (혁 하다) 아버지 병원비 벌려고 이 년간 휴학하고 알바를 했지. |
| 해이 | (혁… 마음 다잡고) 전 엄마가 (하려다 더 말 못 하고 '에잇' 맥주잔 꿀떡꿀떡 원 샷 하곤 탕 내려놓으며) 근데 뭐 그 상황에 응원단을 했어요? |
| 영웅 | (부끄러워하며) 좋아하는 애가 있었거든. |
| 해이 | (혁… 표정하다) 다들 아주 로맨티스트 나셨네. |
| 영웅 | (잔 치우며) 근데 그땐 그걸 해서 오히려 버틸 수 있었어. |
| 해이 | (보면) |
| 영웅 | (지난 일이란 듯 그냥 픽 웃는) |

S#22. 치얼스 밖 / 낮

해이, 치얼스 밖으로 나오는데 핸드폰으로 문자 들어와 보면.

INS) 카톡 메시지

운찬(E)    MT 참석 여부 투표 오늘 내로 완료 PlZ.

MT 참석 여부 투표창으로 들어간 해이 고민되는 얼굴로 '예, 아
니오' 번갈아 보고 있는데 그때 맞춰 치얼스에서 나오는 노래,
해이가 단상에 섰던 '연희여 영원하라'다. 노래 듣자, 그날 단상
에 섰던 기억 떠오르고.

영웅(E)    근데 그땐 그걸 해서 오히려 버틸 수 있었어

고민하던 해이, '에라 모르겠다.' '예'에 투표하고 완료 버튼 누
른다.
한결 개운한 표정으로 걸음 옮기는 해이.

S#23. 고속도로 / 낮

고속도로 달리는 버스.

S#24. 버스 / 낮

엠티 가는 버스 안, 단원들 각자 과자 먹고 노래 듣고 신나 있다.
선자, 가방에서 초코바 여러 개 들어간 대형 사이즈 봉지 꺼낸다.

| | |
|---|---|
| 용일 | 당뇨 오는 거 아이가. |
| 선자 | 밤새 노는데 당 떨어지면 안 되지. |
| 용일 | (표정) 밤새? |
| 선자 | (선호에게 초코바 하나 툭 던져 주며) 너도 충전해. |
| 선호 | (받고) 해인 언제 온대? |
| 선자 | 알바 끝나고 단장이랑 후발대로 같이 온대. |
| 선호 | ! 단장이랑? |
| 선자 | (아, 깜짝이야) 그게 이렇게까지 놀랄 일은 아닌 거 같은데. |
| 선호 | (우씨…) |
| 소윤 | (용기 내 선자 옷깃 슬쩍 잡곤 초코바 보며) 나도… 하나. (부끄부끄) |

S#25. 펜션 / 낮

단원들 짝으로 소주, 맥주, 고기 등 가지고 방으로 들어서는데,
팡파레와 폭죽 터진다. 블루투스 스피커로 '파란' 노래 시작
된다.
OB들 어디서 챙겨왔는지, 단복 망토 하나씩 입고 비장하게 응
원 동작 시작한다. 영웅, 가운데서 가장 신났다. 그리고 그 신난
OB중 하나, 지영이다.

| | |
|---|---|
| 영웅 | 신입생 여러분, 재롱은 우리가 떨 테니. 여러분은 즐기세요! |

|  | (하다 노래 시작하는) 파란 수평선 넘어 울리는 함성을 |
|---|---|
|  | 오오 오오오오오 오오오 셋 넷 |
|  | 파란 수평선 넘어 울리는 메아리 |
|  | We can, we can |
|  | We do, we do |
|  | We can, we can |
|  | We do, we do |
|  | We can, we can |
|  | We go 오 |
| 선자 | (용일에게 귓속말로) 학생처 차장님이 왜 저기서 나와. |
| 용일 | 글게… |

선호, 그런 건 안중에도 없다. 단장이랑 온다니 영 신경 쓰이고.
선호, 해이에게 톡 보내려 '언제 출발' 쓰다 구질구질하다 싶어
지운다.
이런 구질구질한 기분, 너무 별로다.


S#26. 기차 / 밤

나란히 앉아 있는 정우와 해이.
해이, 헤드뱅잉 하면서 복도 쪽으로 고개 90도 꺾어져 자고 있다.
복도 쪽 지나가며 해이를 힐긋 보는 승객.
정우, 죄송하다는 듯 승객에게 꾸벅하고 해이 고개 정자로 돌려
놓는다.

여전히 헤드뱅잉 하며 졸고 있는 해이. 추운지 음냐음냐 거리면서 몸을 움츠린다. 이를 한심히 보던 정우, 겉옷 벗어 주려 오른쪽 팔 겉옷에서 뺐는데 갑자기 정우 어깨로 고개 툭 떨구는 해이. 정우, 얼음처럼 굳고. 해이 깰까 움직이지도 못하고 그대로 정지 상태, 해이 힐긋 보는데 해이 몸 움츠리며 더 정우 얼굴 쪽으로 파고든다. 정우, 갑자기 가까워진 거리에 심장이 두근두근.

| | |
|---|---|
| (E) | 두근두근두근 |
| 정우 | (심장 튀어나올 것 같고) 갑자기 왜 이래. 부정맥인가… (그러면서도 해이 깰까 이러지도 저러지도 못하고 그대로 정지 상태) |

이때 지나가는 푸드 카트.

| | |
|---|---|
| 카트 직원 | 과자, 음료수 있습니다. |

그 말에 갑자기 벌떡 일어나며 눈 번쩍 뜨는 해이.
눈 번쩍 떠 겉옷 한쪽 팔만 벗은 채 정지해 있는 정우 보곤.

| | |
|---|---|
| 해이 | 뭐예요? 옷은 왜 그러고 있어요? |
| 정우 | (할 말을 찾지 못하고) 아 그게 덥네, 더워. (옷 마저 벗는) |
| 해이 | (이내 관심 없단 듯 푸드 카트를 눈 반짝이며 보는 해이) |

/계란을 까 맛나게 먹고 있는 해이.

| | |
|---|---|
| 해이 | (우물우물 불확실한 발음) 다자으 왜 후바대예요? |
| 정우 | (표정) 제발 먹고 얘기해. 더러워 죽겠네. |
| 해이 | (꿀떡 삼키고) 단장은 왜 후발대로 가냐고요. |
| 정우 | 볼일이 있어서. |
| 해이 | 뭔 볼일이요? (정우 가방에 꽂혀 있는 '2019년 행정고시 설명회' 보고) 오~ 단장 행시 준비하게요? |
| 정우 | (그 말에 팸플릿 우겨 넣는) |
| 해이 | 오오, 우주는 어쩌고 행시를. (하다가 끄덕이면서) 그래 단장 똑똑하네. 우주는 너무 멀지. 행시가 훨~ 현실적이죠. |
| 정우 | (쓸쓸) |
| 해이 | 근데 그거 막 완전 올인 해도 될까 말까 아닌가? 응원단 이런 거 하면 안 되는 거 아녜요? |
| 정우 | … 그러게. |
| 해이 | 행시는 보통 몇 년 준비한대요? 일 년 만에 되고 그런 사람도 있나? |
| 정우 | 왜 관심 있어? |
| 해이 | 아뇨. 전 고시는 못해요. |
| 정우 | (보면) |
| 해이 | 고시는 돈 많이 들잖아요. 될지 안 될지도 모르는데, 그 기회비용을 어떻게 감당해요. 전 증권사 들어가서 투자로 돈 쎄게 땡길 거예요. 딱 서른에 자산 10억. 그게 목표예요. |
| 정우 | 목표가 확실해 좋겠다. |
| 해이 | (비꼬는 줄 알고 같이 비꼬는) 왜요, 단장도 명확하잖아요. 사.랑. |
| 정우 | (표정) 됐다. 말을 말자. |

| 해이 | (내가 너무 비꽜나) 목표가 확실해야 고속도로로 달리죠. 오솔길 짚 |
| | 어가며 갈 시간이 어딨어요. (정우 보며) 뭐 단장도 목표 정확하네. |
| | 행시. |
| 정우 | … (그런가… 모르겠고) |

S#27. 거리 / 밤

어두운 시골 길, 해이와 정우 걸어가고 있다. 하늘에 별 총총 떠 있다.

| 정우 | (걸어가며 하늘 보고) 비 오려나? |
| 해이 | 잉? (하늘 보고) 맑은데? 단장 진짜 점쟁이에요? |
| 정우 | (표정 하다) 구름이 빨리 움직여서 대삼각형(*자막 - 여름의 대삼각형: |
| | 백조자리, 독수리자리, 거문고자리가 이루는 삼각형)이 안 보여. |
| 해이 | ?? 대삼각형? 큰 세모? |
| 정우 | (표정) 여름에 제일 잘 보이는 별자리. (손가락으로 각각 가리키며) 베 |
| | 가, (다른 쪽) 데네브, (다른 쪽) 알타이르. (삼각형 모양 해 보이는) |
| 해이 | (손가락으로 가리키며) 알타리? |
| 정우 | (잠시 멈춰 해이 손목 잡아 위치 조정해 주며) 알타이르. |
| 해이 | (살짝 심쿵) |
| 정우 | (해이 시선 느끼고 해이 보며) 뭐, 안 물어봤다고? |
| 해이 | (괜히 자기가 보고 있던 거 들킬까 봐 시선 돌리며) 아니 뭐. (하며 핸드폰 메 |
| | 시지 보는데 선자가 보낸 먹는 사진, 이를 확인하고) 단장 이럴 시간이 없 |
| | 어요. 이러다 애들이 다 먹겠어. 뛰어요. |

해이, 냅다 뛰다 돌부리에 걸려 '악' 소리와 넘어지는.

해이　　　 (아파하며 손 보는데 까져서 피 배어 나온다) 피, 피. (울상이고)

정우, 뒤에서 그런 해이 보고 있는데 기가 막히다. 거의 혼자 원
맨쇼를 하고 있다 싶다.
/길가 한쪽에서 해이 손 알코올 솜으로 닦고 연고 발라 주는
정우.

해이　　　 이런 건 왜 갖고 다니는 거예요?
정우　　　 술 마시고 자빠지는 놈이 매년 꼭 하나는 있거든. 술 안 마시고
　　　　　 자빠진 놈은 첨 보지만.
해이　　　 (꿍)
정우　　　 (연고 꼼꼼히 바르는데)
해이　　　 (그런 정우 보는… 묘한 기류)
정우　　　 (연고 바르며) 조심 좀 해. 더 다칠까 겁난다.
해이　　　 (순간 멈칫했다) 이봐… 흘리고 다닌다니까.
정우　　　 … (답 않고 묵묵히 연고)
해이　　　 (정우 대답 않자 괜히 더 진짜 같고, 둘 사이 묘한 기류 흐르는데)
선호(E)　 도해이.

그 소리에 둘, 소리 나는 쪽 보면 마중 나와 있던 선호다. 손엔 우
산 들려 있다. 선호, 연고 발라 주다 멈춰 마치 손을 잡고 있는 듯
한 모습의 둘을 보고 있다.

S#28. 거리 / 밤

비 내리고 있고. 우산 하나 같이 쓰고 가는 셋.

가운데 선호 두고 양옆으로 정우, 해이 서 있다.

| | |
|---|---|
| 정우 | 고마워. 덕분에 비는 피했네. |
| 선호 | 셋이 쓰긴 좀 좁죠. |
| 정우 | (뻘쭘, 큼큼하며 옆으로 더 비 맞는 쪽에 서는) |
| 선호 | (해이 보며) 동생 학원 의대반이었지? 뭐 물어볼 거 있음 물어 보라 해. |
| 해이 | 진짜? |
| 선호 | (끄덕) |
| 정우 | (둘이 친한가 보네…) 동생 있구나. |
| 해이 | (고개 삐쭉 내밀며) 단장은 동생 있어요? |
| 정우 | 아니. 난 혼자. |
| 해이 | (계속 삐쭉 내밀고) 그럴 거 같았어요. |
| 정우 | 좋은 의미로 말하는 건 아닌 거 같다? |
| 해이 | 아닌데요? 단장은 동생이나 형, 누나 갖고 싶단 생각해 본 적 없어요? 나 같은 동생 있음 엄청 귀여… |
| 정우 | (OL) 엄청 귀찮았겠지. |
| 해이 | 엄청 난리 났겠죠. 이렇게 귀엽고 깜찍한데. |
| 정우 | 그런 걸 자기 입으로 하나? |
| 선호 | (둘, 자기 사이에 두고 티격태격 대고 있자 갑자기 멈춰 해이에게 우산 주고) 쓰고 와. (어느새 숙소 앞이다. 탁탁탁 비 맞으며 숙소 쪽으로 간다) |
| 해이 | ?? 야! 비 맞잖아. (하며 따라 들어가려는데 정우한테 우산도 씌워 줘야 하 |

고, 이러지도 저러지도 못하는)


S#29. 바비큐장 / 밤

해이와 정우, 들어오는데 이미 흥 많이 올라와 있는 단원들.
해이, 기분 안 좋아 보이는 선호 쪽으로 가 비 닦으라는 듯 수건
을 내미는데, 선호, 무시하고 다른 쪽으로 간다. 해이, 왜 저러나
싶고…
정우, 수일 와 있는 거 보고 얼굴 굳는다. OB1 정우 쪽으로 오며.


| OB1 | 내가 불렀어. 둘이 오해가 좀 많이 쌓인 거 같아 풀라고. |
| 정우 | … |
| 수일 | (빙긋) |


/영웅, 앞에서 마이크 안 놓치고 노래하다 자리로 들어온다.


| 해이 | (물이라도 좀 마시라는 듯 영웅 주면) |
| 영웅 | 아이고, 이거 신입님께서 저한테 물을 다 주시고. |
| 해이 | (표정) |
| 영웅 | 그치? 이건 좀 그랬지. |
| 해이 | 예. |
| OB3 | (민재 보며) 신입님도 하나 보여 주시죠. |
| 민재 | (곤란한) |
| 선자 | (민재 곤란해 보이자 잽싸게 마이크 잡으며) 저희가 보여 드리죠. |

| 정우 | (보는) |
|---|---|
| 선자 | (해이 툭) |
| 해이 | (정신없이 먹다) ?? 나? |
| 정우 | (보는) |

/한쪽에 무대처럼 비장하게 서 있는 해이, 선자, 용일.
트와이스 - 치얼업 전주 시작하면 쿵덕쿵덕 흥에 겨워 춤을 추기
시작하는 셋.

| (E)가사 | 치얼업 베이베 치얼업 베이베 좀 더 힘을 내 |
|---|---|

가사 나오면 그에 맞춰 찰떡같이 안무 소화하는 세 사람. (다소 과
장된 코믹한 춤사위) 사람들 손뼉 치며 좋아한다. 운찬, 무대 난입해
함께 춤추고, 소윤, 약간 술 취해 내적 댄스 꿈쩍꿈쩍 하고 있다.
정우도 한쪽에서 웃으며 해이 보고 있다. 선호, 그런 정우 보는
데 해이 보는 정우 표정에서 정우 감정이 읽힌다. 아무래도 여러
모로 진 게임이다 싶다. 일어나 나가는 선호.

S#30. 펜션 일각 / 밤

선호, 홀로 밖으로 나와 한쪽에 앉아 담배 꺼낸다.
핸드폰 카톡 알림음에 카톡 열어, 새로 온 메시지 읽지 않은 채
카톡 창에 떠 있는 것만 보는. '선호야 뭐해?'라는 메시지. 아래
에 '다모토리에서 애들 모인대 올 거지?', '선호야 응원단 영상

봤어 멋지더라.', '배고프다 심심해ㅠㅠ', '시사회 표 생겼는데 같이 갈래?' 등의 안 읽은 메시지가 여러 개 와 있다. 대부분 여자친구들. 보다, 귀찮은 듯 읽지 않고 그대로 카톡 꺼버린다. 후 하고 담배 꺼내며 생각에 잠기는 선호.

INS) S#18

선호    (A4 용지 주우며) 삼(다… 하려는데 A4 용지, 전 시간 '결혼과 가정' 질문지다. Q3. 원하는 배우자상은? 답에 '리더십 있고 알고 보면 따뜻한 사람'이라고 적혀있다. 누가 봐도 정우고…)

기분 정말 별로라는 듯한 선호 표정 이어지곤, 담배에 불붙인다.

S#31. 바비큐장 /밤

지영, 한쪽에서 술 꿀떡꿀떡 마시자 영웅, 그런 지영을 경이롭단 듯 본다.

영웅    토할 때까지 마시는 버릇은 여전하구나.
지영    야, 술은 원래 취하려고 마시는 거야. (꿀떡꿀떡)
영웅    그래…

한쪽에서 선배들과 얘기하고 있는 민재.

| | |
|---|---|
| OB1 | (옆에 앉은 정우 어깨 툭툭 치며) 여기 선배들한테 불만 있는 거 있으면, 오늘 다 얘기해. (자기 가슴 툭툭 치며) 우리가 해결해 줄 테니. |
| OB2 | 야, 이렇게 대놓고 얘기하라 그러면 누가 얘기하겠냐? 이런 건 익명으로 해야지. |
| OB1 | 그런가? |
| 민재 | (이때 손 드는) |
| 일동 | (민재 보면) |
| 민재 | 신입생 중에 형평성에 어긋나는 대우를 받는 사람이 있어서요. (해이 보는) |
| 해이 | (민재 시선에 먹던 손 멈추고) |
| 민재 | 도해이만 특혜를 받고 있는 것 같아서요. |
| 해이 | (그 말에 괜히 딸꾹) |
| OB1 | 도해이가 누구야? |
| 해이 | (손 들고) … 전데요. (난감하고) |
| OB1 | 특혜라면 어떤 특혜? |
| 민재 | (해이 보면) |
| 해이 | (아씨… 쟤가 뭘 아나 싶고) |
| 민재 | 훈련도 거짓말하고 빠지고, 호대에 무단 침입해서 문제도 생겼는데 합응 대표에 연습도 편의 봐주고. 이런 게 결국 특혜 아닌가요? |
| 해이 | ('휴… 아 그거.' 다행이고) |
| OB2 | (정우 보며) 그건 운영진 잘못 맞네. 그럼 안 되지. |
| 정우 | … |
| OB2 | 선배들이 잘못했네. 그런 건 조심해야 되는데. (민재 쪽으로 가 어깨 |

감싸며 술이나 마시자는 듯) 앞으로 이런 일 없게 해야지.

민재     (앉아서 술 마시며 여전히 해이 응시하는)


이때 그쪽으로 오는 한 무리. 방송부다.


부장     아이고, 이게 누구야. 응원단을 여기서 다 만나네.

초희     (표정 구겨지는) 너넨 웬일이냐?

부장     우리도 엠티 왔지. (피차 별로 좋은 사인 아니고, 적당히 인사하고 가며 소
         미에게) 근데 호민인 어디 간 거야? 자기가 굳이 응원단 엠티 가
         는 데로 가자고 하더니.

소미     (으쓱) 아까부터 안 보이네요.



S#32. 펜션 일각 / 밤

         OB들에 둘러싸여 있는 정우, 초희, 소윤, 운찬.


OB1      (술 따라 주며) 올해 어렵지.

OB2      학과장도 태클이고.

OB3      현역들 다 나가고.

영웅      고생이 많지.

OB1      힘든 거 아는데, 운영진이 신경 좀 쓰자.

OB2      신입생들 사이에 저런 말 나기 시작하면 힘들어.

OB들     (끄덕끄덕)

지영      (고개 절레절레) 꼰대들. (하며 술 마시는)

| 정우 | 네. |
|---|---|
| OB1 | (고생 많다는 듯 어깨 두드려 주는) 그리고 수일이 일 말인데. |
| 정우 | (보는) |

S#33. 펜션 일각 / 밤

해이, 이동하다 정우와 마주친다. 정우 시선으로 뒤에 민재 무리
보이고.

| 해이 | 단장 아깐. |
|---|---|
| 정우 | (선 긋는 것처럼) 나중에. (가면) |
| 해이 | (좀 상처고) |

정우, 이래저래 마음이 불편해 표정 굳어 걸어가는데, 진일과 함
께 있던 수일, 정우 쪽으로 온다. 서로 잠시 마가 뜬다.

| 수일 | 저번엔 나도 좀 과했고, 너도 좀 과했잖아 솔직히? 피차 이쯤에서 풀자. 자꾸 사고들 생기는데 여기서 더 불미스러운 구설수는 안 생기는 게 응원단을 위해서도 낫잖아? |
|---|---|
| 정우 | 조명 사고 말고… 또 무슨 사고가 있었나요? |
| 수일 | (당황했다. 말 돌리며) 아니 뭐, 요새 일 많잖아. |
| 정우 | … (수일 보는) |

평상 한쪽에 앉아 있는 지영. 뭘 하는지 핸드폰을 열심히 보고 있다.

들썩이는 어깨. 영웅, 지영 발견하고 그쪽으로 간다.

| | |
|---|---|
| 영웅 | 뭐… (해 하려는데 흠칫) |
| 지영 | (눈물 줄줄 흘리며 영웅 본다. 이미 상당히 취한 상태) |
| 영웅 | (흠칫, 뒷걸음질) |
| 지영 | (핸드폰으로 보고 있던 인스타 사진 보여 준다. 남자, 여자 함께 다정한 사진) 이 여자 어때 보여? 정상인 같아? |
| 영웅 | (사진 보고) 어… (지영 보며) 적어도 너보단. |
| 지영 | (갑자기 소리 팩) 그니까! |
| 영웅 | (흠칫) |
| 지영 | 왜 미치지도 않은 정상인 여자가 이 새낄 만나냐고! |
| 영웅 | 이 새끼가 누군데? |
| 지영 | 전남편 새끼! |
| 영웅 | (아… 숙연) |
| 지영 | (분노에 확대해 보다 실수로 하트 눌러진 헉) ㅅㅂ (*삐처리, 다급하게 좋아요 취소하고 영웅 보며 황망히) 봤겠지? 내가 자기 인스타 염탐한 거. (갑자기 서럽게 화내며) 되는 일이 하나도 없어. ㅅㅂ (*삐처리) |
| 영웅 | (아씨 피해야 되나 뒷걸음질 치는데) |
| 지영 | (울며 놀고 있는 단원들 보며) 쟤넨 알까? 인생이 계속해서 좆 같단 거? 모르겠지? 앞으로가 더 나아질 거란 헛된 희망을 꿈꾸고 있겠지. (영웅 보며) 내가 가서 스포해 줄까? 앞으로도 인생은 쭉 좆 |

같다고.

영웅      굳이 스포 안 해 줘도, (지영 보며) 알 거 같은데.

지영      (다시 서럽게 우는) 내가 먼저 생겼어야 됐는데!

영웅      (고개 절레절레하며 도망칠까 하다, 포기하고 옆에 털썩 앉아) 너도 좋은 사람 만나면 되지.

지영      (엉엉 울며) 그런 게 내 순번이 올 때까지 남아 있을 거 같아?

영웅      (찝) 있을 거야. (사이) 네가 괜찮은 사람이니까.

지영      (홱 째려보면)

영웅      (흠칫, '뭘 또 잘못했지?')

지영      고맙다, 친구야. (하며 영웅 안고 엉엉 우는) 한심한 놈인 줄 알았더니 사람 보는 눈은 있었구나.

영웅      ('이거 뭐 어떻게 해야 돼.' 하다 어색하게 손 토닥토닥)


지영, 문득 이게 이상하다고 느꼈는지 떨어지는데 영웅과 눈 마주친다. 둘, 묘한 분위기로 눈 마주치고 있다.


지영      (갑분) 우리 키스할래?

영웅      갑자기?

지영      갑자기 하고 싶네. 좋아 싫어?

영웅      … 좋… (하는데 이미 덮친 지영)


지영과 영웅, 키스 점점 격해진다.
/한쪽에서 키스하는 둘 본 소윤, 놀란 가슴 부여잡고 망부석처럼 서 있다. 격해지는 둘 모습에 못 볼 걸 봤다는 듯 눈 질끈 감

으며 손으로 가리다 슬며시 다시 본다.

| | |
|---|---|
| 운찬 | (소윤 쪽으로 오며) 뭐 있어? (하는데) |
| 소윤 | (평소와 달리 큰 소리로) 아니요! (하고 운찬 반대쪽으로 끌고 가는) |
| 운찬 | ?? (왜 이래 싫은) |
| 소윤 | (운찬 끌고 가다 못내 궁금해 뒤를 힐긋힐긋) |
| 지영 | (격렬히 키스하다 확 떨어지면) |
| 영웅 | ('끝이야?' 못내 아쉬운데) |
| 지영 | (주변 둘러보며) 옆집 펜션에 빈방 있겠지? |
| 영웅 | (므흣) |


S#35. 펜션 / 밤

모여 앉아 술 마시는 단원들. 여기저기 빈 술병. 술 얼마 안 남
았다.

| | |
|---|---|
| 해이 | (민재에게 술 주며) 이거 얼마 안 남은 거 내가 너 챙겨 주는 거야. 그니까 우리 사이좋게 지내자. |
| 민재 | (황당, 적당히 해이 손 치우고 다른 술 마시는) |
| 해이 | (쩝, 민망해 들고 있던 술 선호 주며) 너 마셔. |
| 선호 | (해이 말 무시하고 앞에 있는 술 집어 들어 마시는) |
| 해이 | ('얜 또 왜 이래…') |
| 선자 | 자 술래를 정해 볼까. |
| 일동 | (선자 보는) |

/분위기 무르익어 게임 중.

| | |
|---|---|
| 일동 | (열정적으로) 아이, 아이엠, 아이엠 그, 아이엠 그라, 아이엠 그라운, 아이엠 그라운드 자기소개 하기. |
| 선자 | 아싸 뭘 봐 임마. |
| 일동 | 아싸 뭘 봐 임마. |
| 용일 | 아싸 영웨이. |
| 일동 | 아싸 영웨이. |
| 해이 | 아싸 낫투데이. |
| 일동 | 아싸 낫투데이. |
| 선호 | 아싸. (까먹었다) |
| 선자 | 아싸 걸렸다. |
| 일동 | 아싸 걸렸다. |
| 용일 | 아싸 술 사 온나. |
| 일동 | 아싸 술 사 와. |
| 선호 | 에이씨. (하며 일어나는) |
| 해이 | (선호 보다, 따라 나간다) |
| 신입남1 | (해이, 선호 나가고 다른 무리에서 얘기하고 있는 초희를 슬쩍 보다 소곤) 근데 너희들 초희 누나 소문 들었어? |
| 일동 | ?? |
| 신입남1 | (소곤) 초희 누나 별명이 응원단 대걸레래. 운동부 주장들이랑 싹 다 한 번씩은 했다는데. |
| 일동 | !! |
| 용일 | (평소와 다르게 목소리 깔고) 니 걸레가 뭔 뜻인 줄 아나. |

| | |
|---|---|
| 신입남1 | 에이, 당연히 알지. |
| 용일 | (조용히 분노) 근데 그걸 사람한테 쓰나. 그게 사람한테 쓸 말이냐 말이다. |
| 신입남1 | … (용일 눈빛 심상치 않고) |
| 용일 | 하지 마라. |
| 신입남1 | 아니 나는… 소문이 그렇다니까… |
| 용일 | (신입남 뚫어져라 쳐다보면서) 하지 마라. |
| 신입남1 | 그래, 뭐. |
| 초희 | (나가는 거 보이고) |
| 용일 | (일어나 나가는) |
| 신입남1 | (쟤 왜 저러냐는 듯 용일 보는) |
| 선자 | (퍽 신입남1 치면서) 네가 잘못했지. 어디서 그딴 말을 퍼다 날라선. |
| 신입남1 | (머리 아프다는 듯 부비부비) |
| 선자 | (안주 씹으며) 오늘, 이래저래 다들 화가 많은 날이야. |
| 민재 | (슬머시 일어나 해이 따라 나가는) |

## S#36. 펜션 밖 / 밤

선호, 걸어가는데 옆으로 따라붙는 해이. 선호 보면.

| | |
|---|---|
| 해이 | 같이 가. 혼자 무겁잖아. |
| 선호 | (무심히 별말 않고 가는) |
| 해이 | ('역시 뭔가 삐졌군.' 싶은) |

그런 둘을 뒤쪽에서 보고 있는 수상한 시선.


S#37. 펜션 일각 / 밤

바비큐장 쪽에서 초희, 전화 중이다.


초희　　　글쎄 전화하지 말라고. 너 한 번만 더 연락하면 그땐 신고해서 접근금지 명령 친다. (사이!) 쓰레기 같은 새끼! (냉한 목소리로) 네 맘대로 해. 그땐 너도 죽여 버리고 나도 죽어버릴 테니까. (전화 끊고 파들파들 떨리는 손, 감정 애써 추스르고 고개 돌리는데 바비큐장으로 오던 용일과 눈 마주친다)

용일　　　안주가 모자를 거 같아서.

초희　　　(끄덕) 그렇잖아도 소시지 굽고 있었어. (그릴 쪽으로 가는)

용일　　　(옆으로 가 소시지 굽다 슬쩍 눈치 보곤) 그때 그건 잘 해결됐습니꺼.

초희　　　?? 뭐?

용일　　　그때 그 럭비부 주장이랑.

초희　　　(픽) 사생활이야. 신경 끄자?

용일　　　… 예 …

초희　　　얼추 됐네. 가자. (갖고 가려는데)

용일　　　누나가 너무 아까워예.

초희　　　(보면)

용일　　　그런 남자한텐, 누나가 너무 아깝다 아입니까.

초희　　　(용일 보다, 용일 쪽으로 와) 용일아, 누나 좋아하지 마.

용일　　　!!

| 초희 | 네가 감당하기엔 (빙긋) 누나가 너무 쌍년이거든. ('알았지?'라는 듯 |
| | 툭툭 용일 어깨 쳐 주고 가면) |
| 용일 | (홀로 남아 중얼) 우야노. 이미 홀딱 반해 뿟는데. |

S#38. 시골 거리 / 밤

술을 손에 들고 걷고 있는 선호와 해이.

| 해이 | 너 말야, 삐졌어? |
| 선호 | 아니. 삐진 건 아니고, 그냥 안 하기로 한 거야. 승산 없는 일에 |
| | 구질구질하게 매달리는 거, 기분 별로라. |
| 해이 | 응? (뭔 소리야) |
| 선호 | … 해이 너 지금 알바하느라 바쁘지? |
| 해이 | 응. |
| 선호 | 그럼 당분간 아무도 안 만나겠네. |
| 해이 | ?? … 아마도? |
| 선호 | (끄덕) 잘 됐다. |
| 해이 | ('뭐가?'라는 듯 보면) |
| 선호 | 그냥 아무도 만나지 마. |
| 해이 | ('뭐지 무슨 의미지… 내가 생각하는 그게 맞나?') |

이때 수풀에서 부스럭 뭔가 떨어지는 소리.
뭔가 싶어 보면 두두두 도망가는 소리.
선호 술 놓고 뒤쫓는다.

머지않아 도망가던 사람 잡히는데, 그 사람 호민이다.

| | |
|---|---|
| 선호 | 뭐야 너? (호민 손에 든 카메라 보며) 너. 스토커야? |
| 호민 | … 아냐. |
| 선호 | (카메라 뺏으려) 너 뭐 찍었어. |
| 호민 | (필사적으로 카메라 사수하며) 아니라고! |
| 해이 | (뒤따라와서 호민 보고) 어?? |
| 선호 | 아는 애야? |
| 호민 | (그 틈을 타 선호 뿌리치고 냅다 뛰어간다) |
| 선호 | (잡으려는데) |
| 해이 | 저 선배 나랑 같은 존데? |
| 선호 | (보면) 쟤 우리 학교야? |
| 해이 | (끄덕) 나 저 선배 연락처도 알아. |
| 선호 | (대체 쟨 뭔가 싶은데) |
| 해이 | (호민 뿌리치고 가며 선호 손에 생채기 난 거 보인다) 어? 너 다쳤… (하면서 선호 손 쪽으로 손 대려는데) |
| 선호 | (해이 손 뿌리치고 자기 손 보며) 좀 긁혔네. |
| 해이 | (약간 뻘쭘한…) |

S#39. 펜션 일각 / 밤

건물 구석으로 숨어 헉헉대고 있는 호민.

품에 안고 있던 카메라 꺼내 자기가 찍은 동영상 돌려 보는데.

선호, 해이가 있는 반대쪽에서 선호와 해이 모습 찍는 플래시 터진다.

멈춤하고 플래시 쪽 확대해 보는데, 모습은 보이지 않는다.

화면 속 선호로 시선 옮기는 호민.

INS) S#38

선호          뭐야 너? (호민 손에 든 카메라 보며) 너. 스토커야?


호민, 순간 얼굴에 모멸감 스치고, 복수하듯 핸드폰 꺼낸다.

핸드폰 꺼내 동영상 파일로 들어가는 호민.

INS) 썸네일

응원단 합응 무대 모습 위로 제목 '이 중, 한 명이 죽는다?'


S#40. 펜션 / 밤

선호와 해이, 들어오는데 분위기 이상하다.

핸드폰 보며 웅성웅성하는 분위기.

선호와 해이, 분위기 왜 이런가 싶은데, 선자, 해이에게 핸드폰

보여 준다.

INS) 동영상 화면

#응원단이 무대를 하고 있는 영상 블러 처리되어 나온다. (음성은

기계음)

E         올해 응원단 현역 단원 중 한 명이 죽는다. 응원단에 전해 내려오는 예언이다.

#합응전 당일 무대 정리하며 핸드폰 보는 해이 모습. 해이 모자이크 처리. 해이 핸드폰 화면 확대.

(E)       신입 단원 D양은 며칠 전부터 수상한 익명의 메시지를 받았다.

INS) 페북 메시지

응원단 그만 둬./올해 응원단원 중 한 명이 죽는다./세 번째 예언, 기억해./너도 당하게 될 거야./REPEAT.

핸드폰으로 동영상 보고 있던 정우는 해이가 받은 메시지 보고 표정 굳고.
역시 영상 보다 해이 보는 선호.
#합응전 무대에서 조명이 떨어지는 영상

(E)       그런데 얼마 전, 신입 단원 D양은 합응전 중에 사고를 당한다. 그리고 여기서 놀라운 제보를 듣게 된다. 조명이 떨어지는 사고가 이번이 처음이 아니었단 것이다.

#무대에서 조명이 떨어지는 영상 (다른 이미지)

E         2년 전, 축제 리허설 중 조명이 떨어져 E양이 큰 부상을 입었다.

이상한 건, 그 후 E양의 행방이 묘연하단 것이다. 항간엔 E양이 사망한 것 아니냐는 소문이 돌고 있다.

영상 보고 있는 해이, 좀 무서운데.
#다시 한 번 해이가 받은 메시지 보이고, 그중 REPEAT에만 빨간 동그라미

E       리핏. 반복된다는 뜻이다. 장난이라기엔 섬뜩한 일련의 사건들, 정말 예언을 실행하려는 누군가가 존재하는 걸까? 더 큰 사고가 나기 전에 응원단은 멈춰야 하는 것 아닐까?

영상 끝나고 잠시 할 말 잃고 침묵 흐르며 묘한 분위기의 방.
한쪽에서 우당탕하며 뛰쳐나가는 OB 무리.


S#41. 펜션 방송부반 / 밤


부장      (영상 올라온 거 보고 대노해) 이거 뭐야? 이걸 왜 지금 풀어!! 호민이 이 새끼 어딨어?

소미      (모르겠단 듯 고개 젓는) 응원단 OB들까지 다 와 있던데 몰려오는 거 아녜요? (걱정된다)

부장      (독단적 행동에 빡치고)


이때 방송부반 펜션 문 열리고 부장 보면 분노해 뛰어 들어오는

OB3.

우르르 따라 들어오는 선배 무리들. 부장 멱살 잡히는데.

| | |
|---|---|
| 부장 | (공포에 떨며) 왜 이러세요. 말로 하세요. 말로. |
| OB3 | 뭐 이 새끼야? (하며 치려는데) |
| 영웅 | (선배 몇 명과 붙들며) 야 말로 해, 말로. 애들 노는 데 와서 왜 깽판이야. |
| OB3 | (열 받고) |

S#42. 펜션 / 밤

단원들 분위기 어수선하다.

| | |
|---|---|
| OB1 | 이 방송부 자식들이 진짜, 유민이 얘긴 어떻게 안 거야? 이거 단원들 말고 모르는 얘길 텐데. |
| 해이 | ('유민?' 보면) |
| OB2 | (말조심 하라는 듯 툭 치는) |
| 정우 | (해이 쪽으로 와 툭툭) 잠깐. (밖으로 눈짓) |
| 해이 | (따라나서는) |

S#43. 펜션 밖 / 밤

초희와 정우, 해이 핸드폰 보고 있다. 정우, 계정 프로필 들어가 보는데, 빈 계정이다.

| | |
|---|---|
| 초희 | 뭐지, 이 새끼. |
| 정우 | (해이에게 핸드폰 돌려주며) 그리고 또 연락 온 건 없고? |
| 해이 | (끄덕) 근데 2년 전 사곤 뭐예요? 그거 저번에 수일 선배도. |
| 정우, 초희 | (표정 굳는다) |
| 정우 | (굳은 얼굴로) 이걸로 또 메시지 오면 알려 줘. |
| 해이 | ('표정 왜 저래, 또 저런다.' 싶다. 눈치 보며) 네… |
| 정우 | (OB 선배들 나와 그쪽으로 가자) |
| 해이 | (눈치 보다 들어가는) |


S#44. 펜션 / 밤

각자 삼삼오오 흩어져서 웅성웅성하다.
한쪽에서 선자, 용일, 선호, 영웅과 얘기 중인 해이. 대체 뭐냐는
듯 채근하는 눈빛에 무겁게 입 떼는 영웅.


S#45. 노천극장 / 낮 / 회상

단상 위에서 카리스마 있는 모습 보이며 센터에서 응원하는 유민.

영웅(E)  2년 전 유민인, 응원단에 유명한 스타였어.

/단원들과 웃고 장난치며 연습 중인 유민. 정우도 한편에서 유
민을 보고 있다.

영웅(E)    모두 유민일 좋아했지. 유민이가 그해 신입생이랑 비밀 연애를 했단 사실이 밝혀지기 전까진.


S#46. 단실 / 낮 / 회상

유민, 단실로 들어오면 얘기하고 있던 단원들은 유민을 슬쩍 보고 나가버린다.
홀로 남은 유민, 씁쓸하다.

영웅(E)    유민이가 그 신입생한테 특혜를 줬단 얘기가 퍼졌고, 유민인 따돌림을 받기 시작했어.


S#47. 창고 / 낮 / 회상

잠긴 창고 문. 화재 경보음 울리고, 문 두드리는 유민.

영웅(E)    따돌림은 점점 심해졌어. 결국엔 선을 넘었고, 유민인… 응원단을 탈퇴하려고 했지.


S#48. 무대 / 낮 / 회상

영웅(E)    그런데, 마지막으로 단상에 서던 날 리허설 도중에 사고가 난 거야.

유민 위로 조명 떨어진다. 떨어지는 조명 보는 유민, 피하지 않는다.
퍽 하는 소리, 단상 위로 흐르는 피.


S#49. 펜션 / 밤


| | |
|---|---|
| 영웅 | 그 뒤로 유민인 휴학하고 사라져 버렸지. |
| 선자 | 사라져요? |
| 영웅 | (끄덕) 그러고 나서 유민일 본 사람이 없어. 연락도 안 되고. |
| 해이 | … |
| 선자 | 그럼 설마 그 조명 사고도 누가 일부러 그런 거예요? |
| 영웅 | 리허설 무대 사고 원인은 조명기 노후로 밝혀졌어. 사고가 맞아. |
| 일동 | (영 찜찜) |
| 해이 | … |


S#50. 펜션 일각 / 밤

해이, 홀로 화장실 쪽으로 향하는데.
한쪽에서 선배들과 얘기하고 있는 정우 보인다.
심각해 보이는 정우 얼굴 보는데, 하진이 한 말이 생각난다.

INS) S#10

| 선자 | (속닥) 유민이 누구예요? |
| 하진 | (무심히) 박정우 첫사랑 (사이) 이자 마지막 사랑. |

정우 보는 해이, 마음이 복잡하다.

해이 혼자 다니는 거 걱정돼 뒤 따라 나온 선호.

해이 시선이 정우 향한 거 보고 있는데, 용일, 선호 쪽으로 온다.

| 선호 | (용일 보고 해이 보며) 네가 좀 가 봐. 쟤 지금 혼자 다니면 위험하니까. |
| 용일 | 맞나. 글체, 위험하재. 근데 와 네는 안 가고 내보고 가라 카는데? |
| 선호 | (별말 않고 용일 툭툭 치고 돌아서 가는) |
| 용일 | ?? (하다 얼른 해이 따라가는) 해이야, 같이 가자. |


S#51. 펜션 / 밤

어느새 다들 잠들어 있는 펜션 방. 해이도 세상모르고 잠들어
있다.

선호, 잠 못 들고 일어나 해이 보다 나간다.


S#52. 펜션 밖 / 밤

선호 밖으로 나오는데 문 앞에 잠 안 자고 앉아 있는 정우.

| 정우 | 왜 안 자고? |
| 선호 | 잠이 안 와서요. |

정우              (끄덕)

선호, 정우와 멀찍이 떨어진 쪽에 앉고. 침묵 흐르는. 각자 생각에 잠겨 있다.


S#53. 펜션 / 밤

여기저기 흩어져 자고 있는데 방 내부에서 부스럭거리는 소리. 해이, 누가 쫓아오는 꿈이라도 꾸는지 '오지 마'라는 잠꼬대하며 자고 있으면, 그런 해이 보는 누군가의 시선.


S#54. 버스 / 낮

해이, 버스에서 선자의 남은 초콜릿을 봉지째 들고 열심히 먹고 있고.
각각 졸면서 가고 있는 선호와 정우.
정우, 졸면서 창문에 머리 콩콩콩콩 하다 버스 멈추며 머리 세게 부딪혀 깨고, 혹시 누가 봤을까 아무 일 없던 척, 태연한 척 핸드폰 보는데 카톡창에 '유민 누나' 프로필 보인다. 보다, 1:1 창으로 들어가 보는 정우.
2회 S#11 유민이 읽지 않던 메시지, 모두 1 없어져 있다. 정우 !!
놀라는데 그 순간 핸드폰에 페북 메시지 온다.


INS) 페북 메시지

(E)         도해이 내보내.

정우 표정 굳어 수일 보면 핸드폰 들고 있는 수일. 시선 돌리는
데 역시 핸드폰 들고 있는 민재. 그 밖에도 몇 명 핸드폰 들고 있
다. 정우, 다시 핸드폰 페북 메시지로 시선 향하다 이내 걱정돼
해이 본다.


S#55. 연희대학교 전경 / 낮


S#56. 복도 일각 / 낮

단실 쪽으로 걸어가는 선자와 해이.
걸어가며 우걱우걱 빵 먹고 있는 해이. 그런 해이 힐금힐금 보며
지나가는 학생들.

선자         (시선 느끼고) 삼다 유명 인사 다 됐다. (게걸스럽게 빵 먹는 해이 보며)
            이미지 관리 같은 거 좀 해야 되는 거 아냐?
해이         (급히 입가 빵 부스러기 닦으며 조신히) 그런가, 이제 셀럽인데 이미지
            관리 좀 해야 하나.
선자         (놀고 있다 하는 얼굴로 보다) 안 무서워?
해이         (다시 빵 먹으며) 그거 뭐 심심하고 할 일 없는 애들이 짜깁기해서
            거리 만드는 게 뭐가 무서워. 난 먹고 사는 게 더 무섭다. (하며 단
            실 문 여는데)

S#57. 응원단실 / 낮

단실에서 창문 밖으로 학교 풍경 보고 있는 누군가의 뒷모습.
선자와 해이 들어오자, 고개 돌려 선자와 해이 쪽 보는데, 그 사
람 유민이다!
선자와 해이, ?? 누구지 싶어 보면, 유민, 미소로 해이 보는 데서.

엔딩.


# Epilogue


S#58. 강의실 / 낮

S#17. 정우 시점.
질문지 작성하고 있는 정우.
'Q3. 원하는 배우자상은?' 답 뭐라고 써야 하나 고민하고 있
는데.
한쪽에서 질문지 작성 마치고 선자와 둠칫둠칫 거리며 주접떨
고 있는 해이 보인다. 정우 픽 웃으며 해이 보다, 답 써 내려간다.
'보고 있으면 웃게 되는 사람'
답 쓰고 해이 보는 정우에서.

엔딩.

5부 엔딩 이어지며, 해이와 선자, 누구냐는 듯 유민 보고 있다.


해이      누구…세요?

유민      오랜만에 단실에 들렀는데 아무도 없네? (빙긋하고 가며) 담에

        봐요.

선자      뭐지? 선밴가?

해이      (어깨 으쓱)


이때 해이, 선자 핸드폰 동시에 지잉 울려 동시에 핸드폰 보면.


INS) 테이아 단톡방


신입남1    나도 탈퇴. 담에 따로들 보자. (적당한 이모티콘 후 단톡방 나가는, 이미

        앞으로 나간 사람 몇 명 있고)

'또 나갔네.'라는 표정으로 서로 쳐다보는 해이와 선자.
/밖에서 잠시 멈춰 단실 안 해이 보다 뒤돌아 가는 유민.


S#2. 노천극장 / 낮

선자, 해이, 용일, 선호만 보인다.


| 선자 | 동영상이 충격이긴 했나 보네. |
| 선호 | (핸드폰 하며 하품) |

이때 멀리서 오는 민재. 넷 옆에 털썩 앉는다.

| 선자 | (의외라는 듯 민재 보며) 넌, 안 그만둔 거야? |
| 민재 | 응. |
| 선자 | 그래… 그렇구나. |

운찬 ,옹기종기 모여 있는 신입생들 보고 심란해하며 그쪽으로
터덜터덜 온다.
/운찬, 신입생들 앞에서 설명 중이다.

| 운찬 | 거참, 우리가 이렇게 유감스럽게 상당히 minimal해졌지만, 또 소수가 똘똘 뭉치는 맛이 있는 거 아니겠어. 의기투합해서 fighting 해 봐야지! |
| 신입생들 | (멀뚱히 보면) |

| | |
|---|---|
| 운찬 | 하하 분위기가 참, 차분하고 좋네. (혼자 분위기 전환, 약장수 모드) 자, 여러분도 알다시피, 앞으로 다가올 상반기 메인이벤트! 뭐다? Yes yes 축제, festival이 다가오고 있습니다. 자, 그럼 우리 신입들이 해야 하는 건 뭐다? yes yes 신곡, 신곡을 만들어야겠죠? |
| 선자 | 신곡이요? |
| 운찬 | 좋은 질문! |
| 선자 | (오버한다 싶다. 중얼) 질문은 아닌 거 같은데. |
| 운찬 | 역사와 전통을 자랑하는 응원단에선, 매년 축제마다 신곡을 발표합니다. 그 신곡을 담당하는 게 바로, 우리 신입님들이란 말씀. |
| 용일 | 그걸 저희가 우예 하는데요? |
| 운찬 | 밴드부가 도와줄 거니까 너무 걱정하지 마시고. |
| 해이 | 밴드부요? |
| 운찬 | (끄덕) |
| 해이 | 에이씨. |
| 선호 | (손 드는) |
| 운찬 | Any question? |
| 선호 | 전 못할 거 같은데요. |
| 운찬 | ? 응? 왜? |
| 선호 | 저… 탈퇴하려구요. |
| 운찬 | !!! 응? 왜!!! |
| 선호 | 그냥, 망한 거 같아서요. |
| 일동 | !! (선호 보면) |

악의 없이 운찬 보는 선호 얼굴에서 타이틀 인 치얼업.


S#3. 노천극장 근처 / 낮

해이, 선자, 선호, 용일, 민재, 노천에서 나온다. 홀로 슝 가버리는 민재.

용일     니 진짜 그만둘끼가.

선호     응.

해이     아니 왜. (하는데)


한쪽에서 기다리고 있던 선호 여친(이하 여친1), 선호 향해 손 흔든다.

선호     나 먼저 갈게, (여친1 쪽으로 가서) 오래 기다렸어?

여친1     금방 왔어. (하고 선호에게 팔짱 끼는)

선자, 해이     ('뭐지?' 하는 눈으로 보면)

용일     선호 여친 생겼다.

해이     !! 여친? 언제?

용일     한 며칠 됐나. 우리 엠티 다녀와서 바로 생겼다. 여친이 맘 묵으면 바로 그런 건지 몰랐는데… 그리 되는 아도 있드라.

해이     (놀란)

선자     남자 마음은 갈대라더니, 진선호 트랜스퍼가 빠르네. 한 번 사는 인생 쟤처럼 살아봐야 되는데. (해이 보며) 안 아까워?

| 용일 | (천진) 와 아까운데? |
|---|---|
| 해이 | 아니 아깝긴. 잘됐네. (용일 보며) 축하한다고 전해 줘. (가는) |
| 용일 | (갸웃) 직접 말하면 되는 거 아이가. |
| 선자 | (가는 해이 보며) 꽃밭이 아까울 텐데… |
| 용일 | (다가와) 어디 꽃밭인데, 좋은 데가? |
| 선자 | (너도 참 눈치 없다는 듯 용일 툭툭) |
| 용일 | 뭔데? |

S#4. 대회의실 / 낮

대회의실에서 대치해 앉아 있는 학생회장과 몇몇 임원, 정우, 초희.
가운데 학생처장과 지영이 앉아 있다.

| 학생회장 | 신입생들 이탈로 올해 응원단은 축제랑 연호전, 주관하기 어렵지 않겠어요. |
|---|---|
| 정우 | 신입생들 이탈은 이 시기쯤 많이 있는 자연스런 수순입니다. 기획팀 도움을 받으면 충분히 진행 가능합니다. |
| 학생회장 | 불미스런 사고에, 온갖 가십. 지금 이렇게 말 많고 문제 많은 응원단이 그걸 주관하면 진행이 제대로 되겠어요? 작년 문제도 명확하게 해결된 게 없잖아요? |
| 정우 | 다행히 다친 사람은 없었지만 미연에 사고를 방지하지 못한 데 책임을 느끼고 있습니다. 앞으론 재발 방지를 위해 안전 점검을 더 강화할 겁니다. 하지만 이를 논란거리로 확대 해석해 축제 주 |

관권을 학생회로 위임하는 건 되려 가십에, 학교 측에서 힘을 실어주는 꼴이 된다고 생각합니다.

| | |
|---|---|
| 학생처장 | (일리 있고) |
| 정우 | 말씀하신 대로 가십은 가십일 뿐 팩트가 아닙니다. 또 문제가 된 작년 일도 곧 명확하게 해결할 예정이고요. |
| 학생처장 | 어떻게? |
| 정우 | 사실 관계를 조사하고 잘못한 사람이 있으면 처벌해야죠. |
| 일동 | (정우 보는) |

S#5. 대회의실 건물 밖 / 낮

| | |
|---|---|
| 초희 | 무슨 말이야. 엠티 때 선배들이 일 크게 만들지 말라고 신신당부까지 한 걸 키워서 어쩌겠단 건데. |
| 정우 | 의혹이 있으면 조사하고 잘못이 있으면 바로잡는 게 맞지. |
| 초희 | (가는 정우 붙잡고) 너 이거 터뜨리면 선배들도 가만 안 있을 텐데, 이러다 기획팀 백업도 못 받아! 경찰 조사까지 들어가면 소문도 더 안 좋아질 거고. 가뜩이나 신입생들 다 그만두고 심난해 죽겠는데 조용히 덮어도 모자를 판에 너 진짜 올해 응원단 셧다운 하려고 그래? |
| 정우 | (멈춰서 초희 보며) 덮으면, 괜찮고? |
| 초희 | (보면) |
| 정우 | 썩은 고름은 짜내야지, 그대로 두면 나중엔 그거 땜에 다릴 잘라 내야 될 수도 있어. (가면) |

| 초희 | (가는 정우에 대고) 당장 고름 짜다 다리 잘라 낼 판이야! (대꾸도 안 하는 정우 보며, 아 저게 어쩌려고 저러나 싶다) |
|---|---|
| 정우 | (걸어가며 핸드폰 꺼내 MT날 버스에서 받은 메시지 본다) |

INS) 페북 메시지

**도해이 내보내.** (아래 정우가 보낸 답 메시지 보인다)
**이유가 뭐죠?**

정우 메시지 보는데 답은 안 와 있다. 후… 여러모로 심란한.

S#6. 교정 일각 / 낮

혼자 중얼거리며 걸어가는 해이.

| 해이 | (이죽거리며) 아니 뭐 이렇게 홀딱 여친 생길 거면서 아무도 만나지 말란 그런 말은 왜 해? 괜히 미안해했잖아. |
|---|---|

이때 해이 쪽으로 달려오는 전동 킥보드.
해이, 자기한테 오는 건가 싶어 순간 움찔한다. 정우, 한쪽에서 그런 해이 발견하곤, 해이 쪽으로 달려간다.

| 정우 | **위험해.** (하고 해이 옆으로 미는데 전동 킥보드 해이 멀찍이 다른 방향으로 쌩하고 간다. 뻘쭘해 해이 보는데, 해이, 정우가 밀치는 바람에 철푸덕 넘어져 있다) |
|---|---|
| 해이 | (일어나 버럭) 뭐예요!! |

| 정우 | 아니, 위험해 보여서. |
|------|------|
| 해이 | 위험했죠. 단장 땜에! |
| 정우 | (뻘쭘) 요새… 위험한 일들이 많았잖아. |
| 해이 | 실질적인 위해를 가한 건 단장이 처음이에요. |
| 정우 | (민망, 해이 흙 묻은 거 같이 좀 털어 주며) 메시진 또 온 거 없고? |
| 해이 | 네. 근데 너무 오버하는 거 아녜요? 이런 메시지, 이거 말고도 한 트럭인데. |
| 정우 | 조심해서 나쁠 거 없으니까. 무슨 일 있으면 바로바로 연락하고, 당분간 집에도 일찍 들어가. |
| 해이 | (빤히 보다) 누가 보면 제 남친인 줄 알겠어요. |
| 정우 | 뭐? |
| 해이 | 그러다 또 특혜 논란 나면 생까시려고. (삐쭉하고 가는) |
| 정우 | (그날 삐졌구나 싶은) |

/해이 삐쭉하며 걸어가는데 해이 쪽으로 오는 민재.

| 민재 | 잠깐 시간 돼? |
|------|------|
| 해이 | (의외다. 자기 손으로 가리키며) 나? |
| 민재 | (끄덕) 할 얘기가 있는데. |
| 해이 | (더욱 의아) 나랑? |

S#7. 매점 / 낮

민재, 핸드폰 화면에 벙찐 채 시선 고정하고 있는 해이.

핸드폰 화면 보이면, 해이와 영웅의 계약서 사진이다.

해이 '망했다…'라는 표정으로 민재 보면.


민재  이거, 너랑 영웅 선배, 둘 작품이야? 아님 운영진도 다 아는 건가?

해이  (더 오해할까 싶어 낸다) 아니 영웅 아저씨랑 둘이 (목소리 줄어들어) 한
      거야…

민재  공개적으로 얘기할까도 생각해 봤어. 근데, 여러모로 이런 일까
      지 터뜨리기 좋은 시긴 아닌 거 같아서.

해이  (쭈구리)

민재  네가 자발적으로 나가.

해이  어? (머뭇)

민재  (보다) 아님.

해이  아님?

민재  (핸드폰 계약서 보며) 이 돈을 받지 말던가. 돈 때문에 남은 거면서
      같은 팀인 척하는 거, 좀 그렇잖아?

해이  …

민재  이번 주 안엔 결정해.

해이  이번 주?

민재  (끄덕) 더 끌면 그땐 더 안 좋아질 거야. (핸드폰 갖고 일어나는)

해이  (어떻게 해야 할지 모르겠다)




S#8. 매점 밖 / 낮

매점 밖으로 나온 민재. 핸드폰 울려 보면 페북 메시지다.


316 × 317

INS) 페북 메시지

(민재) 도해이 내보내. / (정우) 이유가 뭐죠?

(정우 새 메시지) 이유가 합당하면 내보내겠습니다.


민재, 페북 메시지 보다 답변 안 하고 창 꺼버린다.



S#9. 최집사 ##지점 / 밤

알바하려고 자전거 세우고 한쪽에 쪼그려 앉아 야쿠르트 쪽쪽
먹고 있는 해이. 핸드폰 스케쥴러 확인하고 있다.
스케쥴러에 재이 학원비 내는 날 클릭해 보는 해이.

해이    여튼 돈 내는 날은 빛의 속도로 찾아와요. (학원비 내는 날 일주일 정
        도 뒤 응원단 알바 끝 D-day!! 클릭해 보는 해이, 맘 복잡하다.)

지점장  (해이 보곤 지나가며) 해이 너 다담주부터 파트 시간 늘린다고?

해이    네? 아… 네… (시선 다시 스케쥴러 응원단 알바 끝 D-day!로 향하는)



S#10. 해이 집_거실 / 밤

밥 먹고 있는 춘양과 해이.

해이    (골똘) 엄마.

춘양    (밥 먹으며) 왜?

해이    둘 중에 하날 택해야 돼. 근데 뭘 선택해야 할지 모르겠어. 그럼

어쩔 거야?

춘양    뭘 어떻게 해. 선택해야 된다며, 해야지.

해이    아 그니까, 어떻게 선택하냐고.

춘양    (밥 먹으며) 더 중한 걸 택하는 거지. 너한테 젤 중한 게 뭔데.

해이    나? 돈.

춘양    (표정) 아우 내 딸이지만 진짜 속물이다 너.

해이    뭐! 그럼 우리한테 돈보다 중요한 게 어딨어?

춘양    (됐다 하는 표정하고 밥 먹으며) 그럼 간단하네, 돈 택하면 되겠네.

해이    … 그치. ('근데… 왜 이러지.')


S#11. 연희대학교 전경 / 낮


S#12. 방송부 / 낮

방송부장에게 불려 와 있는 호민. 소미도 옆에 함께 있다.


부장    왜 그걸 네 맘대로 올려? 너 땜에 그날 뭔 난리였는지 알아?

호민    … 미안해.

부장    (말없이 고개만 처박고 있는 호민 보다, 후… 더 말해 뭐하나 싶고) 됐고, 이
       시리즈 여기서 킬 해.

호민    (그 말에 벌떡 고개 들어 보면) 뭐?

부장    사고를 자극적 소재로 이용한다고 말들도 많고, 이슈 몰이 이 정
       도 했음 됐으니까 이쯤에서 그만하자고.

| 호민 | 싫어! |
| --- | --- |
| 부장, 소미 | (평소와 달리 격앙된 호민 반응에 놀라 보면) |
| 부장 | 싫긴 뭐가 싫어. |
| 호민 | (이내 다시 눈 피하며 중얼) 아직… 더 풀 게 남았어. |
| 부장 | 너 뭔가 착각하는 거 같은데? 우리도 엄연히 의사결정 체계란 게 있어. 네가 독단적으로 너 하고 싶은 대로 하려면 개인 방송을 하던가. |
| 호민 | 그치만… |
| 부장 | 그치만이고 나발이고, 분명 킬 하라고 했다. 알았어? |
| 호민 | … |

S#13. 교정 일각 / 낮

테이블 있는 벤치에 마주 앉아 민재와 얘기 중인 해이.

| 해이 | 담주까지만 하고 그만둘게. |
| --- | --- |
| 민재 | (보면) |
| 해이 | 내가 뱉어 놓은 말이 있어서, 기간은 끝내야 돼. 네 말대로 나 돈 땜에 들어왔어. 나 그 돈 필요해. |
| 민재 | (보다) 그럼 담주에 그만두는 걸로 알고 있을게. |
| 해이 | (끄덕하면) |
| 민재 | (일어나는데) |
| 해이 | 근데… 나까지 그만두면 더 사람 적어지는데… 괜찮겠어? |
| 민재 | (그 말에 욱하지만 화 억누르며) 난 첨부터 이 학교를 지원한 이유가 |

응원단이었어. 응원단에 들어오는 게 내 목표였고, 내 동력이었
다고. 근데 돈 땜에 들어와서 재주 좀 있다고 설치고 다니는 거,
그건 아니잖아?

해이        (적대적 모습에 약간 놀랐고)

민재        (살짝 흥분했다) 물론 다 나 같은 마음이길 바라는 건 아냐. 그치만
최소한 그게 돈 때문은 아니어야지. 안 그럼 내가 품어 왔던 의
미까지 하찮아지잖아. (가면)

해이        … (가는 민재 보는데 마음이 복잡하다)


S#14. 교내 일각 / 낮

지영, 학생처 쪽으로 걸어가고 있다.
앞으로 걸어오는 영웅, 반갑다는 듯 손 위로 흔드는데 지영 한심
하다는 듯보다 생까고 지나간다.
영웅, '뭐지, 우리의 뜨거운 밤을 잊은 건가…' 실망하고 있는데
또로롱 오는 카톡. 영웅, 메시지 확인하면.

INS) 카톡 메시지

지영(E)        (##모텔 링크 섬네일과 함께 보이고) 8시. 난 떡볶이에 순대 내장 많이.


영웅, 메시지 보고 지영 보면.
지영, 영웅을 돌아보지 않고 슬쩍 미소 지으며 간다.

S#15. 강의실 / 낮

선호, 자리에 앉자 선호 자리에 딱딱 빵, 바나나우유 놓는 선자
와 해이.

선자  (만담 시작) 아이고, 선호님 오셨어요.

해이  어떻게 오늘도 아주 얼굴이 훤하시네요. 체질이 보통 좋은 게 아
      닌가 봐. 낯빛이 탁한 날이 없어.

선호  왜 이래.

선자  아니 우리 낯빛 밝은 선호님이 나가니까 그렇게 응원단이 칙칙
      하고 어둑어둑할 수가 없네.

해이  그니까, 역시 우유 빛깔 선호님이 응원단에 계셔야 응원단이 빛
      이 나는데 말야.

선호  ('아, 이거였어' 우유 빨대 꽂아 쪽 마시며) 고마운데 (빙긋) 생각 없어.


      해이, 갑자기 벌떡 일어나 단상에서 했던 '연희 일어서' 동작하
      기 시작한다.
      선자, 그런 해이가 쪽팔린다. 모른 척.


해이  (마지막 동작하고 선호에게 손 내밀며 연극처럼) 그날의 열기, 벌써 잊은
      건가?

선호  (우유 쪽 마시고) 나 원래 잘 질려. (빙긋)


      해이, '에이씨 실팬가.' 하며 자리로 가려는데 강의실로 들어오
      던 정우와 눈 마주친. 정우 역시 응원 동작하는 해이 뜨악하는

표정으로 보고 있다.

해이, '뭐요?' 하는 표정 하다 자리로 터덜터덜 돌아온다.


S#16. 건물 일각 / 낮

해이와 선자, 사물함 쪽으로 가고 있다.

해이 (떠보듯) 주선, 혹시 말야. 여기서 한 명 더 나가면.

선자 (OL) 절대 안 되지! 셋이서 손잡고 쎄쎄쎄 할 일 있냐? 왜 (혹시…) 임용일 나간대? 선호 나가서?

해이 아니 그건 아니고.

선자 (휴…) 김민재 그 자식이 의외란 말야. 젤 먼저 토낄 줄 알았는데. 로또만큼 안 맞긴 하지만 뭐 그래도 없는 거보단 나으니까.

해이 (이걸 어떻게 말하나 싶고 후…)

선자 근데, 너 요즘은 메시진 안 와?

해이 (그 말에 선자 보고) 어? (끄덕) 장난이라니까. 괜히 방송부에서 이슈 만들라고 짜깁기한 거지.

선자 그러게. 자기 생각보다 일 커지니까 토꼈나.


해이와 선자, 사물함에 도착해 각자 사물함 문 여는데, 해이 사물함에 들어 있는 유민이 모델로 찍힌 2017년 학보지 표지. 표지만 찢어져 들어 있다. 표지 속 인물 둘 다 제대로 못 봐 유민인지 못 알아보고.

| 해이 | !! (들어보며) 뭐야… 이게. |
|---|---|
| 선자 | 이거 옛날 학보지 같은데? (찜찜) 이게 왜 네 사물함에 들어가 있어? (약간 무섭고) 선배들한테 말해야 되나? |
| 해이 | 에이 뭐 누가 잘못 껴 놨나 보지. (하며 표지 가방에 꾸겨 넣으면서도 못내 찜찜하다) |

S#17. 밴드부실 / 낮

선자, 민재, 용일, 해이, 밴드부실로 들어간다. 해이, 민재 눈치 흘깃 보는데, 민재, 해이에게 눈길도 주지 않는다.
신입생들 들어가자 뭐냐는 듯 보는 밴드부 선배1, 옆에 재혁도 보인다. 재혁과 눈 마주치면 눈 피하는 해이.

| 선자 | (조심스레) 저희… 응원단 신입생인데요. 신곡 만드는 데 밴드부 도움이 필요해서요. |
|---|---|
| 선배1 | (아 그거, 재혁 보며) 얘가 담당이야. |
| 해이 | 네? (왜 이렇게 꼬이냐 싶고) |

S#18. 밴드부 밖 / 낮

재혁, 해이를 따라 나온다.

| 재혁 | (뒤로 따라붙으며) 그 방송부 동영상, 이상한 메시지 받은 거 너지? |
|---|---|
| 해이 | (씹고 가는) |

| 재혁 | 너 응원단 그만둬. 괜히 그런 일까지 겪으면서 할 필요 없잖아. |
|---|---|
| 해이 | (멈춰서 재혁 보며) 와~ 나 지금 순간 네가 나 걱정한다고 깜빡 오해 할 뻔했잖아. 남이사, 그만두든 말든. 제가 알아서 할게요. |
| 재혁 | 비꼬지 마. 진짜 걱정돼서 하는 말이니까. 우리가 남은 아니잖아. |
| 해이 | 그치 남보다 못한 사이지. (다시 걸어가는데) |
| 재혁 | (따라붙으며) 진선호 딴 여친 생겼더라? |
| 해이 | ('네가 그럼 그렇지.' 어처구니없어 픽 하다, 건조히) 어. |
| 재혁 | 내가 뭐랬어. 그 자식 조심하라니까. |
| 해이 | 응. 걱정이라면 넣어 둬. 누구처럼 개같이 끝나진 않았으니까. |
| 재혁 | 진짜가 아니었으니까 타격이 없던 거겠지. 우린 진심이었으 니까 개같이 끝난 거고. |
| 해이 | (헛웃음 중얼) 가지가지 한다. |
| 재혁 | 진짜 후회 안 할 자신 있어? 너 나만한 사람 어디 가서 만나기 쉽지 않을 텐데. |
| 해이 | (헛웃음, 비꼬며) 그러니까, 정말 너 같은 사람 어디 가서 만나기 쉽 지 않을 듯. (여자 화장실 앞에서) 여기까지 쫓아올 건 아니지? (들어 가는) |
| 재혁 | (자존심 상해 들어가는 해이 보는) |


S#19. 아파트 단지 일각 / 낮

춘양, 야쿠르트 차 갖고 운전해 가고 있으면, 춘양 향해 걸어오 는 진희.
진희, 춘양에게 멈추라는 듯 손들어 보인다. 춘양, 일단 멈추고.

| 진희 | 물건은? |
|---|---|
| 춘양 | (고갯짓으로 야쿠르트 차 냉장고 안에 있다는 듯) |
| 진희 | (손 내밀면) |
| 춘양 | (냉장고에서 꺼내 진희에게 주려 하면) |
| 진희 | (잡으려는데) |
| 춘양 | (홱 뒤로 빼는) |
| 진희 | 뭐야. |
| 춘양 | 아니, 분실물도 찾아주면 사례를 하는데 (술 보며) 입 싹이야? |
| 진희 | (하 어이가 없고) 그래서 요거트 신청해 드렸잖아요. |
| 춘양 | (술 보며) 혼자 먹기엔 너무 많지 않나? |
| 진희 | (보는) |

## S#20. 편의점 / 낮

테이블에서 라면 정도 안주에 종이컵에 양주 마시고 있는 진희
와 춘양.
진희와 춘양, 이미 좀 마신 듯 술기운 올라와 있다.


| 진희 | 무슨 심사위원들까지 황진이 대회에서 성춘양이 진 받았냐고, 황진희 이름값이 아깝다고, 아니 그럼 자기들이 날 진을 주던가, 왜 남의 이름 갖고 웃기지도 않는 농담이나 하고. |
|---|---|
| 춘양 | (배시시 웃으며) 그때가 내 전성기였지. |
| 진희 | (고개 절레절레) 난 암흑기였어. 행사 다니면서 그 소릴 이백 번은 들었을걸. 난 너랑 다니는 거 딱 질색이었어. |

| 춘양 | 난 좋았는데. |
|---|---|
| 진희 | 그니까. 남의 속도 모르고 들러붙긴 얼마나 들러붙던지. |
| 춘양 | 기억 못 하는 줄 알았는데, 기억하네. |
| 진희 | ('아 그랬지.', 무안해 라면 먹으며) 뭐 좋은 기억이라고. |
| 춘양 | 안 변했네. 여전히 새침하고, 소녀 같고. |
| 진희 | (보다, 한 잔 더 털어 마시곤) 안 변하긴. 변했어. 세월이 얼만데. |
| 춘양 | 난 많이 변했지? |
| 진희 | … 넉살이, 좋아졌네. 그땐 만날 뒤에 숨어 말도 제대로 못 하더니. |
| 춘양 | (피식 웃으며 술 한 잔 마시고) 살다 보니, 숨을 뒤가 없어서, 앞으로 나서 살 수밖에 없더라고. 그러다 보니 이리 됐네. |
| 진희 | (보는) |
| 춘양 | (시계 보고 다급히) 벌써 시간이 이렇게 됐네. 아이고 알바 늦겠다. |
| 진희 | 끝난 거 아녔어? |
| 춘양 | 파트 알바 하나 더 있어. |
| 진희 | 술 마셨는데? |
| 춘양 | 가다 보면 금방 깨. |
| 진희 | (못내 아쉽고) |
| 춘양 | 담에 또 좋은 술 있음 (손으로 꺾는 모션 해 보이며) 한잔하자고. (빠이 빠이 하고 가면) |
| 진희 | (가는 춘양 보다, 1/3쯤 남은 술병 보고 홀로 한 잔 더 마시려다 됐다 싶어 만다) |

S#21. 카페 / 밤

카페 한자리에 나란히 앉아 있는 선호와 여친1.

여친1    영화 볼까?

선호    그럴래?

여친1    노래방 갈까?

선호    그래도 좋고.

여친1    뭐야 다 좋대. 자긴 하고 싶은 거 없어?

선호    나? (딱히 없고 그냥 웃으며) 너 하고 싶은 거?

여친1    난 자기가 하고 싶은 거 하고 싶은데.

선호    (잠시 주춤했다 웃으며) 뭐 그럼 영화 볼까?

여친1    (신나서 핸드폰으로 검색하며) 요즘 뭐 하더라.

선호    (맞춰주곤 있는데 생각만큼 재밌진 않다)


S#22. 단장실 + 백반집 / 밤

단장실 책상에 앉아 있는 정우. 축제 자료를 보고 있는데 핸드폰
으로 전화 온다. 발신자 '엄마'다. 전화 받는 정우.


선혜    (반찬거리 정도 다듬으며) 반찬 보냈데이.

정우    뭐하러. 접 때 보낸 것도 남았는데.

선혜    오래 두고 먹을 수 있게 짱아찌 위주로 보냈으니까. 버리지 말고
       다 챙겨 무라.

정우    알았다.

선혜    (말 안 하려다 묻는) 공분 잘 되나?

| 정우 | … 그냥 한다. |
|---|---|
| 선혜 | 그래. 뭐 네 알아서 하겠지. 행시 공부 그기 어디 쉬운 기가. 길면 십 년 하는 사람도 있다드라. 엄만 재촉 안 한다. |
| 정우 | … |
| 선혜 | 뭐 필요한 건 없고? |
| 정우 | 없다. |
| 선혜 | 필요한 거 있으믄 바로바로 말해라. 엄마 돈 많다. |
| 정우 | … 미안하다. |
| 선혜 | 뭐가? |
| 정우 | … 엄마 고생하는데 |
| 선혜 | 시끄럽다. 쓸데없이 말 길어졌네. 일 봐라. (전화 끊는) |
| 정우 | … (전화 끊고… 심란해진다) |

이때 단장실 밖에서 나는 부스럭 소리. 정우 수상한 소리에 밖을 본다.


S#23. 단실 앞 / 밤

단실 안에서 부스럭부스럭 수상한 소리 나고, 정우, 적당히 손에 막대기를 쥐고 단실 쪽으로 조심스럽게 향하는데.
그때 탁 하고 열리는 단실 문.
정우, 막대기 들며 공격 자세 취해 보이면, 추리닝에 안경 쓰고 맹하게 서 있는 해이 보인다.

| 해이 | 뭐예요? |
|------|---------|
| 정우 | (막대기 내려놓으며 후 하고) 너야말로 왜 이 시간에! |
| 해이 | (멀뚱) 낼 시험이라 도서관에 있다 잠깐 눈 붙이려고 왔죠. |

## S#24. 단실 앞 운동장 / 밤

라면 후루룩후루룩 먹고 있는 해이. 정우, 역시 경이롭다는 듯 해이 본다.

| 해이 | 많이 먹음 졸려서 안 되는데. |
|------|---------|
| 정우 | (어이가 없다) 이미 많이 먹은 거 같은데. |
| 해이 | (정우 흘기며) 저녁 못 먹었단 말이에요. (영 아쉬운) 아 김치, 꼬마김 칠 샀어야 됐는데. |
| 정우 | 알타리라도 줄까? |
| 해이 | (반갑게) 있어요? |
| 정우 | (손가락으로 알타이르 자리 가리키며) 알타리. |
| 해이 | (이 꽉 깨물고 얼굴로 쌍욕 하며) 단장, 어디 가서 이런 오덕개그 하지 마요. |
| 정우 | (발끈) 아닌데 애들은 다 웃던데! |
| 해이 | 그건 그냥 권력에 굴복하는 거죠. 속으로 다 쌍욕 할 걸요? (다시 먹으며) 진짜 나니까 이런 말 해준다. 고마운 줄 알아요. |
| 정우 | (큼) 그렇게 재미없나… |
| 해이 | (너무 의기소침하지 말라는 듯 어깨 툭툭 치며) 뭐 간간이 생각나면 어이 없어 피식 할 정도는 돼요. |

| 정우 | (표정 하다, 해이 보며) 넌 뭐 별일은 없지? |
|---|---|
| 해이 | 뭔 별일이요? |
| 정우 | 없음 됐다. |
| 해이 | (라면 먹으며 슬쩍 정우 보고) 제가… 할 말이 있긴 한데. |
| 정우 | 할 말? |

이때 도서관 방향에서 부스스한 추리닝 차림으로 나오는 여자.
기다리던 남자가 가방에서 꽃다발 꺼내 여자에게 주면, 여자 환
하게 웃는다.
꽃다발에 크게 꽂혀 있는 '축 100일 글자' 토퍼.

| 해이 | 아니, 무슨 이 시간에 저러고 있어. 지금 당장 안 하면 지구가 멸<br>망하는 일도 아닌데. |
|---|---|
| 정우 | 빨리 축하하고 싶나 보지. |
| 해이 | (고개 절레절레) 세상에 쓸데없는 기념일이 너무 많아 (손가락 꼽으며)<br>발렌타인데이, 화이트데이, 크리스마스, 각자 생일, 여기다 백일,<br>이백일 이런 거까지 세고 있음 일 년 열두 달이 다 기념일이야. |
| 정우 | (몰랐다는 듯 천진하게) 그러네… 좋다. 기념할 일 많아서. |
| 해이 | (후…) 기념일은 말 그대로 스페셜 데인데, 스페셜한 날이 너무<br>많은 거 아니냐고요. (사이) 그거 다 챙기면 돈이 얼만데. (라면 다시<br>후루룩 먹으면서) 요즘 세상엔 연애도 돈이 있어야 한다니까. |
| 정우 | … (무심히) 그런가. |
| 해이 | (정우 보며) 가만 보면 단장은 참 현실감이 천진한 구석이 있어요.<br>하긴 뭐 그러니까 남들 스펙 쌓는다고 밤샐 때 동아리 예산을 |

|     |     |
|-----|-----|
| | 짠다고 밤새고 그러고 있죠. |
| 정우 | 그러게. 내가 현실 감각이 좀 없네. |
| 해이 | (약간 당황해) 아 갑자기 왜 이래요! 이럼 평소처럼 '네가 뭘 알아?' 이러면서 받아쳐야지 왜 여기서 수긍을 하냐고요. 리액션 애매해지게. |
| 정우 | 맞는 말 같아서. |
| 해이 | (괜히 미안하고) |
| 정우 | (피식 웃는, 해이 미안해하는 거 같아 분위기 바꾸려) 남들 스펙 쌓을 때 이러고 있는 사람도 있는데. 돈 없이 연애하는 사람도 있겠지. |
| 해이 | 그게 상대한테 민폐일 수도 있으니까 그게 문제죠. |
| 정우 | 민폐는 아닐 거야. |
| 해이 | 단장이 어떻게 알아요? |
| 정우 | 그냥 나라면 그럴 거 같아서. |
| 해이 | … |
| 정우 | 근데 너 할 말 있다며? 뭔데? |
| 해이 | 네? 아 그게 (그만둔단 말인데) 까먹었어요. 담에 생각나면 할게요. (라면 다시 먹는) |
| 정우 | 그래. (정우 시선 다시 커플 쪽으로 향하는 데 좋아 보인다. 미소로 보다, 해이 라면 먹는 거 보는데 이 또한 좋다 싶다) 좋다. |
| 해이 | (제대로 못 들었다) 네? |
| 정우 | 바람이 좋다고. |
| 해이 | (갸웃) 바람이 이게 부는 건가? (다시 라면 먹는) |
| 정우 | (풋 웃고 미소로 해이 보는데 핸드폰 문자 온다. '이 시간에 누구지?' 하고 핸드폰 보는데) |

INS) 문자 메시지

(E)        그래, 봐요. (발신자 누군지 안 보인다)

정우       (메시지 보고, 급격히 표정 굳어지는)


S#25. 카페 전경 / 낮


S#26. 카페 / 낮

정우, 긴장된 듯 물 마시며 누군가 기다리고 있다. 정우 앞으로
와 앉는 누군가, 규진이다.
/커피 마시고 있는 규진과 정우.

정우       유민 누나랑은 연락해?
규진       아니요, 헤어진 마당에 형보다 더 연락하기 애매한 사이죠. (사이)
         형이랑도 연락 안 돼요?
정우       (끄덕)
규진       전 아니에요.
정우       (보면)
규진       방송부 동영상 저도 봤어요. 그거 저 아니라고요. 그거 물어보고
         싶어서 보자고 한 거 아니에요?
정우       그건 아니고, 혹시 말야… 유민 누나도 그런 이상한 메시지 받은

적 있니?

규진  이상한 메시지요? (생각하다) 저희 사귈 때 '헤어져.'라고 어떤 새
끼가 익명으로 페메 보낸 적 있어요. 제가 난리 치니까 그 뒤에
누나가 그런 얘긴 따로 안 해서 더 뭐가 있었는진 모르겠네요.

정우  누나도… 받았구나…

규진  근데 그때 좀 이상하긴 했어요.

정우  (보면)


S#27. 응원단실 / 낮

운찬, 소윤, 초희, 신입생들, 단실에 모여 있다.


초희  (커피 있는 쪽으로 가 빈 커피 통 보며) 커피 떨어졌네? 사 와야겠… (까
지 했는데)

선자  (OL, 갑분 벌떡 일어나며 눈치 게임) 일!

초희  (번개같이) 이!

소윤  (눈치 보다 쾅 의자 넘어뜨리며 일어나) 삼!

운찬  (핸드폰 보다 갑자기) Shit.

초희  Shit은 안 쳐준다.

용일  (그 틈에 잽싸게 슬쩍) 사! (하는데)

운찬  그게 문제가 아니라. (이거 보라는 듯 손가락으로 가리키는)

일동  (운찬 핸드폰 보는데)


공고문 제목 : 2018년 예산 집행 내역 조사 의뢰

| 정우(E) | 향후 테이아는 성실히 경찰 조사에 임할 것이며, 조사 결과 문제가 있을 시 법적 책임을 다하겠습니다. |
|---|---|
| 해이 | (진짜 했네… 표정) |
| 운찬 | 이거 이러다 우리 진짜 올해 대 끊기는 거 아니에요? 일을 이렇게까지 키워야 하나. |
| 신입생들 | (불안불안) |
| 초희 | 다 생각 있어서 한 거니까. 동요할 필요 없어. |

이때 정우 단실로 들어오면 뭐라 말 못 하고 정우 보는 단원들.

| 초희 | (정우 쪽으로 와 신입생들 안 들리게 조용히) 감당할 자신 있어서 사고 친 거지? |
|---|---|
| 정우 | (보다) 뭐 어떻게든 되겠지. (으쓱) |
| 초희 | (저게 진짜) |

이때 수일, 단실 문 열고 들어온다. 일동 멈칫하다 분위기 살피며 어색하게 인사한다.

| 수일 | (웃으며 정우에게) 경찰 조사 성실히 임해서 무혐의 입증할 기획 줘서 아주 고맙다. (다시 서늘한 표정) |
|---|---|
| 정우 | … (수일 보는데) |

INS) 카페 / 낮

S#26 이어지며.

334 × 335

| 규진 | 그때 비밀로 사귈 때라, 우리 사귀는 거 아는 사람 거의 없었거든요. 어떻게 알고 소문낸 게 수일 형이니까, 수일 형 정도 알았을라나. |
|---|---|
| 정우 | !! |
| 정우 | (수일, 규진 말 생각하며 서늘히 보는데) |
| 수일 | 참, 그런데 어떡하냐. 이번 일로 선배들이 화가 많이 나서, 이번 축제 백스텝 구하기 쉽지 않을 거야. 가뜩이나 인원도 적은데… 유감이네. 단장 리더십이 이래서야 원. |
| 유민(E) | (OL) 걱정 마. |
| 수일 | (그 소리에 보면 유민이다. 놀라 유민 보면) |
| 정우 | (놀라 시선 유민에게 고정) |
| 유민 | 내가 꾸릴게. 백스텝. (빙긋) |
| 수일 | (유민 보고 놀라 암말 못하는) 유, 유민이 네가 어떻게. |
| 일동 | !! (놀라는) |
| 선자 | (해이에게 유민) 단장 첫사랑? |
| 해이 | (유민 보다 정우 보는) |
| 유민 | (피식 웃으며) 꼭 귀신이라도 본 거 같이 왜 그래? 수일 오빠. (서늘히 수일 보면) |
| 수일 | (정말 귀신 본 거처럼 망부석) |
| 정우 | (유민 보는) |
| 해이 | (그런 정우 보는) |

S#28. 단장실 / 낮

유민과 마주 앉아 있는 정우.

정우, 여전히 이 상황이 믿기지 않아 유민 얼굴을 뚫어져라 본다.


| | |
|---|---|
| 유민 | 내가 말했잖아. 너 단장 되면 내가 꼭 구경 온다고. 너 개고생 하는 거. |
| 정우 | (버럭) 대체 2년 동안 어디서 뭘 한 거예요! 갑자기 사라져서는 연락도 두절되고. |
| 유민 | 그냥, 지냈어. (사이) 걱정했니? |
| 정우 | 당연히 걱정했죠! |
| 유민 | (웃는) |
| 정우 | (유민 웃는 거 보니 진짜 유민이구나 싶다) |
| 유민 | 오랜만에 보니 좋다. |
| 정우 | 돌아온 거죠? 복학하는 거예요? |
| 유민 | 응. (단실 쓱 둘러보며) 돌아와야지. (정우 보며) 해야 할 일도 있고. |
| 운찬 | (조심히 들어오며) 단장, 저희 집합. |
| 정우 | (유민 보면) |
| 유민 | 괜찮아, 가 봐. |
| 정우 | (가면 유민이 사라질까 봐 가도 되나 싶은데) |
| 유민 | (그런 정우 맘 읽듯) 다시 안 사라져. |
| 정우 | … (그 말에 유민 보다, 별수 없이 일어나) 당연히 그래야죠. (가는) |
| 유민 | (가는 정우 보는) |

S#29. 노천극장 / 낮

    동작 연습하고 있는 신입생들.
    선배들, 신입생들 봐주고 있다. 정우, 해이를 봐주고 있는데 영
    집중을 못 한다.

해이        너무 성의 없는 거 아녜요? (중얼, 누구 땜에) 정신없는 거 알겠는데.
           공사는 구분하셔야지.

정우        (당황해 보는데)

운찬(E)    단장.

정우        (운찬 소리에 해이 보다, 운찬 쪽으로 가는)


    해이, 가는 정우 보며 삐쭉하는데, 이때 한쪽에서 노천 지나다
    멀찌감치에서 단원들 연습 지켜보고 있는 선호와 눈 마주친다.
    해이와 눈 마주치자 이내 가버리는 선호. 가는 선호 보는 해이.


S#30. 의대 건물 앞 / 낮

    선호가 건물에서 나오면 건물 앞에서 기다리다 손 흔드는 해이.
    선호, '나 기다렸나?' 싶어 해이 쪽으로 온다.


S#31. 벤치 / 낮

    콜라에 빨대 꽂아 선호 앞에 대접하듯 내려놓는 해이.

| | |
|---|---|
| 해이 | 아이고 선호님. 드시죠. |
| 선호 | 왜 이래 또? |
| 해이 | (장난 모드 내려놓고 사뭇 진지하게) 선호야. 있잖아. 너 응원단 다시 할 생각 진짜 없어? |
| 선호 | 응? 왜? |
| 해이 | 그냥, 네가 했으면 좋겠어서. |
| 선호 | (보면) |
| 해이 | 너까지 빠지니까 진짜 너무 조촐하기도 하고. (사이) 난 우리 합응 때 너 연습하는 거 보고 네가 이거 좋아하는구나 했거든. 안 좋아하는데 그렇게 열심히 하진 않았을 거 아냐. 아까도 그래서 보고 있던 거 아냐? |
| 선호 | … |
| 해이 | 그만두지 마라. 너 좋아하잖아 이거. (사이) 넌, 할 수 있잖아. |
| 선호 | (해이 보다) 너 하고 있잖아? 뭘 넌 못하는 것처럼 말해. |
| 해이 | 응? 아… (그냥 쓰게 웃는) |
| 선호 | 지나가다 보여서 본 거야. 딱히 보려고 본 게 아니고. 애초에 재밌을까 해서 들어간 건데, 뭐 딱히 재미도 없어졌고. 난 됐어. (더 할 말 없단 듯 일어나며 해이보곤) 근데 너야말로 맨날 알바하느라 시간 없단 애가 왜 이렇게까지 해? |
| 해이 | 어? 뭐 그냥… |
| 선호 | (정우가) 좋아서 하는 건가? |
| 해이 | (보면) |
| 선호 | 어지간히 좋나 보네. 그 시간 쪼개서 하는 거 보면. (빠빠이 하고 가며) 난 수업 있어서. |

해이          … (가는 선호 보는)


S#32. 단실 앞 / 밤

            초희 들어가고 단실 쪽으로 오는 용일.
            럭비부 주장 단실 쪽으로 오는 거 보인다. 럭비부 주장 들어가려
            고 하는데 탁, 럭비부 주장 막는 용일.


주장        뭐야?

용일        부원인데예.

주장        너네 부단장이랑 할 말 있어 왔으니 비켜. (하고 용일 치우려는데)

용일        부단장 없는데예.

주장        아까 여기로 들어오는 거 봤거든.

용일        바로 나갔어예.

주장        그래? 어디로.

용일        그건 지도 모르겠는데예.

주장        (긴가민가 보다 단실로 가려는데)

용일        어? 쩌기 초희 누나 같기도 하고.

주장        (그 말에 그쪽 보며 긴가민가하다 그쪽으로 가는)


            용일, 가는 주장 보고… 단실 보는데 영 불안하다. 단실 안 들어
            가고 그 앞에 걸터앉아 있는데, 초희, 단실 문 열다 용일을 친다.


초희        (문에 걸리는 용일 보고) 너 여기서 뭐 해.

| 용일 | (뭐라 하지) 잠깐 졸려서 낮잠을… |
|------|--------|
| 초희 | (그 말에 창가 쪽 보면 보름달이 보인다) |
| 용일 | 그니까 밤잠을… |
| 초희 | (어이가 없고) |

## S#33. 교정 일각 / 밤

용일과 초희, 학교 정문 쪽으로 가고 있는데 초희 쪽으로 격앙
돼 걸어오는 럭비부 주장. 용일, 다급하게 어쩌나 이리저리 우왕
좌왕하는데, 럭비부 주장, 초희 쪽으로 와 초희 따귀를 올려붙
인다.

| 용일 | (럭비부 주장 손 붙잡아 올리며) 무슨 짓이고! |
|------|--------|
| 주장 | 네가 감히 날 차단해? |
| 초희 | (용일 치우며 럭비부 주장에게 조용히) 네가 분명 먼저 선빵친 거다. (하고 따귀 더 세게 올려붙이면) |
| 주장 | 이게 근데. (하며 초희 치려 하는데) |
| 초희 | (먼저 낭심 발로 팍 가격하고 용일에게 핸드폰 던지며) 찍어. |
| 주장 | (중요 부위 붙잡고 아파하면) |
| 용일 | ?? |
| 초희 | 동영상 찍으라고. (하며 럭비부 주장 일어나기 전에 가방으로 다시 한 번 등 격파) |
| 용일 | (얼결에 찍으면) |
| 초희 | (한 번 더 무림 고수처럼 다리 걸어 넘어뜨리기) |

| 주장 | (속절없이 당하며 쓰러지는데) |
|---|---|
| 초희 | (용일이 찍은 영상 빼앗아 보여 주며) 자존심에 여자한테 맞았단 거 소문나기 싫지? 다신 찾아오지 마. (용일과 가면) |
| 주장 | (아파하며 부들부들) 너… 두고 봐. 내가 가만 안 둘 거야! |
| 초희 | (돌아보지 않고 손 흔들흔들하지만, 초조히 용일에게) 안 따라오냐? |
| 용일 | 예? (슬쩍 보고) 예. |
| 초희 | (휴… 다행이다) 빨리 걸어. 따라오기 전에. (빨리 걷기로 걷는) |
| 용일 | (초희 종종걸음으로 따라가는데 한 번 더 반했다. 하트 뿅 해서 초희 보는) |

## S#34. 선호 집_부엌 / 밤

진희, 식탁에서 라면 먹고 있다.

| 도우미 | (다이닝 룸 빨랫거리 갖고 들어오며) 웬일이래요. 라면을 다 드시고. |
|---|---|
| 진희 | 그냥 오늘 좀 땡기네. (후루룩후루룩) |
| 도우미 | (빨랫거리 세탁실 망에 두고 나가는) |
| 진희 | (도우미 아줌마 나가는 거 보고) 아 한 잔 딱 함 좋겠는데. (하고 슬쩍 눈치 보다 일어나 찬장 쪽으로 가는, 찬장 구석에 현미 식용유 새것 꺼내 뚜껑 열고 냄새 킁킁, 알코올 향 올라오고 씩 웃으며) 요건 몰랐을 거다. (하는데) |
| 선호(E) | 엄마. |
| 진희 | (화들짝) 왜? 응? |
| 선호 | 뭐해? |
| 진희 | 아 (손에 들려 있는 술 보고) 계란프라이나 해 먹을까 하고. (술 놓고 선호 쪽으로 오는데 아줌마가 두고 간 빨랫거리에 응원단 티셔츠 보인다, 티셔츠 |

|  |  |
|---|---|
| | 보곤) 아들 아직도 응원단 해? |
| 선호 | (티셔츠 보며) 아 그거 그만뒀어. |
| 진희 | 그치? 그래 잘 생각했어. 그거 시간만 많이 뺏기고 어디 쓸 데도 없는 거. (선호 엉덩이 툭툭 해 주면) |
| 선호 | (시선 응원단 티셔츠…) |
| (E) | 현관문 열리는 소리. |

S#35. 선호 집_거실 / 밤

집으로 들어오는 민철(49세, 남), 말끔한 정장 차림이다.

진희는 민철이 들어오자 반갑게 민철 쪽으로 종종 간다. 선호, 엄마와 달리 데면데면 꾸벅 인사하면, 민철, 무심히 끄덕한다.

|  |  |
|---|---|
| 진희 | (반갑게) 오늘은 일찍 왔네요? 밥은, 먹었어요? |
| 민철 | 먹었어. (무뚝뚝하게 말하고 방으로 들어가다 얼굴 찌푸리며) 라면 먹었어? |
| 진희 | (당황하는데) |
| 선호 | 제가 먹었어요. |
| 민철 | (보다) 몸에도 안 좋은 거, 적당히 먹어라. (들어가는) |
| 진희 | (선호에게) 배고프면 아줌마한테 뭐 좀 챙겨달라고 해. (하고 민철 쫓아 부산스럽게 안방으로 들어간다) |
| 선호 | (그런 진희 보는데, 안쓰럽고 마음이 안 좋다) |

해이, 알바 끝나고 들어오면 부엌에서 겉절이 하고 있는 춘양.
해이, 응원단 연습티 입고 있다. 겉절이 무치는 춘양 본 해이, 춘양 쪽으로 쪼르르 와 얼른 겉절이 하나 들어 맛보는데 '툭' 티셔츠로 양념 떨어진다.

| | |
|---|---|
| 춘양 | (혀를 끌끌 차며) 저저 식탐. 김칫물은 잘 빠지지도 않아 얼른 벗어서 자리 잡아 빨아. |
| 해이 | (대충 행주로 양념 닦으며) 됐어. 어차피 담주까지만 입고 말 건데 뭐. |
| 춘양 | 담주? |
| 해이 | (대충 닦은 듯 행주 내려놓으며) 담주까지만 할라고, 응원단. |
| 춘양 | 왜? 신나서 다니더구먼. |
| 해이 | 내가 뭘 또 신나서 다녔다고. 돈 벌어야지, 언제까지 놀 순 없잖아. |
| 춘양 | (해이 보다, 다시 겉절이 무치며) 누가 보면 수억 버는 줄 알겠다. |
| 해이 | (방으로 가며) 수억 벌 거거든요~ |
| 춘양 | (소금 넣으며) 네 그거 아나? 누가 그랬대. 포기는 배추 셀 때나 쓰는 말이라고. |
| 해이 | (표정 구기며) 뭐야, 그 구린 멘트는. |
| 춘양 | (팍팍 무치며) 젊은 게 너무 다 포기하고 살지 마라. 그거 버릇되면 못 쓴다. |
| 해이 | (보면) |
| 춘양 | (겉절이 맛보고 찡그리며) 에이 짜네. (하곤 양파 더 넣는) |
| 해이 | … (양념 묻은 테이아 티셔츠 보는) |

이때 재이 들어온다.

| 춘양 | 아들 왔어. 밥은? |
|---|---|
| 재이 | (제대로 인사도 안 하고) 먹었어. (슝 방으로 가는) |
| 해이 | 저거 진짜 사춘기 한 번 더럽게 왔네. |
| 춘양 | (냅두라는 듯 손짓) |
| 해이 | (중얼) 상전 나셨어요, 상전. |

S#37. 해이 집_재이 방 / 밤

책가방 내려놓는 재이. 입가 주변에 싸운 듯 생채기 나 있다.
거울 보며 다친 데 만져 보는데 따갑다. 얼굴 찡그리다 다시 거
울 보며 이걸 어떻게 감추나 싶은…

S#38. 연희대학교 전경 / 낮

S#39. 단실 / 낮

해이, 단실로 들어가는데, 단실에 홀로 앉아 있는 유민.
해이, 흠칫하다 어색하게 인사하면 미소로 인사하는 유민.
/해이와 유민, 침묵으로 어색하게 둘이 앉아 있다.

| 유민 | 무섭진 않아? |
|---|---|

| | |
|---|---|
| 해이 | ?? 뭐가…요? |
| 유민 | 동영상, 나도 봤거든. |
| 해이 | (아…) 그런 게 뭐가 무서워요. 먹고 사는 게 더 무섭지. |
| 유민 | 그래도 조심해. 혹시 모르니까. |
| 해이 | (보면) |

이때 들어오는 정우.

| | |
|---|---|
| 유민/해이 | (동시에) 정우야, 단장 |

유민과 해이, 서로 쳐다보며 '아, 정우 기다린 거였어.' 하는 표정.

| | |
|---|---|
| 정우 | (둘 번갈아 보다 유민 향해) 누나 일찍 왔네요. |
| 유민 | 어, 좀 여유 있게 나왔더니 일찍 도착했네. |
| 정우 | (해이 보며) 해이 넌 왜? |
| 해이 | (둘이 약속 있어 보이자) 아녜요. 두 분 하실 말씀 있으신 거 같은데 담에 할게요. (나가는) |

S#40. 단실 밖 / 낮

밖으로 나온 해이. 기분 영 별로다. 단실 쪽 보다 돌아서 나가는
해이.

S#41. 밥집 / 낮

백반집에서 주문하고 기다리고 있는 정우와 유민.

정우, 해이가 신경 쓰여 집중 못 하고 있다.


| 유민 | 오랜만이다? 이렇게 같이 밥 먹는 거. |
| --- | --- |
| 정우 | (그 말에 정신 들어) 아 그러게요. |
| 유민 | 아까, 내가 비켜 줄 걸 그랬나. |
| 정우 | 그냥 요새 뭐 좀 일이 있어서. 혹시 무슨 일 있나… 해서요. |
| 유민 | 둘이 꽤 친한가 보네? |
| 정우 | 뭐 신입생들 얼마 안 남았으니까. |
| 유민 | (뭐라 말 않는) |
| 유민 | (생각하다) 누나 2년 전에 말예요. (하는데) |
| 유민 | 나 그때 얘긴 안 했으면 좋겠는데. |
| 정우 | (아차 싶다) 미안해요. 누나 제가 생각이 짧았어요. |
| 유민 | (쓰게 웃는데 이때 밥 나온다) |
| 정우 | 먹어요 누나, 누나 여기 밥 좋아하잖아요. |
| 유민 | (미소 보이며) 응. 먹자. |


S#42. 교정 일각 / 낮

선자와 걸어가고 있는 해이. 해이, 골똘히 생각에 잠겨 있다.


| 해이 | (곰곰) 주선, 눈에서 멀어지면 맘에서도 멀어진단 건, 쌍방 동일이 |
| --- | --- |
| | 겠지? |

| 선자 | 뭔 소리야. |
|---|---|
| 해이 | 그럼 반대로 눈앞에서 알짱거림 맘도 더 동하겠네? |
| 선자 | 아 뭔 소리야. 말을 일이삼사로 해야 될 거 아냐. 뭔 일삼오칠구로 하고 있어. |
| 해이 | (후 한숨 쉬는데 건물 입구에서 기다리고 있는 재혁 보인다. 재혁, 해이 보자 해이 쪽으로 온다. '아 저건 또 왜 저기서' 표정 구겨지는) |
| 해이(E) | 여친인 척해달라고? |

/해이 황당한 얼굴로 재혁과 마주 서 있다. (선자 멀리서 구경 중)

| 해이 | 너 혹시… (손가락 귀 옆으로 돌리며) 돌았어? |
|---|---|
| 재혁 | 내가… 실수를 좀 했어. |
| 해이 | (보면) |


## S#43. 강의실 / 낮 / 과거

몇몇 모여 있는 재혁과 의대 무리. (선호 없는)

| 선배1 | (재혁 보며) 네가 간장종지라며? 학기 초부터 대차게 까인. |
|---|---|
| 재혁 | (울컥한다) 까인 거 아닙니다. |
| 선배1 | 뭐 까이진 않고 차인 건가. |
| 일동 | (큭큭 웃는) |
| 재혁 | 그땐 잠깐 여자 친구가 화가 나서 그런 거예요. |
| 선배1 | (오오…) 안 헤어졌어? |

| 재혁 | … 네. |
| 선배1 | 그럼 오늘 의인의 밤에 여친이랑 오나? |
| 재혁 | 네? |
| 선배1 | 왜? 파트너 동반이잖아. 데려와. 대찬 여친 얼굴 좀 보게. (얼굴 획 |
| | 획 하며) 이게 좀 한다면서. 궁금한데. |
| 재혁 | (곤란한…) |

S#44. 교정 일각 / 낮

| 해이 | (황당히 재혁 보면) |
| 재혁 | 그 선배, 한 번 찍으면 일 년 내내 괴롭히는 걸로 유명해서 나도 |
| | 모르게 그만. (후 한숨 쉬며) 미안해. 곤란한 거 아는데 한 번만 부 |
| | 탁할게. 왜 알바다 생각해 주면 안 돼? 알바비도 낼게. |
| 해이 | (황당) 야 장난쳐? 무슨 그런 말도 안 되는. |
| 재혁 | 제발. 나 진짜 일학년부터 학부 생활 꼬이고 싶지 않아서 그래. |
| | (사이) 사실 이렇게 된 데 네 책임도 아예 없는 건 아니잖아. 한 번 |
| | 만 제발 부탁할게. 사람 하나 살린다 생각하고. |
| 해이 | (난감한데) |

S#45. 술집 / 밤

현수막 '의대인의 밤' 걸려 있고.

술집 하나 통째로 빌려 모여 있는 학생들. 선호와 여친1도 보인다.

재혁, 초조하게 앉아 있으면 선배1이 재혁 옆쪽으로 와 앉는다.


| 선배1 | 여친은? |
|---|---|
| 재혁 | 네? 아 그게 오늘 몸이 좀. |
| 선배1 | 오늘 점심까지만 해도 괜찮던 몸이, 밤이 되니 안 좋아졌나? 야~ 이러다 새벽엔 돌아가시는 거 아냐? |
| 일동 | (풉 웃는) |
| 선배2 | (웃으며, 선배1에게) 적당히 해라. |
| 재혁 | (변명하듯) 그게 아니라 진짜 몸이. |
| 선배1 | (OL, 재혁 어깨 툭툭 해 주며) 그래그래. 몸이 아프시겠지. (주변 보며) 어떻게 우리 재혁이 여친 병문안이라도 가야 하는 거 아냐? |

이때 술집으로 들어오는 해이. 재혁, 반갑게 손 흔들며.


| 재혁 | 해이야, 여기. |
|---|---|
| 선배1 | ('뭐야 왔어?' 해이 보는) |
| 선호 | ?? (해이 보는) |
| 해이 | (재혁 쪽 보고 찜찜하지만 그쪽으로 간다) |

/재혁, 해이, 선배1, 무리 한쪽에 앉아 있고, 건너 테이블에 앉은 선호, 영 신경 쓰인다.


| 여친1 | 그치? (하며 선호 팔 치면) |
|---|---|

| 선호 | (그제야) 어? 어, 어. |
|---|---|
| 여친1 | (선호 시선 향한 쪽 보며) 거기 뭐 있어? |
| 선호 | (얼른 말 돌리며) 아냐 아무것도. 어, 뭐? |
| 여친1 | 여기 재민 씨가 그러는데. (하면서 핸드폰 보여 주면) |
| 선호 | (여자 친구 얘기 들으면서도 신경은 해이 쪽에 가 있다) |

/재혁, 해이, 선배1 테이블. 재혁, 고맙다는 듯 해이 손을 잡으면,
해이, 자연스럽게 뿌리치며 술 마신다.

| 선배1 | (해이 보며) 미인이시네. (재혁 보며) 능력 있다. |
|---|---|
| 해이 | (이 새끼 한 눈에도 진상이다 싶은, 웃으며 멕이는) 트렌드를 못 읽으시네. 요즘 얼평은 엄청 실례인데. |
| 선배1 | 와, 역시 공개적으로 멕인 전력답게 화통하고, 매력 있으시다. |
| 해이 | (빙긋) 제가 좀 그렇죠. |
| 선배1 | 재혁이랑은 고등학교 CC라고. 인기 많았을 거 같은데 어떻게 재혁이랑. |
| 해이 | 재혁이 멋있잖아요. |
| 선배1 | 에이 설득력이 좀 떨어진다. |
| 해이 | (진심으로) 멋있었어요. 공부도, 좋아하는 것도. 다 열심히라서, 진심이라서 그래서 좋았어요. |
| 재혁 | … |
| 선배1 | (재혁 보며) 오오 (하다 해이 보며) 세상 진짜 불공평하네. 청담고면 집도 좀 살 텐데. 완전 다 가지셨네요. |
| 해이 | 아뇨. 저희 집은 못 살… (하는데) |

| 재혁 | (OL) 제가 잘해야죠. |
|---|---|
| 선배1 | 그래 잘해. 이 새꺄. |
| 해이 | (재혁 보는) |

/해이, 홀로 화장실 쪽으로 가는데 선호와 마주친다.
해이, 선호 보고 '아 얘도 의대였지…' 난감한.

| 선호 | 어떻게 된 거야? |
|---|---|
| 해이 | (선호 보며) 뭐 일종의 결자해지랄까. (하고 꾸르룩하자) 나 급해서. (후다닥 뛰어나가면) |
| 선호 | (나가는 해이 보다 재혁 보곤, '내 알 바 아니지.' 자기 자리로 가는) |

S#46. 술집 밖 / 밤

술집 밖으로 해이 마중 나온 재혁. 둘 얘기 중이다.

| 재혁 | 오늘 고마워. (봉투 건네며) 이건 그냥 내 고마움의 표시야. |
|---|---|
| 해이 | (봉투 보다 다시 넣으라는 듯 재혁에게 쥐여 주며) 됐어. 그건 그동안 네가 나한테 잘해줬던 거로 받은 거로 할게. |
| 재혁 | … 나 사실 오늘 좀 감동했어. 그때 사실 난 내가 되게 찌질하다고 생각했었거든, 근데 네가 멋있다고 말해 줘서. |
| 해이 | 그땐 정말 그렇다고 생각했으니까. |
| 재혁 | 미안해. 난 너한테 욱해서 심한 말이나 하고. (망설이다) 내가 만나면서 갚으면 안 될까. 내가 정말 잘할게. |

| | |
|---|---|
| 해이 | (보다) 재혁아. 우린 안 돼. |
| 재혁 | (보면) |
| 해이 | 넌 가난한 내가 계속 부끄러울 거고. 결국엔 나도 그런 내가 부끄러워질 거야. 난, 날 부끄러워하면서 살고 싶지 않아. |
| 재혁 | 해이야 그건, 오해야. 난. |
| 해이 | (OL) 괜찮을 거 같은 사람이 있었어. |
| 재혁 | (보면) |
| 해이 | 지금 나 자체로도 괜찮다고 말해 줄 것 같은 사람이, 있었어. 그게 뭐라고, 안심이 되더라. 그런 사람이 있단 게 위로가… 됐어. |
| 재혁 | (보면) |
| 해이 | 나 그 사람 좋아해. (빙긋) 그래서 우린 정말 여기까진 거 같아. 그때 내가 잘못한 빚은 오늘 갚은 거로 하자. 갈게. (돌아가면) |
| 재혁 | (가는 해이 붙잡지 못하고, 보고 있고) |

/한쪽에서 담배 피우며 둘의 대화 듣고 있던 선호.

| | |
|---|---|
| 선호 | (담배 끄며) 하… 진짜 신경 쓰이게 하네. f.o |

S#47. 단실 건물 / 낮

해이, 단실 쪽으로 걸어가며 중얼.

| | |
|---|---|
| 해이 | 하… 단장이랑 주선한테 말을 해야 되는데. (하며 단실 쪽 보는데 유민과 얘기하며 단실 쪽으로 들어가는 경우 보인다. 친밀해 보이는 둘 보다 돌아 |

서는)


## S#48. 노천극장 / 낮

노천 무대 쪽으로 걸어가고 있는 해이. 한숨 푹푹 쉬며 걸어가고
있다.

선호     (언제 왔는지 해이 옆으로 따라붙으며) 땅 꺼지겠다?

해이     아 깜짝이야. (선호 보며) 뭐야 기척도 없이.

선호     뭔 생각을 하느라 사람 오는지도 몰라. (따라 걷는)

해이     나 집합 가는 길이야.

선호     알아.

해이     넌 어디 가는데.

선호     너 가는데.

해이     (보면)

선호     난 말야, 승산 없는 게임은 영 재미가 없거든?

해이     게임?

선호     근데 이게 더럽게 신경 쓰이는 거지. 게임에서 빠지는 게 게임에
        서 지는 것보다 더 재미없을 것 같달까. 그래서 쓸데없는 데 시
        간 낭비 함 해 보려고. (해이 보며) 후회하기 싫으니까.

해이     (보면)

선호     (빙긋) 같이 하자, 너랑 하면 재밌을 거 같아.


이때 멀리서 해이와 같이 있는 선호 보고 뛰어오는 선자.

| 선자 | 아이고 선호님. |
|---|---|
| 선호 | (피식 웃는) |
| 해이 | (선호 말에 생각 많아진다) |

S#49. 노천극장 / 낮

밴드부 합주에 맞춰 적당히 율동 섞어가며 신곡 부르는 신입
생들.
선호, 옆에서 어설프게 탬버린 정도 흔들고 있다. 해이, 신나 보
이고.
이를 듣고 있는 운영진.

| 운찬 | (선호 땜에 기분 좋다. 끝나자 과장되게 박수 짝짝하며) Bravo! |
|---|---|
| 신입생들 | (서로 수고했다는 듯 하이파이브) |
| 정우 | 고생들 했어. |
| 해이 | 완전 고생했죠. |
| 정우 | (픽 웃고 선호 쪽 보며) 잘 왔어. |
| 선호 | (떨떠름히) 네, 뭐. |
| 소윤 | (역시 약간 상기된 표정으로 소심히) 치얼스로 가요. |
| 운찬 | (소윤 따라하며) 치얼스로 가요. |
| 소윤 | (홱 보면) |
| 운찬 | ('뭐 너도 맨날 따라 하잖아.'라는 듯 소윤 보는) |
| 소윤 | (괜히 삐져서 팩팩팩 걸어간다) |
| 정우 | (운영진 쪽으로 가면) |

| 해이 | (시선 정우 쪽 보는) |
|---|---|

재혁, 해이가 정우를 보는 거 보고 해이가 말한 사람이 정우구나
싶다.
역시 그런 해이 보는 선호.


S#50. 치얼스 / 밤

영웅이 해이네 테이블로 인삼주 들고 온다.

| 해이 | (영웅이 든 인삼주 보고 눈이 번쩍) |
|---|---|
| 영웅 | 지리산에서 올라온 인삼주야. 귀한 날 풀려고 아껴둔 건데, 오늘이 바로 그날인 거 같다! |
| 해이 | 네! 오늘이 그날인 거 같아요! |
| 영웅 | (너 줄 거 아니라는 듯 인삼주 선호 주며) 아이고 선호님. |
| 초희 | (세상 친절하게 오은영 박사님처럼) 선호야, 돌아와 줘서 고마워. 정말 기쁘다. |
| 선호 | 누나 왜 그래요. 하던 대로 하세요. |
| 초희 | (계속 친절하게) 하던 대로 하고 있잖아. |
| 운찬 | (중얼) 이게 더 무섭다. |
| 초희 | (운찬 보지도 않고 정확하게 원 펀치 날리고 선호 계속 보고 웃으며) 마셔. |
| 선호 | (인삼주 마시는) |
| 해이 | (차례 기다리며 잔 옆에서 고이 들고 있는) |
| 소윤 | (옆에서 슬쩍 자기 잔도 기다리는) |

이때 지영, 치얼스로 들어온다. 단원들 모여 있는 거 보고 멈칫. 돌아가려는데.

| | |
|---|---|
| 초희 | 차장님? |
| 지영 | (이미 들켰구나 에라 모르겠다) 어, 모여 있었구나. |
| 영웅 | (반가움 감추지 못하고, 똥 마려운 강아지 마냥 안절부절) |
| 초희 | 웬일이세요? |
| 지영 | 그냥 술 한잔할까 해서. |
| 초희 | 혼자요? |
| 지영 | 어. 나 혼술 좋아해. 근데 오늘은 날이 좀 아닌 거 같네? (영웅 보며) 다음에 할게. |
| 영웅 | (사색) 다음에? |
| 소윤 | 딸꾹. |
| 지영 | (어색하게 웃고 나가는데) |
| 해이 | (민재 툭툭 치면) |
| 민재 | ?? (해이 보고) |
| 해이 | (밖으로 나오란 듯 손짓) |
| 영웅 | (안절부절하다 지영 따라 나가려는데) |
| 해이 | (영웅도 툭툭) |
| 영웅 | 나? 나 지금 안 되는데? |
| 해이 | (헛소리하지 말고 쫓아오라는 듯 끌고 간다) |
| 선호 | (핸드폰 전화 와 나간다) |

## S#51. 치얼스 밖 / 밤

치얼스 밖에 서 있는 영웅, 해이, 민재.
영웅, 무슨 영문인지 어리둥절하게 민재와 해이 본다.


해이　　(주머니에서 계약서 꺼내 보인다)

영웅　　!! (민재 볼까 잽싸게 가져가려 하면)

해이　　(못 가져가게 꾹 잡고) 이거, 파기할게. (영웅 보며) 아저씨, 이 계약 파
　　　　기하죠. (계약서 쭉 찢는)

영웅　　어? (이게 무슨 상황인가 해이, 민재 번갈아 가며 보는데)

해이　　(민재 보며) 이 돈 안 받고. 응원단 계속할 거야. 됐지?

영웅　　(해이 말에 자기가 놀라) 어?

민재　　(역시 좀 의외의 선택이다 싶고)

해이　　그럼 얘기 다 끝난 거다. (가려고 하면)

민재　　갑자기 왜? 왜 돈을 안 받고 남겠단 건데.

해이　　그러게. (찢어진 계약서 보며) 내가 미친년이지. 돈 백을 포기하고.

영웅　　(행여 맘 바뀔까) 아냐, 미친년 아냐.

민재　　무슨 꿍꿍이야. 내 앞에서 쇼하고 뒤에서 돈 받으려는 거야?

해이　　내가 원래 그 정도로 영악한 거 맞는데, 이번엔 아냐.

영웅　　아, 아냐?

해이　　그냥 이번 딱 한 번만, 쓸데없는 데 시간 낭비해 보려고. 한 번쯤
　　　　은 그래도 되지 싶어서.

영웅　　(자기가 한 말 생각나고)

민재　　(보다 못마땅하다는 듯) 그래. (하고 안으로 들어가 버리는)

해이　　(후련한 표정하다 어깨춤 추며 따라 들어가며) 놀아보즈아!

| 영웅 | (덩실덩실 쫓아가며) 그래보즈아! |

S#52. 치얼스 밖 / 밤

선호, 전화 중이다.

| 여친1(F) | (울음기 가득한 목소리로) 글쎄 갑자기 왜 헤어지는데. |
| 선호 | 미안해… |
| 여친1(F) | 그러니까 왜 이율 말해야 알 거 아냐. |
| 선호 | (하… 에라 모르겠다) 그냥… 지루해서. |
| 여친1(F) | !! 개자식. |
| 선호 | 미안해… |
| 여친1(F) | 너… 진짜 개자식이구나. 이러니까 감정 불구란 얘길 듣지. |
| 선호 | 감정… 불구? |
| 여친1(F) | 너 진짜 누구 좋아해 본 적 없지? |
| 선호 | … |
| 여친1(F) | 다른 사람 땜에 피눈물 흘리는 날이 너한테도 반드시 올 거야! |
| | (전화 끊어 버리는) |
| 선호 | (전화 끊고 후 한숨 쉬고 가려는데) |
| 해이 | (나오다 발 연기) 어, 그러니까 나는 화장실을 가려던 참이었어. (손 발 앞으로 같이 나가다 '에라 모르겠다.' 호다닥 화장실 가는) |
| 선호 | (피식하며 가는 해이 보는) |

/해이, 신곡 노래 흥얼거리며 화장실 다녀오는데, 핸드폰 전화

벨 울린다.

| 해이 | 어? 전화님이 오셨네. (발신자 '성춘양 여사'다. 헤실헤실 웃으며 전화 받는) 여보세요오. |
|---|---|
| 춘양(F) | 해이야… 재이가. |
| 해이 | !! (표정 굳는) |

/툭 떨어지는 해이 전화기.
/떨어진 해이 전화기 줍는 누군가.


S#53. 치얼스 / 밤

왁자지껄 떠드는 분위기.

| 정우 | 안주 갖다 줄게. (하며 일어나다 해이 가방 떨어뜨리는, 떨어진 해이 가방에서 S#16 구겨진 학보지 굴러 나온다. 학보지 주워 넣으려다 학보지 유민 얼굴 보고 순간 표정 굳는다.) |
|---|---|
| 민재 | (정우 뒤쪽으로 지나다 유민 표지 학보지 서늘히 보는) |
| 선자 | (역시 학보지 표지 알아보고) 어? 저거, 유민 선배였네. |
| 정우 | 이거 뭐야? 어서 났어? |
| 선자 | 그거 해이 사물함에 누가 넣어놨던데… |
| 정우 | !! |
| 선호 | 근데 해이 어디 갔어? 아까 화장실 간 지 30분도 넘은 거 같은데. |
| 선자 | (전화해 보는데) 어? 전화기가 꺼져 있네요… (괜히 불길) |

| 소윤 | (이때 들어오면) |
|---|---|
| 선호 | 누나 화장실에 해이 없었어요? |
| 소윤 | 해이? 아니? 왜? |
| 정우 | 내가 나가서 찾아볼게. (나가면) |
| 선호 | (나가는 정우 보는) |

S#54. 치얼스 밖 / 밤

정우, 여기저기 해이 찾아보는데 아무리 찾아도 없다.
해이의 핸드폰으로 전화해 보는 정우. '전화기가 꺼져 있어…'
소리샘 나오고.

S#55. 골목 일각 / 밤

지나가는 사람에게 핸드폰 해이 사진 보여 주는 정우.

| 정우 | 혹시 이 근처에서 못 보셨어요? |
|---|---|
| 여자1 | 어? 이 사람 저기서 아까 남자한테 업혀 가던 그 사람 아냐? |
| 정우 | !! 감사합니다. (하고 여자가 손가락 가리킨 곳으로 뛰어가는 정우) |

그러다 앞에 등에 업힌 해이처럼 보이는 누군가 발견한 정우.
미친 듯이 그쪽으로 뛰어가 그 사람 잡아 세우면, 해이 아니다.

| 남자2 | 뭐예요? |
|---|---|

| 정우 | 죄송합니다. (꾸벅하고 다시 해이 찾아 헤매며 감정 터지는) 대체 어디 간 거야, 도해이! |
|---|---|
| 해이(E) | 단장? |
| 정우 | (해이 목소리에 뒤돌면 해이다. 그쪽으로 뛰어가 해이 잡으며) |
| 정우 | 어떻게 된 거야 너! |
| 해이 | 아, 그게. |
| 정우 | 연락도 안 되고! 얼마나 걱정했는지 알아? |
| 해이 | (흥분한 정우에 죄 진 거 같아) 핸드폰을 잃어버려서… |
| 정우 | (주저앉으며) 다행이다. |
| 해이 | (정우 앞에 쪼그려 앉으며) 많이… 걱정했어요? |
| 정우 | 제발, 걱정 좀 시키지 마. |

해이, 뭐라 말해야 할지 몰라 쪼그려 앉아 정우 보고 있으면.
정우, 해이 쪽으로 한 손 뻗어 해이를 안는다. 해이, 놀라 얼어 버리고.
그런 둘 보며 숙덕거리며 지나가는 사람들.
사람들 몇 지나가면 그 사이에서 보이는 선호, 많이 뛰어다녔는지 땀범벅이다. 안고 있는 둘을 멈춰 서 보고 있는 선호에서.

엔딩.


# Epilogue

S#56. 단실 / 밤

충전기에 연결된 꺼진 핸드폰 켜는 누군가.

문자 메시지 우르르 온다.

INS) 문자 메시지

삼다 어디야./ 도해이 보는 대로 연락 줘./ 도해이 대체 어디야!

문자 메시지 보고 있는 사람, 유민이다.

문자 메시지 보다 핸드폰 내려놓는 유민에서.

엔딩.

S#1. 골목 일각 / 밤

6회 엔딩 이어지며.

앞에 등에 업힌 해이처럼 보이는 누군가 발견한 정우.

미친 듯이 그쪽으로 뛰어가 그 사람 잡아 세우면, 해이 아니다.


남자2      뭐예요?

정우       죄송합니다. (꾸벅하고 다시 해이 찾아 헤매며 감정 터지는) 대체 어디 간

          거야, 도해이!

해이(E)    단장?

정우       (해이 목소리에 뒤돌면 해이다. 그쪽으로 뛰어가 해이 잡으며)

정우       어떻게 된 거야 너!

해이       아, 그게.

정우       연락도 안 되고! 얼마나 걱정했는지 알아?

해이       (흥분한 정우에 죄 진 거 같아) 핸드폰을 잃어버려서…

정우       (주저앉으며) 다행이다.

해이       (정우 앞에 쪼그려 앉으며) 많이… 걱정했어요?

| 정우 | 제발, 걱정 좀 시키지 마. |
|---|---|

해이, 뭐라 말해야 할지 몰라 쪼그려 앉아 정우 보고 있으면.
정우, 해이 쪽으로 한 손 뻗어 해이를 안는다. 해이 놀라 얼어 버리고.
그런 둘 보며 숙덕거리며 지나가는 사람들.
사람들 몇 지나가면 그 사이에서 보이는 선호, 많이 뛰어다녔는지 땀범벅이다. 안고 있는 둘을 멈춰 서 보고 있는 선호.
질투, 화, 슬픔, 복잡 미묘한 감정이 울컥 솟구친다.

| 선호 | (이를 보고 있다 큰 소리로) 도해이! |
|---|---|

해이, 자기 부르는 소리에 깜짝 놀라 정우와 떨어지면.
정우 역시 그 소리에 정신 돌아오는 듯하고.
해이, '누가 부른 거지?' 주변 둘러보는데.

| 선호 | (그쪽으로 가며) 여깄었네? 한참 찾았는데. |
|---|---|
| 해이 | ('뭐지? 얘가 어디부터 본거지?' 정우 보다 선호 보며) 어? 어. 언제 왔어? |
| 선호 | (정우 보며) 단장, 부단장이 찾아요. |
| 정우 | (일어나며) 어. (차분히 해이 보며) 들어가자. |
| 해이 | 저 집에 일이 생겨서 가 봐야 해요. 핸드폰만 찾아가려고. |
| 정우 | (보면) |
| 선호 | 핸드폰 꺼져 있던데? |
| 해이 | 진짜? 하… 왜 하필 지금. |

| 정우 | 일단 그럼 갔다가 집에 다시 전화해서… (하는데) |
|---|---|
| 선호 | (OL) 내가 같이 가 줄게. |
| 정우, 해이 | (선호 보면) |
| 선호 | (해이에게) 내 핸드폰 써. (정우 보며) 단장은 들어가 봐요. 제가 같이 갈게요. |
| 정우 | (보면) |
| 선호 | (시선 안 피하고 웃음기 하나 없이 정우 보는데) |
| 정우 | (별수 없다) 그래 그럼. (해이 보며) 짐은 챙겨 둘게. |
| 해이 | 네… (정우랑 아까 상황에 대해 뭐라 말 못 하고 헤어지는 게 영 찜찜하긴 한데) |
| 정우 | (선호 쪽으로 오며) 무슨 일 생기면 연락해. |
| 선호 | 단장은 신경 쓰지 마요. 무슨 일 생겨도, 그 정돈 저 혼자 해결할 수 있어요. |
| 정우 | … (보다, 해이에게) 그럼 내일 학교에서 보자. |
| 해이 | 에? 아… 네. |
| 정우 | (끄덕하고 선호에게도 적당히 인사하고 가는) |
| 해이 | (가는 정우 보는) |
| 선호 | (그런 해이 보는) |

역시 복잡한 표정으로 가고 있는 정우에서 타이틀 인 치얼업.


S#2. 택시 / 밤

택시 뒷좌석에 나란히 앉아 있는 선호와 해이.
해이는 선호의 핸드폰으로 통화 중이다.

선호, 생각 복잡한지 창밖 보며 생각에 잠겨 있다.

| 해이 | 핸드폰 잃어버려서 (사이) 다 왔어. (사이) 어. (전화 끊고 선호에게 핸드폰 돌려주며) 고마워. 급했는데. |
|---|---|
| 선호 | (그 말에 해이 보며) 뭐 별 거 아닌데. |
| 해이 | 근데 너야말로 뭔 일 있어? 왜 이렇게 다운이야? |
| 선호 | 그러게. 별일 없는데, 이상하게 기분이 안 좋네. (해이 보며) 왜 이러지? |
| 해이 | (?? 하다 **역 보이자) 아저씨, 여기 내릴게요. |
| 선호 | ?? 여긴 너네 집 쪽 아니잖아? |
| 해이 | (끄덕) 경찰서 가야 돼. |
| 선호 | 어?? |

S#3. 경찰서 / 밤

경찰서로 뛰어 들어오는 해이와 선호.
해이, 두리번거리며 재이 찾으면, 재이, 경찰 조서 쓰는 자리에
앉아 있다. 얼굴은 싸웠는지 엉망이다.
그 옆에 역시 얼굴 엉망으로 앉아 있는 1회 과외 남고생1.
해이 보자 얼른 얼굴 돌린다.
선호, 남고생1 보는데 낯이 익다. 남고생 부모도 낯이 익고. 티를
내진 않는다. 재이 옆에 걱정스러운 얼굴로 있던 춘양, 해이 오
자 일어나고.
해이, 화가 잔뜩 나 재이 보다, 남고생 부모 쪽 보고 재이 쪽으로

가 재이 뺨 후려친다. 경찰서 사람들 모두 놀라 그쪽 보고. 재이 꿈쩍 않고 가만히 앉아 있다. 해이, 이게 근데 뭘 잘했다고 싶어 한 대 더 때리려고 하는데, 이번엔 춘양이 막는다.

| | |
|---|---|
| 춘양 | 그만해. 이미 많이 맞았어. |
| 해이 | (후… 재이 보다, 고개 돌려 과외 남고생 부모님 보곤 그쪽으로 가 무릎 꿇는다) |
| 일동 | !! |
| 해이 | 죄송해요. 제가 동생 잘못 가르친 탓이에요. (고개 숙이며) 제발 한 번만 선처해 주세요. 부탁드려요. |
| 성철 모 | (난감하고) 아니, 그래 모르는 사이도 아니고 나도 웬만하면 경찰서까지 오려고 하진 않았어요. 근데 애를 저 꼴을 만들어 놓고. |
| 남고생1 | (그런 해이 보곤 피식하며 재이 본다.) |
| 재이 | (수치스럽다 열 받아 해이 쪽으로 와) 일어나. |
| 해이 | (재이 뿌리치고) 너 당장 와서 사과 안 드려? |
| 재이 | (지지 않는다) 난 잘못한 거 없어. (해이 일으키며) 당장 안 일어나? |
| 성철 모 | 저거 봐, 저거. |
| 해이 | (다시 성철 모 보며) 제가 책임지고 사과드리도록 할게요. 재가 아직 어려서 철이 없어 저래요. |
| 성철 모 | 선생님이랑 한 살 차이 밖에 안 나는데, 어리긴. 사리 분별 다 할 나인데. (일어나며) 그래, 법대로 하자고 학생. (과외남 데리고 나가다 선호 보는데 묘하게 낯이 익다. 가는) |
| 해이 | 성철이 어머니. (일어나 따라 나가려는데) |
| 재이 | (해이 잡는다) 하지 마. |
| 해이 | 하지 말긴 뭘 하지 마! 너 당장 사과 안 해? |

| 재이 | 하지 말라고!! |
|---|---|
| 해이 | 뭘 하지 마!! 지금 생기부에 벌점만 올라가도 불리할 판에 인생에 빨간 줄 그을 판인데!! 너, 네 인생 망칠려고 작정했어? |
| 재이 | 어, 그니까 내 인생이야! 조져도 내가 망칠 테니까 네가 상관하지 말라고! |
| 해이 | 야, 이 미친 새끼야. (따귀 올려붙이려는데) |
| 재이 | 때려. 얼마든지 맞을 테니까. 근데 다신 저 새끼 엄마한테 무릎 꿇지 마. |
| 해이 | (손 부들부들 떨다가 결국 못 때리고 손 내리며… 이 자식이 왜 이러나 싶다) |
| 선호 | (보는) |

S#4. 경찰서 밖 / 밤

경찰서 밖 벤치에서 머리 묻고 앉아 있는 해이.
선호, 해이 보다 해이 옆으로 와 앉는다. 커피 캔 두 개 들고 있다.
커피 캔 하나 해이에게 건넨다.

| 해이 | 미친놈. 지금 자기 인생이 갈아엎어질 마당에 자존심 이딴 게 중요해? |
|---|---|
| 선호 | 굉장히 엄마가 할 법한 말이네. 누난데. |
| 해이 | 후… (미치겠고, 선호 보며) 넌 그만 가 봐. |
| 선호 | 조서 쓰고 곧 나온다니까. |
| 해이 | (OL) 쪽팔려서 그래. 그만 가. |

| 선호 | 너도 있네. 자존심. |
|---|---|
| 해이 | 지금 너랑 말장난할 기분 아니거든. |
| 선호 | 동생도 있겠지. 건드리면 참을 수 없는 부분이. |
| 해이 | (선호 보는) |

이때 춘양, 재이 데리고 나온다.

해이, 분노로 재이 보는데 재이는 해이에게 눈길도 주지 않는다.

해이, 도무지 상대할 가치도 없는 놈이라는 듯 고개 돌려 먼저 가 버린다. 춘양, 재이 데리고 해이 따라가려 하는데, 선호, 춘양에게 깍듯이 인사한다. 춘양, 겸연쩍어 하며 인사 받고, 재이와 함께 해이 쪽으로 간다.

S#5. 정우 자취방 + 거리 / 밤

핸드폰으로 전화하며 방으로 들어오는 정우.

| 정우 | 해인 괜찮아? |
|---|---|
| 선호 | 네. 갔어요. |
| 정우 | 일은 잘 해결됐어? |
| 선호 | 네. |
| 정우 | (단답형에 답답하고) 무슨 일인데. |
| 선호 | 사생활이라 말하긴 좀 그러네요. |
| 정우 | (아오) 그래. 괜찮다니 다행이네. 조심히 들어가. |

전화 끊은 정우 핸드폰 마치 선호인 듯 침대에 툭 던지며 삿대
질한다.

정우    아, 묘하게 재수 없게 말한단 말야. 어린 놈의 새끼가. 내가 밥을
       먹어도 너보다 백 그릇은 더 먹었다.

       핸드폰에 욕하다 자기도 좀 아니다 싶은지 후… 하고 침대에 걸
       터앉아 가방에서 해이 가방에 있던 유민 표지 학보지 꺼내 보는
       정우.
       대체 이걸 누가 왜 해이 사물함에 넣어놨을까 싶다.
       표지 속의 유민에서 f.o


S#6. 치얼스 / 낮

       패드로 에타 글 보고 있는 운찬과 소윤.

       INS) 에타 글과 댓글
       제목: 테이아 전단장 완전 엿됨
       본문: 현단장이 전단장 고소미 먹임ㅋㅋㅋ
       [고소미 사진]
       댓글 : 집안싸움 팝콘각. (팝콘 터지는 gif)
       그래 악습은 뿌리 뽑아야지. 현단장 칭찬해.
       (신난다는 듯) 춤추는 gif
       내부 고발임? 올ㅋ

걍 꼬리 자르기 아님? ㅋㅋ 지들끼리 짜고 치는 걸 수도…

> (대댓) 뭔 꼬리를 경찰 조사까지 하면서 잘라 ㅋㅋㅋㅋㅋㅋㅋㅋ

> (대댓) ㄱㄴㄲ ㅋㅋㅋㅋ 꼬리 두 번 짜르면 사람 죽겠네


| | |
|---|---|
| 운찬 | (관람하듯 팝콘 먹으며) Wow, 생각보다… 반응이 Positive 한데? |
| 소윤 | (역시 의외다) 그러게요… |
| 영웅 | (어느새 왔는지 옆에서) 그러게… |
| 운찬, 소윤 | (깜짝 놀라 가슴 쓸어내리고) |
| 영웅 | (슥 가면) |
| 운찬 | (대체 저 형은 뭔가 싶다…) |
| 소윤 | (계속 에타 글 찾아보는데) |
| 운찬 | (팝콘 먹다 은근슬쩍) 근데 말야, 그 언니 real phone number는 알고 있나? |
| 소윤 | 알죠. 가족인데. |
| 운찬 | 그렇지? 그렇다면 그걸 share 해 주는 게, 어떨까? |
| 소윤 | (운찬 보다) 오빠 지윤이 타입 아니에요. |
| 운찬 | 네가 몰라서 그렇지, 내가 또 Man으로 다가가면 색다른 매력이 있어요. 상당히 attractive 하달까. |
| 소윤 | 다행이에요. 전 그 매력 볼 일이 없어서. |
| 운찬 | (우씨 또) |
| 소윤 | (별수 없다는 듯) … 물어는 볼게요. |
| 운찬 | Really? 꼭꼭 꼭이다. |
| 소윤 | (별수 없다는 듯 고개 끄덕) |

S#7. 대회의실 / 낮

　　　　　　대치하듯 앉아 있는 학생회장과 몇 명, 맞은편 정우와 초희.
　　　　　　가운데 학생처장과 지영, 앉아 있다.


학생처장　　　(정우 보며) 빅 사고 한 번 또 쳤드만.

정우　　　　　해야 할 일을 한 거죠.

학생처장　　　(표정) 뭘 또 그렇게까지 비장할 건 아니고. (학생회장 보며) 올해 축
　　　　　　제는 일단 원래대로 하지.

학생회장　　　네?

정우, 초희　　!

학생처장　　　이미 예산도 저쪽으로 가 있고. 당장 바꿔야 할 큰 명분도 없고.

학생회장　　　그치만.

지영　　　　　(OL, 처장에게) 총장님 미팅 시간입니다.

학생처장　　　(시계 보고) 아, 그러네. 여기까지 하자고. (정리하려는데)

학생회장　　　(다급하게) 2학기 연호전은 어떻게 되는 거죠?

학생처장　　　연호전?

지영　　　　　아직 시간이 있으니 축제 보고 천천히 생각해 보셔도 되지 않을
　　　　　　까요.

학생처장　　　그래, (초희, 정우 보며 지켜보겠다는 듯) 축제 때 지켜보자고. (일어나 나
　　　　　　가면)


　　　　　　학생회장, 정우 노려본다. 지영, 나가며 등 뒤로 정우와 초희에
　　　　　　게만 보이게 승리의 V 해 보인다.

선자(E)          뭐?


S#8. 교정 일각 / 낮

걸어가고 있는 선자와 해이.

선자     (충격에 해이 보며) 우리 재인, 그래서 어떻게 되는 건데?
해이     (밥 넘기고) 몰라, 그렇게 버티다 감방에 들어가든지 말든지.
선자     야!
해이     왜!
선자     우리 재이 찬 데서 자다 그 고운 얼굴 다 상하면 어쩌라고!
해이     그럼 네가 안 상하게 감방 수발하든가.
선자     (표정)


정우와 초희, 반대쪽에서 걸어오고 있다.

초희     여론이 또 기우는 거 같으니까 금방 맘 바뀌어선 (웃으면서도 쯧쯧)
        호떡 뒤집듯 뒤집는 뱀 같은 처장 덕에 한고비 넘겼네. 또 언제
        뒤집을지 모르지만.

        정우 역시 다행이라는 듯 끄덕하는데 앞으로 해이와 선자 보인다.
        해이와 정우, 서로 마주치자 어제 일로 멈칫.

해이     (인사하고 뚝딱거리며 아무 말) 날씨가 참 맑네요?

| 선자 | (구름 낀 하늘 보고) 별론데? |
|---|---|
| 해이 | (선자, 재빨리 째려 흘기다 다시 정우와 초희 보며 과장되게 웃으며) 아니 직전까지 계속 날씨가 맑았었다고. |
| 선자 | (갸웃) 어제 새벽에 비온 거 같던데. |
| 해이 | (이 꽉 깨물, 선자 보며) 주선 기상청에서 나왔어? |
| 선자 | ('왜 저래.') |
| 정우 | 어제, 급한 일은 잘 해결됐고? |
| 해이 | 네, 뭐 해결해 가고 있어요. |
| 정우 | 내가 뭐 도울 건. |
| 선자 | 단장 혹시 아는 변호…(사 하는데) |
| 해이 | (OL, 선자 입 막으며) 없어요. 없어. 별거 아녜요. |
| 선자 | (읍읍 거리는데) |
| 초희 | (가는 해이와 선자 보며) 애들 상태가 영 안 좋은데. (정우에게) 근데 어제 급한 일은 뭐야? |
| 정우 | (모른다는 듯 고개 저으며) 뭐 개인 사정이 좀 있었나 봐. |
| 초희 | (대수롭지 않게 고개 끄덕이고 가면) |
| 정우 | (뭔 일인가 걱정되는) |

S#9. 단실 / 낮

단실에 모여 있는 신입생들.

연습장에 끄적이며 골똘히 딴생각에 잠긴 해이.

(연습장엔 '합의, ox 케이스 나눠서 o - 합의금? 얼마?, x - 망, 절대 안 돼!!'라고 써 있다) 옆에서 핸드폰으로 카톡 중인 선호.

| | |
|---|---|
| 선호(E) | 엄마, 광철이 동생이 이성철 맞지? 이번에 고3 된다는. |
| 진희(E) | 맞을 걸? |
| 선호(E) | 엄마, 광철이네 아줌마 번호 알지? 나 번호 좀. |

운찬, 모여 있는 신입생들 앞으로 와 얘기한다. 일동 주목.

| | |
|---|---|
| 운찬 | 이제부턴 본격적인 festival 준비가 시작된다. |
| 선자 | 지금까지도 충분히 바빴던 거 같은데요. |
| 운찬 | Nope. 지금까지가 그냥 coffee였다면 앞으론 TOP이랄까. (3배속으로 랩처럼 읊는) 컨셉 기획, 스폰 받기, 티켓 압인, 현수막 달기, 티켓 배포, 노천 다후다 작업, (원래 속도) 여기에 훈련까지. |
| 신입생들 | (병찐) |
| 운찬 | 그래도 여러분을 위한 Good news이자 Big news가 기다리고 있으니, 그건 바로. (혼자 오두방정) 두구두구두구두구. |
| 신입생들 | ('왜 저래.') |
| 운찬 | 올해 축제 때 신곡 발표 무대는 신입생들이 한다! |
| 선자 | !! 진짜요? |
| 운찬 | 신입생들이 축제 때 단상에 서는 게 얼마나 큰 special case인 줄 알아? 다들 pride를 가지라고. |
| 신입생들 | (기대되는 듯 운찬 보는데) |
| 운찬 | 단, 모두는 아냐. |
| 신입생들 | ?? |

| 운찬 | (의미심장하게 제시 랩처럼) This is a competition |
|------|------|

이때 들어오는 정우, 초희, 유민. 일동 '??' 하는 표정. 해이는 정우와 함께 들어오는 유민 보고 신경 쓰인다. 민재, 유민 보고 흠칫 무리 뒤로 눈에 안 띄게 이동한다.

(CUT TO)

정우 앞에 서 있는 선호, 민재, 선자. 초희 앞에 서 있는 해이, 용일.

| 운찬 | (손으로 각각 가리키며) 여긴 단장조, 여긴 부단장조. 둘 중 이긴 한 팀이 메인에 서는 거지. 그럼 제군들! 모두 Fighting! |
|------|------|
| 신입생들 | (각자 적당히 리액션 갈리는. 해이 아쉽고 용일 좋아한다. 선호, 해이랑 같은 조 아닌 게 못내 아쉽다.) |
| 정우 | 축제는 매해 일손이 부족하니까 기획팀 선배들이 도와주는데 이번 기획팀 총괄은 여기 유민 누나가 하게 됐어. |
| 자막 | 기획팀: 현재는 현역 단원으로 활동하지 않는 재학생들 모임으로 축제나 연호전 같은 큰 행사 시 도움을 준다. |
| 해이 | (보는) |
| 유민 | (전체 보며) 테이아 47기 이유민이야. 오랜만에 학교로 돌아와 하려니 제대로 할 수 있을지 모르겠지만 잘 부탁해. |

| 일동 | (일단 박수 짝짝 치는) |
|---|---|
| 선자 | (박수 짝짝 치며 해이 팔꿈치로 툭툭 치곤) 첫사랑의 귀환인가. |
| 해이 | (유민보다, 삐쭉해 정우 보는) |

/정우와 초희, 적당히 흩어져 자기 조원들 쪽으로 온다.

| 초희 | 내가 제일 싫어하는 게 뭔지 알아? 지는 거야. (해이, 용일 보고, 제대로 하라는 듯) 열심히 하자. |
|---|---|
| 해이 | (무섭다…) |
| 용일 | (헤벌쭉) |
| 선자 | (오는 정우 보며 손 경례 하는) 테이아! |
| 정우 | (표정) 그거 하지 말라고 했지. |
| 선자 | 단장, 어떻게 필승 전략이 뭐예요? 저 이번엔 진짜 단상에 서고 싶단 말예요. |
| 정우 | 필승전략은 나한테 있는 게 아니라 너네들이 만들어야지. |
| 선호 | 근데 조는 어떤 기준으로 나눈 거예요? |
| 정우 | (보면) |
| 선호 | 선택권을 주지도 않고 너무 일방적인 거 아닌가 해서요. (빙긋) |
| 정우 | (반 농담처럼) 왜 내가 담당이라 맘에 안 드나 보지? |
| 선호 | (딱히 아니란 말은 안하고 그냥 미소 유지) |
| 민재, 선자 | ('왜들 저래…' 관전 잼) |
| 정우 | 오히려 선택권을 주면 더 문제가 생길 수 있어서 임의로 나눈 거야. 정 바꾸고 싶으면 다른 동기들이랑 협의 하에 바꿔 줄게. |
| 선호 | 됐어요. 뭐 까라면 까야죠. |

| 정우 | (보는) |
|---|---|

/얘기 끝난 듯 적당히 자리 정리하고 나가는 단원들.
선호, 정리하고 정우한테 인사 없이 쌩 지나친다. 정우, '아오 저
자식이 근데… 참자 참아' 하는 표정으로 가는 선호 보는.

| 유민 | (해이에게 핸드폰 주는) 이거 네 거 맞지? |
|---|---|
| 해이 | 어? (핸드폰 받아 배경화면 켜 보는데, 맞다 내 거) 이거 어떻게! |
| 유민 | 어제 치얼스 근처에 떨어져 있더라고. 전원이 꺼져 있어서 바로 찾아주진 못했는데 충전해 켜 보니 도해이라고 계속 메시지가 들어와서. |
| 해이 | (꾸벅) 감사합니다. |
| 유민 | (미소 보이고 돌아서 나가려는데, 나가려던 민재와 마주친다. 묘하게 낯이 익고) 우리 아는 사인가? |
| 민재 | (눈 피하며) 아니요. (얼른 나가는) |
| 유민 | (고개 갸웃하다 나간다) |

S#10. 단실 밖 / 낮

유민 단실에서 나와 복도에서 소윤, 운찬과 얘기하고 있는 초희
쪽으로 온다.

| 유민 | (초희에게) 잘 부탁해. |
|---|---|
| 초희 | (어딘지 껄끄러워) 예. |

| 유민 | (싱긋 미소 지으면) |
|---|---|
| 운찬, 소윤 | (괜히 눈치 보는 분위기. 어딘지 둘 사이 어색하다 느끼고) |
| 초희 | 그럼 (고개 까딱 인사하고 운찬, 소윤과 먼저 나가는) |
| 유민 | (가는 초희 보는) |


S#11. 단실 / 낮

해이, 짐 챙겨 나가려는데 가방 떨궈 소지품 우르르 쏟아진다.
'에이씨' 하며 이를 정리하다 보니 정우와 둘이 남는다. 서로 의
식하는 살짝 뻘쭘한 분위기.

| 정우 | 어제 무슨 심각한 일 있던 거야? 아까 선자가 변호사 어쩌고 하던 거 같던데. |
|---|---|
| 해이 | (넣으며) 아녜요. 주선이 그냥 혼자 오버한 거예요. |
| 정우 | 그럼 다행이고. (영 찜찜한데) |
| 해이 | (정우 보며) … 유민 선밴가? 자주 보네요. (떠보듯) 좋겠어요. 단장. |
| 정우 | 어, 뭐. |
| 해이 | (중얼) 좋단다. (정우 안 보이게 삐죽하고) 어제 말예요. 갑자기 안은 거. 왜 그런 거예요? |
| 정우 | (돌직구에 살짝 당황) 어? 아 뭐… 안심이 돼서? |
| 해이 | 아… 안심이 돼서, 안았다. |
| 정우 | … 어. |
| 해이 | 그래요. 그렇게 정리해요. 사심은 없는 걸로. 지극히 동료애인 걸로. (괜히 팍팍 소지품 넣고 가방 들고 발딱 일어나는) |

| | |
|---|---|
| 정우 | 뭘 정리씩이나. |
| 해이 | (정우 째리며) 정리를 확실히 해야죠. 그런, 모호하기 짝이 없는 행동을 하고 정리를 안 하면, 괜한 오해받기 딱 좋지 않겠어요? 가령 '날 좋아하는 건가?' 뭐 이런. |
| 정우 | (그 말에 괜히 아무 말) 아니, 뭐 외국에서 포옹은 인사 같은 거잖아. 지금도 할 수 있어. Good-bye. (하며 어정쩡하게 해이 포옹하는데 자기가 생각해도 영 이상하다. 이 와중에 살짝 두근) |
| 해이 | (역시 좀 두근두근하다 중얼) 비겁해. |
| 정우 | (그 말이 비수로 꽂히는) |
| 유민(E) | 정우야. |
| 정우, 해이 | (!! 소리에 화들짝 놀라 떨어지면) |
| 유민 | (해이, 정우 보다 조심스레) 회의하자더니 안 나와서. |
| 정우 | 아, 네. (해이 보고 우왕좌왕하다 유민 쪽으로 가 같이 나가면) |
| 해이 | 에이씨, 내가 먼저 나갈라 그랬는데. (보다 나가며) 홍익인간이야? 동료애는 무슨. (하고 문 탕 열다 반동에 자기 머리만 찧는) 에이씨 (하며 머리 문지른다. 아프다) |

S#12. 치얼스 / 낮

치얼스에서 얘기 중인 유민과 정우.

| | |
|---|---|
| 유민 | (서류를 같이 보며) 축전해 줄 선배들 스케줄 체크 했는데, 이 주에 시간 된다고 하니 이때 인터뷰 영상 찍으면 되겠다. (정우 보는데) |
| 정우 | (좀 전의 자신의 이상 행동으로 정신이 반쯤 나가 있다.) |

| 유민 | 어이. |
|---|---|
| 정우 | (그 말에) 아, 네. 제가 시간 조율해 볼게요. |
| 유민 | 아까 둘이 안고 있던 거 땜에 그래? |
| 정우 | (당황) 네? |
| 유민 | 둘이 혹시. |
| 정우 | (OL) 아뇨. 전혀 아녜요. 저희 CC 금지잖아요. (하다 아차 싶어 보면) |
| 유민 | (쓰게 웃어넘기는) 그치. (정우 빤히 보다) 근데 둘이 뭐가 있긴 있나 보지? 저번부터. |
| 정우 | 네? 아뇨? |
| 유민 | 있네. |
| 정우 | (보면) |
| 유민 | 너 원래 그러잖아. 뭐 있을 때. |


## S#13. 노천극장 / 낮 / 유민 회상

바닥에서 축제 현수막 만들고 있는 유민과 정우.

유민, 얼굴에 물감 묻힌 것도 모르고 신나서 현수막 글씨 쓰고 있는데, 정우, 현수막은 안 보고 신나 있는 유민만 보고 있다.


| 유민 | (글씨 쓰다 신나서 정우 보며) 어때? 죽이지? |
|---|---|
| 정우 | (유민 얼굴 보고 있는 거 들킨 거 같아 얼른 박수까지 치며) 죽이네. 잘했는데요? |
| 유민 | 야, 보고 얘기해. |
| 정우 | 봤어 (그제야 현수막 보는데 글자 수 모자라 삐져나와 있다) 요… 아… |

| 유민 | (현수막 정리하며) 왜 남의 얼굴을 그렇게 빤히 보고 있어. (장난처럼) 누가 보면 나 좋아하는 줄 알겠다? |
|---|---|
| 정우 | 네? 아뇨? |
| 유민 | (정우 보며 어이없단 듯) 뭐야, 네란 거야 아니란 거야? |
| 정우 | 아니라고요. 뭔 자신감이래? (그리고) 얼굴에 묻은 거나 닦죠? |
| 유민 | (응? 그 말에 손거울 꺼내 보는데 진짜 물감 묻어 있다) 힝… 넌 진작 얘기해 주지. (하며 물티슈 꺼내 벅벅 지우는) |
| 정우 | (유민 보고 웃는) |

S#14. 치얼스 / 낮

| 유민 | 그때 너 진짜 나 좋아했잖아. |
|---|---|
| 정우 | !! 언제적 일을 갖고. |
| 유민 | 다 옛날 얘기다? 이거 서운한데? 난 네가 나 땜에 올해 단장한 줄 알았지? |
| 정우 | (당황해 얼버무리는) 할 사람이 없어서 별 수 없이 한 거예요. 여튼 가만 보면 누나도 은근 자뻑이 심해요? |
| 유민 | (피식하다) 그거 알아? 사실 나 너한테 그때 관심 있었다? |
| 정우 | !! |
| 유민 | 근데 그땐 네가 나 그냥 친한 누나로 생각하는 줄 알았지, 나중에 알았잖아. 네가 나 좋아했단 거. 타이밍이 안 맞았던 거지. |
| 정우 | … |
| 유민 | 타이밍 안 맞아서 다행이지 뭐. (다시 일하다 지나가는 말처럼) 가끔 |

그런 생각해. 그때 규진이랑 안 사귀었으면… 어땠을까?

정우     (보면)

유민     그냥, 그때 그냥 그 마음만 참았으면, 그렇게 안 됐을까… 싶어서. (쓰게 웃는)

정우     … (유민 보는)


S#15. 춘양 집_옥상 / 낮

취해서 깔깔대며 얘기 중인 진희와 춘양. 테이블 위엔 양념게장, 김치찌개 안주에 빈 소주병 두어 개가 보인다. 진희, 춘양이 준 일바지 입고 풀어져 술 마시고 있다.


진희     (웃다 눈물 찔끔 나며) 역시 세상은 이렇게 반쯤 취해서 살아야 밸런스가 맞다니까.

춘양     (양념게장 쪽쪽 먹으며) 넌 근데 왜 잘나가는 싸모 친구들이랑 안 마시고 또 나랑 마시냐?

진희     잘 나가는 싸모 친구들은 낮술을 안 하거든.

춘양     (아…)

진희     하긴 또 모르지, 자기 집에서 혼자 마실지.

춘양     (쩝) 잘 나가는 싸모의 세계도 복잡하구나.

진희     원래 가진 게 많으면 더 복잡해지게 돼 있어.

춘양     가진 게 없다고 단출할 거란 편견을 버려. 없으면 다면적으로 사방이 복잡해진다. (돈 얘길 해 볼까…) 저기 말야… 그럼 넌 여유가 좀 있긴 있는 거지?

| | |
|---|---|
| 진희 | (뭔가 말하려는 거 알고 가볍게 웃는 분위기 이어) 우리 말야, 서로 사생활은 얘기하지 말자. |
| 춘양 | (보면) 응? |
| 진희 | 서로 지난한 사생활 알아봤자 피곤하기만 하고, 가끔 술친구나 하는 이 정도 거리가 딱 좋잖아. 감정 안 섞이고. 감정 섞이는 인간관계는 지금도 충분히 차고 넘치는데. |
| 춘양 | 그치? 그래. 마시자 마셔. (술 짠 하는데 씁쓸하다) |
| 진희 | (춘양 보다 술 넘기는) |

S#16. 춘양 집 앞 / 낮

다시 사모님 옷으로 갈아입은 진희.
또각또각 걸어가려는데 지그재그로 걷게 된다.

| | |
|---|---|
| 진희 | 취했나. (하며 다시 또각또각 걸으려는데 역시 비틀비틀) |
| 해이 | (그런 진희 보며 혀를 끌끌) 대낮부터 많이도 드셨네. |
| 진희 | (문득 우욱 하고 구역질 올라온다. 우욱 하는데) |
| 해이 | 어어, 여기서 이러심 안 돼요. |
| 진희 | (우욱 한 번 더 올라와 주변 둘러보고 벽 쪽으로 토하러 가선 우욱 하고 토하려는데) |
| 해이 | (빠르게 주변 스캔 바닥에 찢어진 비닐봉지, 자기 가방, 진희 가방, 스캔한 후 빠르게 고민 끝낸 듯 진희 가방을 진희 입에 대고 토 받아내는) |
| 진희 | (얼결에 가방에 토하곤 정신이 번쩍 들어 매무새 단장하고 해이 보며) 학생 미쳤어? 이게 얼마짜린지 알아? |

| 해이 | (피식) 짝퉁이잖아요. 내가 이 동네 원투데이 사는 것도 아니고. |
|---|---|
| 진희 | (버럭) 내가 어딜 봐서 짝퉁을 메고 다닐 사람으로 보여? 이건 사고 싶다고 살 수 있는 그런 백이 아냐! (허 말해 뭐해 싶고) 그래 어디 좋은 걸 봐 봤어야 그게 똥인지 된장인질 알지. (속상해 동동 구르며) 이거 어떡할 거야. 어떡할 거냐고. |
| 해이 | (저렇게까지 동동 구르니 설마 진짠가 불안하지만, 수세에 몰리지 않기 위해 괜히 더) 그걸 왜 저한테 그러세요. 그거 아줌마가 토했지, 내가 토했어요? |
| 진희 | (틀린 말은 아니다) 아니 그렇긴 한데. (이내 버럭) 난 (벽 가리키며) 저기다 하려고 했다고. |
| 해이 | 그니까요. 우리 집 앞에 토하려고 하니까 제가 아줌마 물건에 토하라고 한 거죠. 자기 토는 자기 물건에 하는 게 맞지 않겠어요? 남의 집 앞이 아니라. |
| 진희 | 아니! (묘하게 이것도 틀린 말은 아닌데 씩씩) 그래도 이건 아니지. 이 백에 토할 바엔 차라리 저 벽을 다시 짓고 말지. |
| 해이 | ('이 와중에 허세는…' 싶은데, 이때 핸드폰으로 전화 들어온다. 발신자 '성춘양 여사' 전화 받는) 어. |
| 춘양(E) | 어디야? |
| 해이 | 집 앞이야. (속닥) 웬 주정뱅이를 만나서. |
| 진희 | (열받) 뭐 주정뱅이? |
| 해이 | (혁 중얼) 취한 사람이 귀도 밝네. 금방 올라가. (전화 끊곤) |
| 진희 | 학생! 정말 보자 보자 하니까 사람을 뭘로 보고. |
| 해이 | 알았어요. 아줌마 그럼, (지갑에서 만 원짜리 망설이다 꺼내 진희 손에 쥐여 주며) 세탁비요. 이거 사실 책임 소재를 따지자면 제 물건 방어 |

차원이라 드릴 필요 없는 건데, 도의적인 차원에서 드리는 거예요. 됐죠? (달래듯 진희 손 툭툭 치고 가면)

진희　(만 원 보는데 어이가 없다) 야! 바늘땀 하나 수선비도 안 나올 돈을 어디서 세탁비라고! (하고, 가는 해이 씩씩대며 보는데)

해이　(얼른 줄행랑)

진희　(쫓아가려다 휘청하고, 됐다 내가 얘랑 더 싸워서 뭐 하나 싶다. 가방 보는데 뼈가 아프다)


S#17. 춘양 집 / 낮

옥상 평상 치우고 있는 춘양.

해이　(들어오며 영 찜찜해 중얼) 설마 진짜 아니겠지. (하다 이내) 에이 이 동네에 무슨… (하고 앞에 보는데 춘양이 평상 치우는 거 보인다. 혀를 끌끌) 아들내미 인생 꼬이니까 신이 나서 파티라도 한 거야?

춘양　(발끈해서) 답답해서 먹었다. 답답해서! 나도 뭐라도 해 볼라고, 맨 정신에 돈 얘기하기가 어디 쉽냐?

해이　(왜 저래) 뭔 소리야.

춘양　아 몰라!

해이　('왜 나한테 승질이야.') 재이는?

춘양　학원으로 바로 간대.

해이　(궁금해 춘양에게 슥 고개 내밀며) 오늘 봐 달라고 싹싹 빌어 봤대?

춘양　퍽이나. (고개 절레절레)

해이　그 자식은 대체 어쩌려고, 안 되겠어. 내가 가서.

| 춘양 | (잡으며) 너 그 집에 찾아가 빌면, 자기 자퇴하신단다. |
|---|---|
| 해이 | 뭐? |
| 춘양 | (후) 너 재이 성격 알지? 평소 얌전하다가도 한 번 수틀리면 (고개 젓는) 그만두고도 남지. |
| 해이 | 아 진짜 그 미친놈이 자기 인생 망치려고 작정을 했나! |
| 춘양 | 몰라. 어떻게 합의금이라도 구해야 할 거 같은데. 에효 어째 이 놈의 인생은 다방면으로 사건이 끊이질 않냐. (소주 앞에 남은 거 마시려는데) |
| 해이 | (뺏어서 자기가 마신다) |
| 춘양 | (흘기다, 이내 후 한숨 쉰다) |

S#18. 학원 앞 / 밤

학원에서 나오는 재이.
학원 앞에 서 있던 선호는 재이 나오자 반갑게 손 흔든다.

| 선호 | (손 흔들며) 처남. |
|---|---|
| 재이 | ('뭐야 저 자식은…') |

S#19. 학원 앞 공원 / 밤

공원 벤치에 앉아 있는 재이에게 아이스크림 주는 선호.
초당 순두부 아이스크림이다.

| 선호 | 진짜 두부보단 이게 맛있잖아. 경찰서 갔다 왔는데 두부는 먹어야지. |
|---|---|
| 재이 | (떨떠름히 보다 받는) 여긴 어떻게 알고 왔어요? 누나가 알려줬어요? |
| 선호 | (고개 젓고) 내가 그 학원에 지분이 좀 있거든. |
| 재이 | (대체 얜 뭐라는 건가 싶고) |
| 선호 | 내가 말야. 처남 인생에 빨간 줄 가는 일 없게 해 줄 수 있을 거 같거든? |
| 재이 | (보면) |
| 선호 | 그럼, 처남은 나한테 뭘 해 줄 수 있을까? (빙긋) |
| 재이 | (보는) |

S#20. 모텔 밖 골목/밤

모텔에서 보는 사람 없나 주변 살피며 세상 수상쩍게 나오는 영웅과 지영.
거리 길목으로 들어서자 그제서야 안심하고 걷는 지영. 영웅, 지영 옆으로 따라 붙는다.

| 영웅 | (부끄부끄) 근데 우리 이제 이 관계를 정식으로 정의 내려야 하지 않을까. (기대기대) 우리… 무슨 사이야? |
|---|---|
| 지영 | 우리? 즐거운 사이? |
| 영웅 | (예상치 못한 대답에 '응?') 즐거운 사이? |
| 지영 | (영웅 보며) 응. 너도 즐기고, 나도 즐기고. 즐거운 사이. |

| 영웅 | 즐겨? |
|---|---|
| 지영 | 왜, 넌 별로야? |
| 영웅 | 아니 그건 아닌…(데) |
| 지영 | (OL) 그치? 너도 그렇지? 야 너랑 내가 이렇게 속궁합이 기가 막힐 줄 누가 알았냐. 그날 취해서 사고 친 게 인생의 흑역사가 될 줄 알았더니, 또 이런 반전이 있었네. 역시 인생 한 치 앞을 알 수 없다니까. |
| 영웅 | (싸해진다) 결국, 즐기기만 하는 사이다? 잠만 자는 사이. |
| 지영 | (의아하다는 듯 보며) 응. |
| 영웅 | 잠'도' 자는 사이가 아니라. |
| 지영 | (잠시 멈춰 영웅 보며) 아… 우리 사이에 미스 커뮤니케이션이 있었나. |
| 영웅 | 즐거운 건 오늘까지만 하자. |
| 지영 | (보면) |
| 영웅 | (강조) 난 잠'만'자는 사인, 별로라. (먼저 가는) |
| 지영 | (황당히 영웅 보는) |

S#21. 치얼스 / 밤

치얼스에서 회의 중인 정우, 소윤, 운찬, 초희.

| 초희 | 그럼 이 일정은 이렇게 정리하자. |
|---|---|

정우, 딴생각 중이다.

INS) S#11

정우 Good-bye 하며, 해이 영 이상하게 안고 있지만 두근두근.

| 해이 | 비겁해. |
|------|--------|
| 소윤 | (명한 정우 보고 소심히 손으로 정우 앞에 휘이휘이) |
| 초희 | 뭐해? |
| 정우 | 어? 아냐 아무것도. |

회의 끝나고 다들 정리하고 가려고 하는데.

정우  우리 오늘은 아메리카 스타일로 인사를 해 볼까? (하며 소윤, 운찬 차례대로 포옹하고, 초희 쪽으로 가 안으려는데 초희 썩은 표정, 소심하게 초희도 포옹하며 인사하곤, 셋 얼굴 보며) 그럼. 굿바이.

소윤, 초희, 운찬, 미친 거냐는 듯 정우 보다 나가며.

| 소윤 | (걱정된다는 듯) 단장… 괜찮은 거겠죠? |
|------|-----------------------------------|
| 초희 | 저게 피곤해서 돌아버렸나. |
| 운찬 | 그니까요. |

정우, 홀로 남아 중얼.

정우  이게 왜 다르냐고. (후하고 한숨 쉰다)

해이, 최집사 알바 끝난 듯 조끼 입고 집 쪽으로 가고 있는데.

앞으로 재이 걸어가는 거 보인다.

잽싸게 재이 따라가는 해이.


| | |
|---|---|
| 해이 | 도재이. |
| 재이 | (해이 보면) |
| 해이 | (헉헉대며) 너 어떻게 됐어? 성철이랑 화해했어? |
| 재이 | (무시하고 다시 앞으로 가며) 화해할 일 없어. |
| 해이 | (근데 저게, 재이 뒤에 딱 붙어 따발따발) 지금이라도 성철이네로 가. 가서 싹싹 빌면 서로 모르는 사이도 아니고 고소 취하해 줄 거야. |
| 재이 | (뚝 멈춰선) |
| 해이 | ('뭐야 왜 멈춰.' 약간 흠칫하며 같이 멈추는) |
| 재이 | (뒤돌아 해이 보며) 넌 자존심도 없냐? |
| 해이 | (그 말에 어이없다는 듯) 너 되게 우아하게 산다? 그런 거 챙길 여력도 있고. 당장 네 인생이 걸렸는데 자존심 그딴 게 중요해? 그깟 무릎 꿇는 게 뭐 대수라고. |
| 재이 | (후… 한숨) 누나가 그러니까 (됐다. 더 말 않고) 됐고, 내가 알아서 해결할 테니까. 넌 신경 꺼. (다시 뒤돌아 가는) |
| 해이 | (졸졸 쫓아가며) 네가 어떻게 해결할 건데. |
| 재이 | 글쎄, 내가 알아서 해결한다고. |
| 해이 | (뭐가 있긴 있는 건가) 진짜? 뭐 오늘 얘기가 좀 된 거야? |
| 재이 | (뭐라 답 않고 가는) |
| 해이 | 야, 네가 무슨 조개야? 입을 다물고 열질 않아. (그러면서도 졸졸 따 |

라가며) 진짜지, 진짜 해결하는 거지?

재이       (그만 물어보라는 듯 짜증스럽게) 그렇다고 했잖아.

해이       (삐쭉하다, '뭐 허튼 말은 안 하는 애니까.' 약간 안심)


S#23. 민재 집_민재 방 / 밤

책상에서 노트북 하는 민재.

moment 폴더에 들어가 사진 하나 클릭해 보는데.

유민과 함께 테이아 티셔츠 입고 학교 축제 때 찍은 사진이다.

사진 속 활짝 웃고 있는 유민 보는 민재에서 f.o


S#24. 단실 / 낮

신곡 노래 들으며 동작을 해 보이고 안무 짜고 있는 해이.

해이       (툴툴) 이 정도 노동 강도면 알바비 받고 해야 되는 거 아니냐고.


정우, 생각에 잠겨 단실로 들어오는데 해이가 단실에 홀로 있다.

정우, 해이 보고 열었던 문 다시 닫는다.

해이       ?? 뭐예요? (하고 다시 문 열어 보는데 이미 사라지고 없는 정우) 뭐야, 지금 나 피한거야? (어이가 없고)

S#25. 건물 일각 / 낮

해이 피해 도망친 정우.
빠르게 걷다 멈춰 선다. 자기가 생각해도 자기가 하는 짓이 어이
가 없고.

정우          (후 한숨 쉬며) 뭐 하냐, 박정우.


S#26. 단실 / 낮

초희, 아이패드로 용일이 찍은 폼 영상 보고 있다 채 다 보지도
않고 끄는.
해이와 용일, 긴장 가득한 눈빛으로 초희 보면.

초희          다시.
해이, 용일    네?
초희          (해이 보고 매섭게) 누가 작년 거 베끼래. (용일 보고 역시 매섭게) 넌 기
            본 폼 숙지도 안 돼서. (하… 심한 말 참으며) 다시.
해이, 용일    (뜨끔, 실망스럽고…)
초희          또 이런 식이면 그땐 둘 다 나랑 날밤 샐 각오해. (나가면)
해이          하, 왜 마녀조에 걸려 갖고… (울상) 내가 지금 이거 할 정신이 아
            닌데.
용일          (울적) 난… 뭇지다고 생각했는데.
해이          누가?
용일          내가…

| 해이 | (이 와중에 '그건 아니지.' 표정) |
|---|---|

한쪽에서 흐뭇하게 그런 둘 보던 선자, 민재와 선호 쪽 보며.

| 선자 | 쪽수도 많은데 지면 쪽 팔린 거 알지? |
|---|---|
| 선호 | (핸드폰 하며) 뭘 또 그렇게까지. |
| 선자 | 이 자식은 한 번 서봤다고 간절함이 없어. (민재 보며) 너도 매번 들러리 하긴 싫잖아? |
| 민재 | … |
| 선자 | (민재, 선호 보며) 짜 온 거 꺼내 봐. |
| 선호 | (핸드폰만 계속 하는) |
| 민재 | (연습장만 만지작) |
| 선자 | (이것들이 근데) 너희들 설마 몸만 달랑달랑 온 거야? |
| 민재 | (연습장 만지작거리며 머뭇거리다 뭔가 말하려는데) |
| 선호 | (OL 핸드폰 하며) 1, 3, 5, 2, 4, 6, 2, 4, 6, 2, 3, 1 |
| 민재, 선자 | ?? (뭔 소리야 보면) |
| 선호 | (민재, 선자 앞에 핸드폰 내려놓으면 메모장에 1. 연희 일어서 2. 테이아 3. 허리 젖히기 4. 박수 치기 등 번호별로 기본 폼 이름 써 있다) 기본 폼이 6개. 이걸 신곡 박자 따라 배열하면 1, 3, 5, 2, 4, 6, 2, 4, 6, 2, 3, 1 |
| 선자 | (우와…) 그걸 다 외운 거야? |
| 선호 | (끄덕) 암기력은 좋은 편이라. |
| 선자 | (좋다는 듯 신나서) 내가 보니까 인트로는 이거 1번이 딱 좋더라고. (하면서 앉아 박자 맞춰 동작 해 보이면) |
| 선호 | 그리고 그 뒤는 4박이니까 3. |

| 선자 | 오~ 감 좀 있는데? (하이파이브 짝) |
|---|---|
| 민재 | (연습장 꾹 잡고 일어난다) |
| 선자 | ('뭐야?'라는 듯 보면) |
| 민재 | 일이 있어서. (나가는) |
| 선자 | (나가는 민재 보며 빡쳐) 자기만 바빠? 나도 공사가 보통 다망한 게 아닌 사람이라고. 아무 생각 없이 온 주제에 무임승차까지 하겠단 거야 뭐야. |
| 해이(E) | (들어오며) 꺅! |
| 선자 | (화들짝 놀라) 아, 깜짝이야. (성질) 뭐야 갑자기! |
| 해이 | 재이 고소 취하됐대! |
| 용일 | (헉 놀라) 고소? |
| 선자 | 진짜? 그럼 우리 재이 감방 안 가도 되는 거야? |
| 해이 | 응! |
| 선자 | (휴우 쓸어내리며) 다행이야. 우리 재이 고운 얼굴 지킬 수 있어서. 근데 어떻게 갑자기? 그 집 부모 엄청 강경했다며. |
| 용일 | 우리 재이? |
| 해이 | 몰라, 자기가 해결한다더니 결국 가서 빌었나? 우아 떨더니 자기도 별수 없었던 거지. |
| 선호 | (좋아하는 해이 보고 피식하는) |
| 용일 | ('뭐야 뭔데 나만 모르는 거야?', 두리번두리번) |


S#27. 단실 밖 / 낮

부루퉁히 단실에서 나와 걸어가던 민재.

398 × 399

열린 단장실 문 사이로 유민과 정우, 얘기하고 있는 거 보인다. 이를 잠시 멈춰 보는 민재. 정우, 고개 들다 문 사이 민재와 눈 마주치자 민재는 얼른 눈 피하고 걸어간다.


S#28. 단장실 / 낮

정우, 가는 민재 보고 있는데.

유민      왜? (하고 문 쪽 보면)

정우      아녜요. (하다 다시) 그럼 일단 오늘 정해진 명단으로 소속사 콘택트는 제가 해 볼게요. 선배들 축전 영상 촬영은. (하는데 이때 코피가 뚝 떨어진다)

유민      (주변 둘러보고 휴지 찾아 정우 쪽으로 와 코피 닦아 주는데)

정우      (유민 가까이 와 살짝 당황했다. 휴지 자기가 잡으며) 제가 할게요.

유민      (살짝 물러서 정우 보며 걱정된다는 듯) 너 잠은 자는 거야?

정우      자요.

유민      뭐 한 네 시간 자?

정우      (뭐라 답 못하는)

유민      적당히 해. 그러다 몸 망가져.

정우      (대수롭지 않게) 뭐 축제 준비 때 다 그렇죠.

유민      (보다, 앉아 파일 뒤적이며) 그렇게까지 할 필요 없어. (사이) 결국 아무 것도 아냐.

정우      (유민 무슨 맘으로 하는 말인지 알겠고… 휴지 더 찾는데 없다) 저 단실에서 휴지 좀 갖고 올게요.

| 유민 | (끄덕) |
|------|--------|
| 정우 | (나가면) |
| 유민 | (시선 단복 쪽에 머문다. 일어나 단복 쪽으로 가 슬 한 손으로 쓸어 보는데) |

INS)

신나서 단복 입고 응원하는 유민/유민 두고 수군수군하는 단원들/단상 위에서 식은땀 흘리며 응원하는 유민/유민 위로 떨어지는 조명 이를 보는 유민.
빠른 속도로 파편적으로 이미지 지나간다.

유민, 지난 기억에 갑자기 가슴이 조여 오고 숨이 잘 안 쉬어진다. 공황 발작 증상. 가슴을 부여잡고 식은땀 흘리며 바닥에 무릎 꿇고 쓰러지는 유민. 정우, 단장실로 들어오다 유민 보곤 놀라 뛰어온다.

| 정우 | 누나! 누나 괜찮아? |
|------|---------------------|
| 유민 | (헉헉대며) 가방, 가방에 약. |
| 정우 | (그 말에 유민 가방 뒤져 약통 꺼내 오면) |
| 유민 | (손 덜덜 떨며 약 꺼내 입에 넣는다) |

S#29. 단장실 밖 / 낮

정우, 유민 부축해서 데리고 나가면, 단실에서 나오다 이를 보는 신입생들.

400 × 401

| | |
|---|---|
| 용일 | 뭐꼬. 유민 선배 어디 아픈 기가. |
| 해이 | (유민을 안듯이 부축해 가는 정우 보고 마음이 복잡) |
| 선호 | (그런 해이 보는) |

S#30. 방송부 / 밤

호민, 방송부장에게 패드로 6회 S#16 해이가 사물함에서 유민 학보지 표지 꺼내 보고 놀라는 사진 보여 준다.

| | |
|---|---|
| 방송부장 | (좀 놀라 보다 이내 호민에게 주며) 제보가 왔다고? 그래서 이게 뭐? |
| 호민 | 그 학보지 모델이 2년 전에 조명 사고 난 유민이야. 이걸 굳이 지금 도해이 사물함에 누가 넣어 놓은 거고. |
| 방송부장 | 무시해. |
| 호민 | (다소 음험하게 부장 노려보며) 왜? |
| 방송부장 | (당황해서) 뭐, 뭐가 왜야? 이 아이템 킬이라고 했잖아. 더 하면, 응원단 OB들까지 떼로 몰려와서 피곤해져. |
| 호민 | 이 모든 게 장난이 아니면, 어쩔 건데? 예언대로 누가 죽기라도 하면? |
| 방송부장 | 너 너무 과몰입한 거 아냐? 그건 그냥 우리가 어그로 끌려고 만든 거잖아. 됐고, 축제 기획안이나 짜. |
| 호민 | … (표정 구깃 하다, 사진 쳐다보는) |

S#31. 보건실 / 낮

보건실에 링거 맞고 잠들어 있는 유민.
정우, 옆에 앉아 유민 보고 있다.

보건교사(E)　　공황장애인 거 같은데, 처방 약 먹었으니 곧 진정될 거예요.

정우, 유민 보는데 마음 아프다. 이때 깨어나는 유민.

| | |
|---|---|
| 정우 | 일어났어요? 좀 괜찮아요? |
| 유민 | 어. 나 오래 잤어? |
| 정우 | (고개 젓고) 아뇨. (사이) 누나 힘들면 이거 안 하는 게. |
| 유민 | (OL) 아니. 괜찮아. |
| 정우 | 그치만. |
| 유민 | 하게 해 줘. (다소 강경한 눈빛) |
| 정우 | … (뭐라 더 말 못 하는) |

S#32. 도서관 / 밤

해이, 도서관에서 공부 중이다. 졸면서 헤드뱅잉 하다 정신 차리
자는 듯 뺨을 짝짝 때려 보는 해이.
이때 해이 핸드폰으로 오는 메시지. 메시지 확인하는 해이.

INS) 카톡 창

선호(E)　　앞

| 해이 | (?? 앞 보면 선호 보인다. '뭐야.' 하는 표정) |
|------|-----------------------------------------------|

## S#33. 교정 일각 / 밤

운동장 한쪽에서 삼각김밥 먹고 있는 해이와 선호.
해이, 우걱우걱 먹고 있으면, 선호, 픽 웃으며 해이 먹는 거 본다.

| 선호 | 재이 일 잘 해결돼서 다행이다. |
|------|-------------------------------|
| 해이 | (그 말에 선호 보며) 다행이지. 기댈 거라곤 자기 머리 하나밖에 없는 자식이 그런 일로 대학도 못 가면, (고개 절레절레) 상상도 하기 싫다. |
| 선호 | (물끄러미 보다) 이봐. 누난데, 꼭 엄마 같아. 엄마 있잖아. 부모님 몫은 부모님이 하게 둬. |
| 해이 | (자조적으로 농담처럼) 아이고 부잣집 도련님이 뭘 알겠냐. |
| 선호 | 왜 난 아무것도 모를 거라고 생각해? |
| 해이 | ('기분 나빴나?') 아니 뭐 넌 부족한 게 없으니까. (약간 미안해) 기분 나빴어? |
| 선호 | 나도 있어. 힘든 거. |
| 해이 | 뭐가 힘든데? |
| 선호 | … (차마 아빠 얘기는 못 하겠고, 장난처럼) 이렇게 난 힘든 게 없을 거란 사람들의 시선? |
| 해이 | (표정) 그래 정~말 힘들겠다. (하고 다시 삼각김밥 우걱우걱 먹으면) |
| 선호 | (해이 보며 생각에 잠긴다) |

INS) S#19 이어

| 재이 | 원하는 게 뭔데요? |
|---|---|
| 선호 | 누나의 취약점. |
| 재이 | ?? 네? |
| 선호 | 누나가 젤 취약한 게 뭐야? 그것만 알려주면 거래 성립. (웃으며) |
| 재이 | (뭔 개소린가 싶어 아무 말) 돈이요. |
| 선호 | 그거 말고, 진짜 취약한 거. |
| 재이 | (보면) |
| 선호 | 머리 말고 (가슴 가리키며) 여기가 움직이는 거. |
| 재이 | (보다) … 약한 거요. (시선 앞으로 보며) 누난, 상처 있는 사람한테 취약해요. |

| 선호 | (해이 보며 중얼거린다) 약한 거라… 어렵네. |
|---|---|
| 해이 | 뭐? |
| 선호 | 아냐, 아무것도. (삼각김밥 먹는) |

S#34. 선호 집_거실 / 밤

선호 들어오면 부엌에서 버선발로 뛰어나오는 진희.

| 진희 | 왔어요? (하고 보는데 선호다. 약간 민망해져) 왔어? |
|---|---|
| 선호 | 아빠 일찍 온대? |
| 진희 | (기분 좋아서) 응? 어 뭐 그런다네. 모처럼 일찍 들어온다나. 너도 밥 안 먹었지? |
| 선호 | (빙긋) 응, 안 먹었어. 씻고 내려올게. |

| | |
|---|---|
| 진희 | 언능 씻고 내려와. (콧노래) 모처럼 셋이 오붓이 밥 먹겠네. (하는데 전화 들어온다. 발신자 남편♥, 얼른 전화 받는) 응, 어디예요. (사이, 표정 어두워지는) 아 그래요. 그래요, 알았어요. (전화 끊는) |
| 선호 | (진희 표정 보고) 먹고 온대? |
| 진희 | (변명해 주듯) 어, 나오다 사람들이랑 먹기로 했다네. 얼른 씻고 와. 너 좋아하는 갈비도 있어. (주방으로 가며) 아줌마 홍어는 넣어 둬요. 나중에 그이 오면 주게. |
| 선호 | (진희 보는데… 마음 안 좋다) f.o |

S#35. 교정 일각 / 낮

교정 어슬렁어슬렁 걷는 영웅. 평소보다 기운이 없다. 괜히 쓸쓸한 마음에 이파리도 뜯어보는데 맞은편에서 지영이 걸어온다. 얼른 이파리 던지고 지영과 눈 마주치자 쌩하니 지나가는 영웅. 지영, 황당하고.

| | |
|---|---|
| 지영 | 저게 진짜 왜 저래. (돌아서 영웅 붙잡으며) 갑자기 이러는 거 나 좀 당황스럽다? 무슨 조선에서 왔어? |
| 영웅 | 정상적인 관계가 아님 싫다는 게 조선까지 소환될 일인가? |
| 지영 | 정상적인 관계가 뭔데, 좋았다 싫었다 롤러코스터 타다 결국 치고받고 싸우고 밑바닥까지 보고 헤어지는 거? 넌 이 나이에 그런 걸 하고 싶냐? |
| 영웅 | 내 나이가 어때서? |
| 지영 | (표정) |

| | |
|---|---|
| 영웅 | 난 좋았다 싫었다 롤러코스터 타고 치고받고 싸우는 거 좋아해. 슬픔이가 있어서 기쁨이가 있는 거랬어. (사이) 인사이드 아웃에서. |
| 지영 | (황당) |
| 영웅 | 원래 사람 사귀는 게 그런 거야. (가면) |
| 지영 | (팔 잡으며) 너도 좋았잖아. 괜히 그러지 말고. |
| 영웅 | (지영 손 놓으며) 외간 여자가 제 몸에 손대는 거, 별로 좋아하지 않아서요. (쿨하게 말하고 돌아서자마자 턱 들썩이며 울먹거리며 가는) |
| 지영 | (황당히 영웅 본다) 뭐야, 진심인 거야? |

S#36. 단실 / 낮

햇살 들어오는 소파에 누워 자고 있는 해이.
선호, 들어오다 누워 자고 있는 해이 본다.
해이, 간지러운 듯 얼굴 찡그리는데 얼굴 한쪽에 붙은 머리카락.
선호, 무릎 꿇고 앉아 해이 얼굴에서 머리카락 떼 준다.
그제야 간지러운 거 가신 듯 다시 평온하게 자는 해이.
선호, 그런 해이 귀여워 웃다, 물끄러미 해이 얼굴 본다.
해이 뺨을 만지려는 듯 해이 얼굴 쪽으로 손 향하는데 쾅하고
열리는 단실 문. 선호 보면, 정우다.
정우, 굳은 얼굴로 선호와 해이 보고 있다. 선호, 마음껏 오해하
라는 듯 정우 보며 목 인사.

| | |
|---|---|
| 정우 | (애써 감정 누르며 자료 찾으면) |
| 선호 | (전공 책 챙겨 나가며 정우에게 '쉿' 해 보이고) 깨우지 마요. |

| 정우 | (나가는 선호 보는데 마음 일렁이고, 해이 보는데 마음 복잡하다) |
|---|---|
| 해이 | (괴로운 듯 시름시름 거리다 갑분) 내 치킨! (하며 일어나는) |
| 정우 | (표정, 감정 바사삭) |
| 해이 | (일어나 꿈인 거 알고 안심) 휴… 꿈이었어. |
| 정우 | (어이없어 보다) 너 말야, 맨날 그 아무 데서나 자는 버릇 고칠 생각은 없는 거야? |
| 해이 | (오버액션으로 주변 둘러보다 '나?'라는 듯 표정하고) 웬일로 저한테 말을 다 거세요? 저 보면 피하기로 한 거 아녔어요? |
| 정우 | (뜨끔) 피한 적 없거든? 그땐 급한 일이 생겨서 간 거지. |
| 해이 | 정확히 짚이는 때가 있으신가 보네요. |
| 정우 | (큼, 암튼) 아무 데서나 그렇게 무방비하게 자는 것 좀 자제해. (중얼) 무슨 일이라도 있음 어쩌려고. |
| 해이 | (중얼) 남이사. 여튼 홍익인간 나셨다니까. (일어나 짐 챙기는) |
| 정우 | (에이씨 홱 해이 보는데, 이때 전화 들어오고 전화 받는) 네, 누나. (사이) 네, 이따 인터뷰 장소에서 바로 봐요 그럼. |
| 해이 | 유민 선배? |
| 정우 | 어. |
| 해이 | (이죽) 보통 서윗한 게 아니시네. 유민 선배랑 같이할 게 많으니까 되게 좋으신가 봐요? |
| 정우 | 뭐? |
| 해이 | (바로) 아 쏘리. 단장 사생활인데 내가 선 넘었네. 쏘리 쏘리요. (짐 챙기며) 근데 우리 CC 금지 규칙 있잖아요? 저 그거 완전 동의하는 바잖아요. 누구 하나만 챙기고 이러는 거 딱 꼴 뵈기 싫고, (절레절레) 규칙은 다 이유가 있어서 만들어진 거라니까. |

| 정우 | (OL) 지난 일이야. |
|---|---|
| 해이 | 네? |
| 정우 | (해이 보며, 유민 누난) 지난 일이라고. |
| 해이 | (기분 좋아져서) 아, 뭐 그죠. (갑자기 태세 전환) 근데 또 생각해 보면 규칙은 깨는 맛이 또 재미 아닌가 싶기도 하고. (하고 나가며 기분 좀 좋아져서) 그럼 단장, 수고하십쇼. 테이아. (경례 하고 나가는) |
| 정우 | (나가는 해이 보며 이래저래 복잡해 한숨 푹) |

INS) 성운 백화점 전경 / 밤

S#37. 회사 로비 / 밤

회사 로비 의자에서 간단한 카메라 장비 들고 대기하고 있는 정우와 유민. 정우, 홀로 이래저래 복잡해 생각에 잠겨 있다.

| 유민 | ?? 왜 그래? |
|---|---|
| 정우 | (하…) 진퇴양난. (유민 보며) 그게 요새 딱 제 기분이에요. |
| 유민 | ?? 뭔 소리야. |

이때 정우 유민 쪽으로 오는 정선 님. 정우와 유민, 알아보고 일어나 꾸벅 인사한다.

| 정우 | 나정선 이사님이시죠? 연락드렸던 테이아 51기 단장 박정웁니다. |

| 정선 | 미안해요. 오래 기다렸죠. 회의가 늦어져서. |
|---|---|

S#38. 회의실 / 밤

정선의 축하 멘트 촬영 중인 정우와 유민.

| 자막 | 테이아 38기 단장 03학번 나정선 |
|---|---|

| 정선 | 잔칫상은 상다리 부러지게 잘 차려 놓는다고 하니 와서 즐기기만 하면 됩니다. (손인사) |
|---|---|
| 유민 | 마지막으로 후배들에게 해 주고 싶으신 말 있으실까요? |
| 정선 | 네? 아 그건 생각 안 해 봤는데… |
| 유민 | 그냥 편하게 학생들한테 해 주고 싶은 말 해 주심 돼요. |
| 정선 | (잠시 생각하다) 이런 것도 되나? 여러분 막사세요. |
| 유민, 정우 | (보면) |
| 정선 | (카메라 보며) 생각해 보면 난 20대 때 너무 사리면서 산 것 같아. 마음도 많이 사리고 다칠까 봐 너무 겁먹었어. 근데 그게 지나고 나니 그렇게 후회가 되더라고요. 좀 더 막살 걸. 그런 생각 가끔 해요. 그러니까 법에 저촉되지 않는 선에서 막사세요. 마음도 아끼지 말고 이것저것 경험도 많이 해 보고. 후회 없이. |
| 정우 | … (그 말 듣는데 생각 많아진다) |

S#39. 식당 / 밤

유민과 정우, 식당에서 밥 시키고 기다리고 있다.


유민      (털버덕) 피곤해.

정우      (후) 그니까요. 오늘 예산 정리도 해야 되는데.


이때 옆으로 앉는 대학생 커플. 꽁냥꽁냥 하면서 메뉴판에서 메
뉴 고르고 있다.
그쪽에 시선 머물던 유민, 정우는 유민 시선 따라가는데, 커플
보인다. 유민의 맘이 뭘까 싶어 유민 보는. 이때 밥 나오자 이내
시선 돌리는 유민.
/밥 먹던 정우, 말없이 밥 먹는 유민을 슬쩍 보다 얘기한다.


정우      (밥 먹으며 별 거 아닌 거처럼) 누나 요새 만나는 사람은 없어요?

유민      (의외의 말에 픽 하고 정우 보며) 그런 거 끊은 지 좀 됐거든요?

정우      (여전히 먹으며) 그동안 그럼 뭐했어요. 사람이나 좀 만나고 그러지.

유민      (쓰게 웃곤) 자기는. 너나 잘하세요.

정우      (계속 먹으며 대수롭지 않게) 누나가 저번에 그랬죠? 그 마음만 참았
         으면, 더 나았을까 싶다고. 근데 아마 아닐걸요?

유민      (보면)

정우      (유민 보며) 그때 난 그걸 참아서 몇 년을 후회하면서 살았거든.

유민      …

정우      아마 안 참는 편이 맞았을 거예요. (다시 밥 먹으며) 그니까 너무 몸
         사리지 마요. (농담처럼) 그러다 진짜 몸에서 사리 나와.

유민      (정우 보며) 많이 컸다 박정우?

| 정우 | 내가 원래 누나보다 컸거든요? |
|---|---|
| 유민 | (픽 웃고 밥 먹는데 마음 복잡하다… 밥 먹다) 3대 예언 말야. 혹시나 진 짜 그런 일이 올해도 일어나면. |
| 정우 | (OL) 안 일어나요. |
| 유민 | (보면) |
| 정우 | 아무도 안 죽어요. 그건 그냥 미신이에요. 아무도 안 다치게 할 거예요, 다신. (밥 먹는) |
| 유민 | … |

S#40. 단실 건물 복도 / 밤

카메라 장비 들고 단실 쪽으로 가는 정우.
가면서 핸드폰으로 문자 작성하는 정우.

INS) 문자메시지

정우(E)  (수신자 도해이) 내일 저녁에 시간 괜찮아? 할 얘기가 있는데.

메시지 작성해 놓고 고민하던 정우, 결심했다는 듯 전송 누른다.

정우  (핸드폰 주머니에 넣고 혼자 다짐의 외침) 그래. 하고 후회하자. 막살아 보자. (하고 단실 문 여는데)

단실 게시판 가득 프린트 돼서 붙어 있는 S#1 길거리에서 정우가 해이 안고 있는 사진. 정우, 굳은 얼굴로 멈춰 게시판 본다.


S#41. 연희대학교 전경 / 낮


S#42. 단실 / 낮

게시판 사진 모두 떼어 냈고. 정우, 표정 굳어 생각에 잠겨 있다.

INS) 단실 / 밤

S#40 이어.

게시판에 붙은 인쇄된 사진 떼어 보고 있는 정우.

이때 단실로 들어오는 선자. 정우 발견하고 부루퉁히 정우 앞에 앉는다.

/정우, 선자와 얘기 중이다.

선자  민재, 그 자식 완전 무임승차예요.

정우  늬들은 고작 셋인데 그것도 제대로 조율이 안 돼?

선자  자기는 아무것도 안 짜오고 알아서 하래요. 단장이 얘기 좀 해주
    면 안 돼요? 내 말은 듣지도 않는단 말예요. 선호 그 자식은 나
    몰라라 하고.

정우  (생각하다) 알았어.

S#43. 단실 밖 / 낮

단실 밖으로 나오던 정우, 단실로 오던 해이와 마주친다.

해이    (정우 보자 멈칫하다) 단장 이따 어디서 봐요?

정우    (굳은 얼굴로) 어, 문자로 보낼게.

해이    근데 할 얘기가 뭐예요? 그것도 둘이만. (속삭, 혹시…) 사적인 거
        예요? 둘만 얘기해야 되는 뭐 그런 거?

정우    (여전히 굳은 표정으로) 어, (핸드폰 연락 와 보며) 이따 연락할게. (하며
        가면)

해이    (기대에 호들갑) 뭐야 뭐야, 사적인 거 뭐? (하다 이상) 근데 왜 저리
        똥을 씹었지? 내용으로 보나 정황으로 보나 이거 딱 그렇고 그
        런 얘기 각인데? (하다 이내 다시 실실거리며) 긴장했나? 아님 서프~
        라이즈?

선자    (언제 왔는지) 뭔 서프~라이즈.

해이    (놀라) 아 깜짝이야. (빽) 놀랐잖아!

선자    (해이 손 꼭 잡으며) 삼다, 제발 아무 데서나 꽃 달고 이러지 말자. 난
        정말 너무 걱정돼. 사람들이 도해이 도라인 거 눈치 챌까 봐.

해이    주선 딱 기다려. 내가 오늘 서프~라이즈 한 소식을 전할지도 몰라.

선자    뭔데? 뭔데 뭔데.

선호(E) (언제 왔는지) 나도 알려 주면 안 돼?

해이    어? 아니 뭐 별건 아니고… (말 돌리려 선자 질질 끌고) 아 배고파. 너
        도 배고프지?

선자    나 안 고픈데.

해이    아냐, 너 고파. 도라지 고?

선호        (가는 해이 보는데… 불길하다. 괜히 옆에 있는 벽 차고) 아! (아파서 낑낑대는)


## S#44. 학생 휴게실 / 낮

민재와 둘이 앉아 얘기 중인 정우.

민재, 눈 안 마주치고 부루퉁해 앉아 있고, 정우, 민재 보고 있다.


정우        응원단에 고등학교 때부터 들어오고 싶었다고 했지?

민재        (그 말에 정우 보면)

정우        면접 때 했던 말, 진심이라고 생각했어. 그 뒤에도 계속 열심인 게 보였거든. 응원단이란 게 결국 지나고 보면 같이 했던 기억이 다야. 동기들이랑 잘 지내봐. 그 말 하려고 만나자고 했어.

민재        … 했어요.

정우        (보면)

민재        (연습장 꺼내 펼쳐 보이면 하나하나 그림으로 그려진 포즈들 빼곡하다. 정우 보며) 저도 했어요.

정우        (연습장 보다 민재 보고) 왜 애들한텐 얘기 안 했어?

민재        … 필요 없을 거 같아서요.

정우        (연습장 챙기며) 이건, 내가 애들한테 공유할게. 많이 도움이 될 거 같으니까.

민재        … (끄덕)

정우        (웃으며 끄덕하곤 연습장 들고 일어나려는데 연습장 표지에 적힌 민재 학번 이름 19145633 김민재, 순간 멈칫하는)

6회 S#5 페메 대화창(도해이 내보내/이유가 뭐죠?/이유가 합당하면 내보
내겠습니다.) 핸드폰으로 보고 있는 정우.
메시지 보낸 사람 프로필 창으로 들어가 프로필 링크 메일 주소
확인하는데.
메일 아이디 '19145633@gmail.com'
정우 시선 민재 학번에 머문다. 2019145633. 민재, 정우 보면.

민재        (왜 그러냐는 듯 정우 보면)

정우        (민재 시선 느끼고) 먼저 일어날게. (일어나 가는데… 혼란스럽다)


S#45. 카페 / 밤

해이, 카페에 홀로 앉아 있다. 거울 보며 매무새 다듬는 해이.

해이        (거울 보며) 아 고백받기 딱 좋은 날이다.

이때 정우 카페로 들어오자 얼른 거울을 가방에 넣는 해이.
/정우와 해이, 마주 앉아 있다. 해이, 두근두근 기대되는 얼굴.

정우        (해이 보다… 최대한 감정 안 섞인 톤으로) 그때 실수해서 기분 나빴다
           면 미안해. 내가 오해 살만한 행동을 한 거 같아서. 앞으론 조심
           할게.

해이        (실수? 잘못?…)

| 정우 | 계속 이러면 다른 애들도 이상하게 생각할 거고, 한 번은 정리하고 넘어가야 할 것 같아서. |
| --- | --- |
| 해이 | ('아… 착각이었나.' 당황했지만 침착한 척) 아, 저도 좀 오버했어요. 별것도 아닌 일인데. |
| 정우 | … |
| 해이 | (애써 밝게) 그런 얘기면 그냥 얘기하지, 뭘 따로 비장하게 약속까지 잡아서. 얘기 다 한 거죠? |
| 정우 | (끄덕) 어. |
| 해이 | 그럼 저 먼저 일어날게요. 괜히 다른 애들이 보고 오해하면 안 되니까. (하고 일어나 나가는데 눈물 날 것 같아 울컥한다) |
| 정우 | (해이 나가고 한숨 쉬며 마른세수 한다. 잘하는 짓인가 모르겠다) |


S#46. 연희대학교 전경 / 낮


S#47. 교정 일각 / 낮

정우와 호민, 잔디밭 쪽 테이블에 마주 앉아 있다.

| 호민 | (정우 보며) 왜… 보자고 한 거예요? |
| --- | --- |
| 정우 | (호민 보는) |


S#48. 노천극장 전경 / 낮

용일, 초희와 먼저 연습 중이다. 용일, 동작하면, 초희, 핸드폰 보고 있다.

용일, 팔 부들부들 떨다 슬쩍 내리는데.


초희　　　(핸드폰에서 눈 떼지도 않고) 팔 들어라.

용일　　　!!

초희　　　(용일 보며) 그 자세로 3초 버틴다. 하나 둘 셋.

용일　　　(팔을 바들바들 떨며 버티다 셋 소리와 함께 툭 동작 풀면)

초희　　　다시.

용일　　　예?

초희　　　(뭐 하냐는 듯 쳐다보면)

용일　　　(힘들어 죽겠지만 다시 하는… 이럴 땐 마녀다 싶다)


우르르 몰려오는 나머지 신입생들과 정우.

해이, 초희에게 꾸벅 인사하면, 초희, 얼른 튀어오라는 듯 고갯짓.

해이, 얼른 짐 푸는데 정우 보이자 정우와 시선 마주치지 않으려 애쓰고, 정우도 의도적으로 해이 쪽은 보지 않는다. 이를 본 선호 둘 사이에 대체 뭔 일이 있던 건지 궁금하고.

신입생들 연습하려 짐 풀고 있는데.

정우, 민재 보다 핸드폰으로 메시지 보낸다.


INS) 페북 메시지

6화 S#5 메시지 이어.

| | |
|---|---|
| 정우(E) | 기다려. 다 밝혀낼 테니까. |

이때 울리는 민재 핸드폰, 민재, 메시지 확인하고 얼굴 굳는다.
정우, 신입생들 쪽으로 오면, 민재, 정우 눈 피하며 연습 준비한다.
/정우와 연습하고 있는 민재, 선호, 선자. 서로 분위기 껄끄럽다.
민재를 의미심장하게 보던 정우, 시선 옮겨 선호 쪽으로 가는데.
선호, 동작 잘되지 않는다.

| | |
|---|---|
| 정우 | 다리 뒤로 팔 더 높이! |
| 선호 | (헉헉대며 다시 해 보이는데) |
| 정우 | 팔 더 높이라고 했습니다. |
| 선호 | (팔 드는데) |
| 정우 | (팔 교정해 주며) 연습 공백은 연습량으로 메우는 거밖에 답이 없습니다. |
| 선호 | (자존심 상하지만 지기 싫어 안간힘으로 팔 드는) |
| 정우 | 다리가 안 가고 있잖아! |
| 선호 | (다리 뒤로 보내다 스텝 꼬여 넘어진다) |
| 일동 | !! (놀라 보면) |
| 선호 | 후… (쪽팔리고 짜증 가득) |
| 정우 | (잡아 주려 손 내미는데) |
| 선호 | (걱정스럽게 선호 보고 있는 해이와 눈 마주친다. 더 수치스럽고 짜증나 정우 손 무시하고 혼자 일어나 나가 버리는) |
| 정우 | (가는 선호 보는) |

S#49. 수돗가 / 낮

선호, 수돗가에서 상처 씻고 있으면, 정우, 선호 쪽으로 온다.

| | |
|---|---|
| 정우 | 괜찮아? |
| 선호 | (보다 떨떠름히) 네. |
| 정우 | 쪽팔려 할 필요 없어. 연습 때 못하는 건 당연한 거야. |
| 선호 | (허 헛웃음치고 중얼) 멋있는 건 혼자 다 하려고 하시네. |
| 정우 | (저 새끼가 근데, 확 하고 싶은 거 꾹 참으며) 정비되면 와. (가려는데) |
| 선호 | (해이 수돗가 쪽으로 오는 거 보인다) 근데 단장, 유민 선배가 첫사랑이라면서요? |
| 정우 | ! (선호 보면) |
| 해이 | (멈칫) |
| 선호 | (해이 들으라고) 다시 보니 맘이 복잡하시겠어요? 고백은 해 봤어요? |
| 해이 | (그 말에 정우 보면) |
| 선호 | (답 없는 정우 보고) 안 했군요? |
| 정우 | 그럴 수 없는 상황이란 것도 있으니까. 이런 얘기 불편한데, 그만하지? 네가 신경 쓸 일도 아니고. |
| 선호 | 그런 게 있나? 전 좋아하면 그럴 수 없는 상황 같은 건 없을 거 같은데 그건 좀 비겁한 거 아녜요? (도발하듯 정우 보면) |
| 정우 | (보다) 다른 거겠지. 너랑, 나랑. |
| 선호 | (웃으며) 뭐 설마 단내 연애 금지 이런 거 땜에 그런 건 아니죠? 지금은 현역도 아니니 상관없잖아요. 지금이라도 잡아요. |
| 정우 | 그만하자고 얘기한 거 같은데. |

| 선호 | 뭐 알아서 하세요. 본인 마음은 본인이 제일 잘 알 테니까. 근데 아직 신경 쓰이고 걱정되고 그럼 좋아하는 거 아닌가. |
|---|---|
| 정우 | (보다) 너 말야, 선 넘는 거 봐주는 건 여기까지야. 사적인 감정으로 분위기 흐리는 거 더는 안 봐준다. (가면) |
| 선호 | 사적인 감정으로 분위기 흐리는 건 단장 아녜요? |
| 정우 | (보면) |
| 선호 | 단장이 그렇게 확실히 안 하고 여지를 남기니까, 오해가 생기잖아요, 매번? |
| 정우 | (보다) 걱정 마. 앞으론 확실히 할 테니까. |
| 해이 | (정우 보는) |

S#50. 교정 일각 / 낮

홀로 노천 쪽으로 가는 정우.
이때 반대쪽에서 오던 유민, 핸드폰 보고 호흡 조금 가쁜 듯 가슴 쥐어 내다 가방에서 약 꺼내 먹는다. 그런 유민 본 정우, 걱정돼 유민 쪽으로 뛰어간다.

| 정우 | 누나 괜찮아요? |
|---|---|
| 유민 | (얼굴 하얘서) 응 괜찮아. 훈련 아직 안 끝났지? 회의 때까지 나 단실에 좀 누워 있을게. (하고 가면) |
| 정우 | (영 걱정되는데) |
| 해이 | (오다 이를 보는) |
| 정우 | (안 되겠는지 유민 따라가는데 해이와 마주친다) |

| | |
|---|---|
| 해이 | 어디 가요? |
| 정우 | 유민 누나가 좀 안 좋아 보여서. (머뭇하다 유민 보고 따라가는) |
| 해이 | (노천 쪽으로 가려다, 역시 싫다. 결심한 듯 뒤 돌아 정우 쪽으로 와 정우 잡는다) |
| | 가지 마요. |
| 정우 | 어? |
| 해이 | 단장이 유민 언니 신경 쓰는 거 싫어요. |
| 정우 | (해이 보는데) |
| 해이 | (망설이다) 단장 나. (하는데) |
| 선호 | (툭 해이 팔 낚아채 데려가는) |
| 해이 | (끌려가며) 야, 뭐야. |

무표정한 선호, 황당한 해이, 이를 보는 정우.
/가다 선호 팔 뿌리치는 해이.

| | |
|---|---|
| 해이 | 너 뭐야. |
| 선호 | 쉬는 시간 끝났어. 훈련해야지. (빙긋) |
| 해이 | (황당해) 금방 갈게. (하고 다시 정우 쪽으로 가려는데) |
| 선호 | (붙잡으며, 약간 애처롭게) 단장 말고, 나 좀 봐주면 안 돼? |
| 해이 | (당황해 선호 보는) |

/선호와 해이가 얘기하는 쪽 쳐다보던 정우, 그쪽으로 걸음 옮긴다.
그리고 그런 정우, 선호, 해이를 보고 있는 누군가의 시선에서.

엔딩.

S#51. 단실 / 밤

　　단실 게시판 가득 프린트돼서 붙어 있는 S#1 길거리에서 정우
　　가 해이 안고 있는 사진. 그리고 이를 보고 있는 누군가.
　　얼굴 드러나면… 민재다.

엔딩.

S#1. 수족관 / 낮 / 과거

수족관 속 해마 보이고, 가이드 설명 듣고 있는 어린 선호(8세)와 진희.

가이드    해마는 무척 사랑꾼들인데요, 죽을 때까지 일부일처를 하는 거로 유명하죠.

선호    일부일처가 뭐예요?

가이드    (웃으며 선호 보며) 평생 한 사람만을 사랑한단 뜻이에요.

선호    (가이드 설명 위로 해마를 신기한 듯 보는)

/이동하고 있는 가이드와 선호 무리.
끝 쪽에 있던 선호, 한쪽에서 선호 쪽으로 오다 옛사랑과 마주친 민철을 발견하고 신나서 그쪽으로 뛰어간다.
/옛사랑 가족과 마주친 민철, 벙찐 듯 옛사랑 보고 있다.
/한쪽에서 옛사랑과 얘기하고 있는 민철.
선호, 민철을 발견하고 민철 쪽으로 뛰어가려는데, 민철의 표정

426 × 427

보고 멈칫하는 선호. 다가가지 못하고 한쪽에서 숨어 민철 본다.

옛사랑　　잘 지내지?

민철　　… 글쎄. 모르겠네.

선호, 한쪽에서 둘 보고 있는데.

진희(E)　　선호야, 혼자 그렇게 돌아다니면 어떡해.

선호, 진희 보면, 진희, 선호 쪽으로 오다 민철과 옛사랑 발견한다. 멈칫하고 얼굴 굳는 진희.

진희　　(애써 외면하고 선호에게) 얼른 와. 이러다 돌고래 쇼 놓치겠다. (하며 선호 손잡고 자리로 가려는)

선호　　(굳은 얼굴의 진희보다, 진희 손에 끌려가며 민철 쪽 보는데, 옛사랑, 민철에게 목례하고 자기 남편 아이 있는 쪽으로 간다. 민철, 미련 가득한 눈으로 옛사랑과 남편, 아이 쪽 본다. 아빠가 바라는 아이가 저 아이지 싶다. 아이 쪽에 시선이 머무는데 그 뒤로 보이는 수족관 속 해마)

S#2. 차 안 / 낮 / 과거

차 타고 가고 있는 선호네 가족. 민철 생각에 잠겨 운전 중이다. 진희, 민철 눈치 본다. 정신 놓고 있던 민철, 신호등 신호 바뀐 거 모르고 가려다 급정거한다. 덜컹하는 차 안.

| 진희 | (놀라서 선호 보며) 괜찮아? |
|---|---|
| 선호 | (끄덕) 응. |
| 진희 | (휴…) 왜 그래요? 생전 조심 운전하는 양반이, (사이) 무슨 생각을 그리 골똘히 하느라. |
| 민철 | 아… 회사 일 땜에. |
| 선호 | 아빠, 아빠도 일부일처예요? |
| 민철 | 응? |
| 선호 | 해마처럼 아빠도 평생 한 사람만 사랑하는 거예요? |
| 진희 | 우리 선호, 수족관에서 설명 들은 것도 기억하는 거야? 누구 아들이길래 이렇게 똑똑하대. (진희 역시 궁금해 민철 보면) |
| 민철 | … (평생 한 사람만 사랑한다라…) 응… 그래. |
| 진희 | (무슨 의민가 싶지만 애써 웃으며) 그래 선호야. 엄마랑 아빠는 해마처럼 평생 서로만 사랑한다니까… (하며 운전하는 민철 손 잡으면) |
| 민철 | … (진희 손 살짝 치운다) |
| 진희 | (민망하지만 애써 괜찮은 척) 운전 조심해야지. |
| 선호 | (민철과 진희 보다 고개 돌려 창밖 본다. 민철이 사랑하는 일부일처 가족은 우리가 아니라 아까 그 가족이지 싶다) |

S#3. 고등학교 교실 / 낮 / 과거

고등학생 선호, 친구 몇몇과 쉬는 시간에 적당히 한쪽에 모여 있다.
앞쪽으로 자리에 앉아 있는 여학생 앞에 무릎 꿇고 있는 남학생 보인다.

반 아이들 모두 그쪽 주목하고 있고, 여학생 쪽팔리다는 듯 남학생 본다.

남학생　　　나 죽어도 못 헤어져. 네가 다시 만난다고 할 때까지 여기서 못 일어나.

주변 학생들　오오~ (환호)

여학생　　　(주변 둘러보며) 쪽팔리게 진짜 왜 이래. 싫다니까? 싫다고! 빨리 일어나. (데리고 나가려는데)

남학생　　　(눈물까지 글썽이며) 지희야, 제발. (버티고)


이를 보고 있는 선호 무리.

남학생1　　　좀 받아 주지. 처절하다 처절해.

선호　　　　(별다른 감흥 없이 썸녀와 카톡 주고받다 핸드폰 끄고 남학생 보며) 어차피 세상에 반이 여잔데 뭘 저렇게까지.

남학생1　　　(턱 어깨 걸며) 야 너무 하네 진선호. 차인 애한테.

선호　　　　거지 같잖아, 답도 없는 애정 구걸하는 거.


선호, 엄마와 겹쳐지는 듯 무릎 꿇은 남학생 차갑게 보는 데서 타이틀 인 치얼업.



S#4. 교정 일각 / 낮

선호 팔 뿌리치는 해이.

| | |
|---|---|
| 해이 | 너 뭐야. |
| 선호 | 쉬는 시간 끝났어. 훈련해야지. (빙긋) |
| 해이 | (황당해) 금방 갈게. (하고 다시 정우 쪽으로 가려는데) |
| 선호 | (붙잡으며, 강아지처럼 약간 애처롭게) 단장 말고, 나 좀 봐주면 안 돼? |
| 해이 | (약간 당황해 보면) |
| 선호 | (해이 표정에 이내 빙긋 웃으며) 나 자꾸 버벅거리는데, 네가 연습 좀 봐주라. |
| 해이 | (아… 그 얘기였어) 난 무슨 고백이라도 하는 줄 알았네. |
| 선호 | 설마. (빙긋하고 의미심장하게) 괜히 그런 건 해서 잘못되면 끝이잖아. |
| 해이 | (보는) |

/7회 엔딩 이어 선호, 해이 쪽으로 걸어가는 정우.
운찬, 정우 쪽으로 뛰어와 정우 붙잡는다.

| | |
|---|---|
| 운찬(E) | 형 이거 뭐야? |
| 정우 | (소리에 운찬 보면) |
| 운찬 | (정우에게 핸드폰 영상 보여 주며) 이거 진짜 형이야? |
| 정우 | (영상 속 자신 보는) |

INS) 교정 일각

동영상 화면 속 정우.

| | |
|---|---|
| 정우 | 최근 일어난 여러 가지 일련의 사건이 사고로 이어질 가능성을 더 이상 묵과할 수 없어 경찰 수사를 의뢰하기로 했습니다. (지퍼 |

락 백에 들어 있는 유민 학보지 표지 들어 보이며) 이 물건 또한 경찰 수사
에 증거물로 넘길 예정입니다.

운찬    왜 자꾸 일을 크게 만들어 형.

정우    (운찬 치우며) 이따 얘기해.

운찬    (정우 잡으며) 지금 이거보다 급한 일이 어딨어.

정우    (그새 시야에서 사라진 해이와 선호, 운찬에게 버럭하며) 아 너 땜에. (하다)
       아니다. 그래, 잘했다. 잘했어!! (하고 단실 쪽으로 가는)

운찬    (어이없고) What the…


S#5. 해이 집 주방 / 밤

       상추에 캔 참치 싸 먹는 밥상.

해이    (우울하게 로메인 쌈 먹고 우물우물) 어마 난 왜 이르케 처이업쓰카. (발
       음 뭉개지는)

춘양    (표정) 먹든지 얘길 하든지 둘 중에 하나만 하면 안 되겠냐.

해이    (꿀떡 삼키고 울적한 표정) 난 왜 이렇게 철이 없을까?

춘양    (쌈 싸먹으며) 갑자기 또 뭔 소리야.

해이    (로메인 보면서) 내가 지금 이딴 고민 할 때가 아닌데. 시간 없어, 돈
       없어, 근데 남들 하는 건 다 하려고 하고 있다니까? (푸념처럼) 철
       없다 철없어 도해이. (먹어버리자는 듯 로메인 생으로 왕 먹어버리는)

춘양    (못내 맘 안 좋아) 너 돈 많고 막 별거 다 가진 사람들도 갖고 싶어
       하는 거 하나 가졌어.

해이    ('숨겨둔 유산이라도 있나?', 반갑) 뭐? 내가 그런 게 있어?

| 춘양 | 너 젊잖아. 원래 그거 하나 있음 게임 끝난 거야. |
|---|---|
| 해이 | (표정, '장난쳐?') 난 누가 그거 돈 주고 사 간다면 당장 팔아 버리고 싶거든? 빨리 나이 들어서 돈 있고 안정감 팍팍 느끼면서 살고 싶고만. (쌈 입에 팍 넣는) |
| 춘양 | (해이에게 못내 미안해 괜히) 신소리 말고 밥이나 먹어. |
| 해이 | (쌈 꾸역꾸역) |
| 춘양 | (해이 보는데 마음 안 좋다. 쌈 입에 밀어 넣는) |

S#6. 엘리베이터 / 밤

엘리베이터 탄 선호, 낮의 일 생각난다.

INS) S#4

| 해이 | (아… 그 얘기였어) 난 무슨 고백이라도 하는 줄 알았네. |
|---|---|
| 선호 | 설마 (빙긋하고 의미심장하게) 괜히 그런 건 해서 잘못되면 끝이잖아. |

| 선호 | (중얼) 더럽게 후지네 진짜. (이때 엘리베이터 띵 하고 서면 내리는) f.o |
|---|---|

S#7. 치얼스 / 낮

치얼스로 들어오는 해이.

| 영웅 | (다소 기분 다운돼서 우울히 잔 닦으며) 왔니? |
|---|---|

| | |
|---|---|
| 해이 | (흠칫) 뭐야 왜 저래. (하고 바 자리 영웅 앞에 앉으며) 왜 불렀어요. |
| 영웅 | (처연히 해이 보는) |

/치얼스 앞치마 두르고 테이블 걸레로 닦고 있는 해이.
정우, 치얼스로 들어온다.
해이와 정우, 서로 흠칫. 약간 어색한 분위기.

| | |
|---|---|
| 정우 | (어색하게) 왜 여기 그러고. |
| 해이 | 오늘부터 여기서 알바하기로 했어요. |
| 정우 | 아, 그렇구나. (할 말 찾지 못하고) |
| 영웅 | (처연히 정우 보고) 왔니? |
| 정우 | (처연한 영웅에 흠칫) |
| 영웅 | (슥 나가는) |

약간 마가 뜬 분위기에서 정우 한쪽에 자리 잡고 앉는데.
이때 들어오는 유민, 정우 보고 그쪽으로 와 앉는다.

| | |
|---|---|
| 정우 | 몸은 괜찮아요? |
| 유민 | 어. 미안. 어제 나 때문에 회의도 못 하고. |
| 정우 | 괜찮으면 됐어요. |

이를 한쪽에서 보던 해이. 됐다는 듯 걸레로 더 박박 테이블을
닦는다.

S#8. 치얼스 전경 / 낮


S#9. 치얼스 / 낮

　　　　　정우, 일하고 있는 해이 힐긋 보며 신경 쓰면, 이를 보는 유민.


유민　　　　오늘은 이 정도 할까?

정우　　　　(그 말에 유민 보며) 아 네. 그래요.


　　　　　유민과 정우, 자리 정리하는데.


유민　　　　해이야. (손으로 부르는)

정우, 해이　??

해이　　　　(유민 쪽으로 와) 뭐 필요한 거 있으세요?

유민　　　　티켓 넘버링 하는 거 도와줄 사람이 필요해서, 좀 도와줄래? 오
　　　　　랜 안 걸릴 거야.

해이　　　　그게… (썩 안 내키지만 별수 없이) 네, 알바 끝나고 도와드릴게요.

유민　　　　(끄덕하고, 정우 보며) 넌 일 있다며? 가 봐.

정우　　　　아… 네. (역시 좀 찜찜한)


S#10. 교정 일각 / 낮

　　　　　잔디밭 나무 앞에 서서 나무에 대고 혼자 얘기 하고 있는 영웅.

영웅                이곳 곳곳엔 우리의 추억이 너무 많아.


S#11. 교정 일각 / 낮 / 영웅 회상

　　　　　　　같은 장소 잔디밭.
　　　　　　　어린 영웅(20세), 잔디밭에 앉아 홀로 풀 날리면서 사색을 즐기고
　　　　　　　있는데, 지영(20세), 책 보며 지나가다 돌부리에 걸려 넘어지려
　　　　　　　한다.


영웅                (이를 보고 쿠션 되어 주려 옆으로 몸을 날려) 위험해.


　　　　　　　지영, 허우적거리며 넘어지는데, 각도가 이러다 영웅과 뽀뽀할
　　　　　　　것 같다. 풀썩 넘어지는. 위에서 보면 둘 겹쳐 있고. (뽀뽀했나 싶은)
　　　　　　　자세히 보면 지영, 플랭크 자세로 영웅 옆으로 손 바들바들 떨면
　　　　　　　서 유지하고 있다.


지영                하… **죽될 뻔했네.** (일어나 잔디 묻은 거 툭툭 털면)
영웅                (이 와중에 심쿵해 누워서 정지)
(E)                 (영웅 심장 소리) 두근두근두근.


S#12. 교정 일각 / 낮

　　　　　　　아련하게 나무 보는 영웅 이어지며.

| 영웅 | 언제쯤 난 이 모든 기억에서 자유로울 수 있을까? (하며, 나무 쓰다 |
|---|---|
| | 듬으며 눈 지그시 감고 기대고) |

처연하게 나무에 기대 있는 영웅을 학생처장과 함께 지나다 본
지영.

| 처장 | (지영 보며) 아는 사람인가? |
|---|---|
| 지영 | (놀라) 네? 아뇨. 그냥… 정신이 좀 이상한 사람인 거 같은데요. |
| 처장 | 좀 그렇지? (하고 가면) |
| 지영 | (따라가며 중얼) 하… 저 자식은 왜 자꾸 눈에 밟혀. |

S#13. 치얼스 / 낮

유민과 해이, 티켓 넘버링 작업 같이하고 있다.
말없이 손만 바쁘게 움직이는 해이.

| 유민 | (일하며) 정우 좋아하니? |
|---|---|
| 해이 | 네? (유민 보며) 왜요? |
| 유민 | 그냥, 그래 보여서. |
| 해이 | 선배는요? 단장 좋아해요? |
| 유민 | 좋아하지. 정우 좋은 애잖아. (빙긋) |
| 해이 | (보다) 저도 좋아해요. (다시 일하며) 단장 좋은 사람이잖아요. |
| 유민 | (역시 일하며) 거기까지만 해. |
| 해이 | (보면) |

| | |
|---|---|
| 유민 | (해이 보고 웃으며) 더 가면 복잡해지니까. |
| 해이 | 제가 알아서 할게요. (다시 일하는데 맘 복잡해지고) |
| 유민 | … (역시 알 수 없는 표정으로 해이 보다 일하는) |

S#14. 카페 / 낮

마주 앉아 있는 민재와 정우. 민재, 무슨 일인가 한 얼굴로 정우
보는데.
정우, 민재 보다, 핸드폰으로 뭔가 보낸다.
민재 핸드폰 울리고, 민재, 핸드폰 보는데 정우가 보낸 페메다.
'ㅇㅇ'
민재, 얼른 핸드폰 테이블 아래로 내리는데.
정우, 계속 해서 메시지 보낸다. 'ㅇ''ㅇ'ㅇ''ㅇ'ㅇ'
계속해서 울리는 민재 핸드폰.
민재, 당황해 정우 보면.

| | |
|---|---|
| 정우 | 너 맞구나. |
| 민재 | !! |
| 정우 | 왜 그랬니? |
| 민재 | (가만히 있다 테이블에 눈 고정한 채 조용히) 도해이가 싫어서요. 도해이 때문에 자꾸 문제가 생기니까. |
| 정우 | 그래서 이런 걸 보냈다고. 해이가 싫어서. |
| 민재 | (입 꾹 닫고 있다) 지금은 아니에요. |
| 정우 | 왜 마음이 바뀌었는데? |

| 민재 | (계약서 얘기 안 하고) 그냥요. 그냥 바뀌었어요. (사이) 해이한테 협박 메시지 보낸 건 저 아녜요. |
| 정우 | 사진은? |
| 민재 | (움찔하다) 무슨 사진이요? |
| 정우 | (민재 보면) |
| 민재 | 뭐가 더 있는 건지 모르겠지만, 전 아녜요. (사이) 안 믿으셔도 어쩔 수 없고요. |
| 정우 | 믿을게. |
| 민재 | (보면) |
| 정우 | 대신, 앞으로 절대 이런 일은 용납 못 해. 앞으론 말하고 싶은 게 있으면 이런 방법 쓰지 말고 직접 말해. |
| 민재 | 네… (하다 정우 보며 사뭇 뼈 있게) 근데 단장도 조심해 주세요. |
| 정우 | 뭘? |
| 민재 | 특혜 논란 안 나오게. |
| 정우 | (보는) |

S#15. 단실 / 낮

해이, 티켓 압인하고 있는데 들어오는 정우. 둘, 어색한 공기 흐른다.
해이, '아니 내가 왜?' 다시 마음 가다듬고 압인 팡 찍는데 구멍 난다. 버리는.

| 정우 | 그거 그렇게 세게 찍으면 안 돼. |

| | |
|---|---|
| 해이 | 저도 알아요. (하고 다시 팡, 하는데 또 구멍 뚫린다) 에이씨. |
| 정우 | (보다 결국 자리 앉아 압인 도장 자기가 찍는, 구멍 안 뚫리고 잘 찍힌 도장) 이렇게 해야지. |
| 해이 | 네. (받아들고 팡 찍어 보는데 이번엔 구멍 안 뚫렸다. 신난) 오~ (신나 하다 정우와 눈 마주치자, 다시 뻘쭘해져 얼른 다른 티켓 압인 찍으며) 단장, 어제 제가 하려던 말이요. |
| 민재(E) | 특혜 논란 안 나오게. |
| 정우 | (해이 눈 못 보고) 그거, (사이) 안 하는 게 나을 것 같은데. |
| 해이 | !! (보면) |
| 정우 | (보는) |
| 해이 | (애서 웃으며 농담처럼) 그냥 너무 첫사랑에 함몰되신 거 같아서. 공사 구분하고 우리 신입생들도 신경 써 달라 그런 의미였어요. |
| 정우 | 그래, 더 신경 쓸게. |
| 해이 | 네. 그럼 됐어요, 뭐. (애서 웃으며 다시 도장 찍어 보는데 손 살짝 떨린다) |
| 정우 | (해이 보다 일어나) 그럼 수고해. (일어나 나가려는데) |

이때 문 열고 들어온 선호.

| | |
|---|---|
| 정우 | (안 좋은 표정으로 나가면) |
| 헤이 | (도장 팡 찍는데 구멍 빵 뚫린다. 티켓 버리려는데 눈물 툭 떨어진다) |
| 선호 | (해이 보고, 뭔 일 있었구나 싶은, 앉으며) 왜 울어? |
| 해이 | (얼른 눈물 닦고 둘러댄다) 손가락 찍혔어. |
| 선호 | … (해이 보는… 마음이 안 좋다) |

S#16. 단실 건물 전경 / 밤


S#17. 단장실 / 밤

아무도 없는 단장실로 들어오는 누군가. 조심스럽게 단장실 캐비닛 쪽으로 간다. 자물쇠로 잠긴 캐비닛의 비밀번호를 누르는 누군가.

달칵하고 캐비닛 문 열린다.

캐비닛 문 열리자 안에 있는 S#4의 지퍼락 안에 들어 있는 유민 학보지 표지.

누군가 지퍼락을 드는데, 이때 달칵하고 열리는 문.

누군가 놀라 그쪽 보면 단장실 불 켜는 초희, 핸드폰으로 동영상 찍고 있다.

초희        오빠였어요?


당혹스러운 표정으로 초희가 보고 있는 누군가, 수일이다!
수일, 훔치는 모습 동영상 찍고 있는 초희에 망했다 싶은.


S#18. 단실 / 밤

단실에 앉아 있는 정우, 초희, 그리고 수일.
초희, 수일에게 핸드폰 화면 보여 준다. 수일이 들어오는 CCTV 화면.

| | |
|---|---|
| 초희 | 요즘 외부인이 빈번하게 드나드는 거 같아서 달았더니 이걸 외부인이라고 해야 하나, 내부인이라고 해야 하나. |
| 수일 | (억울한 듯한 표정으로 지퍼락에 든 유민 학보지 표지 보며) 그래, 이건 내가 맞아. 근데 다른 건 아냐. |
| 초희 | 그때는 틀렸고 지금은 맞다? |
| 수일 | (휴) 난 그냥, 잡음을 더 만들고 싶었을 뿐이야. (열받) 방송부 새끼들 작정하고 뜯길래 제보하면 신나서 내보낼 줄 알았더니. (항변하듯) 솔직히 사물함에 이거 좀 넣은 게 범죄는 아니잖아? |
| 정우 | 범죄가 아닌데 왜 굳이 증거 인멸까지 하려고 했어요? |
| 수일 | 괜한 오해 사고 싶지 않았을 뿐야. 망할 경찰 조사를 또 받긴 싫으니까. |
| 초희, 정우 | … |
| 수일 | (정우 표정 보다) 신고한 거 아니구나? 그냥 협박한 거구나? (후회) 아이씨 좀만 생각해 봐도 말이 안 되는데 경찰이 이딴 조사를 왜 해. |
| 정우 | 다른 건 형이 아니란 걸 어떻게 믿죠? |
| 수일 | 믿든, 안 믿든 그건 너네 맘대로 하고 아무튼 난 아냐. (지퍼락 보며) 이걸 도난죄로 신고하려면 하던가. (정우 보며) 너 신고하는 거 좋아하잖아? |
| 정우 | … (생각 복잡해진다) |

S#19. 교정 일각 / 밤

단실 건물 앞에서 홀로 꽃밭 앞에 쭈그려 앉아 꽃잎 점치고 있는 정우.

| 정우 | (하나씩 떼어내며) 잘했다 아니다, 잘했다 아니다, 잘했다 (하나 남은 꽃잎 유심히 보는데) |
|---|---|
| 초희 | (짐 챙겨 나오며 한심하다는 듯) 거기 물어보면 수일 오빠가 범인인지 아닌지 알려 준대? |
| 정우 | (초희 나오자 하나 남은 꽃잎 보다 얼른 떼어 버리곤 일어나) 그거 물어본 거 아니거든. |
| 초희 | 그럼 뭐 물어 봤는데? 네 맘이라도 물어봤냐? |
| 정우 | (들킨 거 같아) 있어. 그런 거. |
| 초희 | (관심 없고 본론으로) 아 수일 오빠 말을 어디까지 믿어야 돼. 진짜 경찰 조사 당하니까 열 받아서 괜히 어그로 끌려고 그런 건가. |
| 정우 | (곰곰) 어쩌면 다 다른 사람일지도 몰라. |
| 초희 | 아 몰라. 수일 오빠 족쳐 놨으니까 적어도 수일 오빠면 더 뭔 일이 생기진 않겠지. |
| 정우 | 그러게. 그래야 할 텐데… (후… 생각 복잡하다. 그러다 생각나는 게 있어서) 우리 저번 뒤풀이 때 말야, 해이 먼저 간 날. 그때 민재는 어딨었어? |
| 초희 | 민재? 치얼스에 있었지. 왜? |
| 정우 | 아… 그래. |

## S#20. 정우 기숙사 방 / 밤

정우, 책상 자리에서 연습장에 시간 순서별로 쓰인 사건일지 보고 있다.

INS) 연습장

#월#일 해이 첫 메시지 (응원단 그만둬./올해 응원단원 중 한 명이 죽는
다./세 번째 예언, 기억해.)

#월#일 해이 두 번째 메시지 (너도 당하게 될 거야.)

#월#일 해이 합동 응원전 세 번째 메시지 (Repeat) & 조명 사고

#월#일 방송부 영상

#월#일 민재 메시지 (도해이 내보내.)

#월#일 사물함 학보지 – 수일

#월#일 게시판 사진


정우, 골똘히 생각에 잠겨 민재에 동그라미 치는데.


INS) 5회 S#43

정우, 해이 핸드폰으로 메시지 보낸 익명의 계정 프로필 링크 들
어가 확인해 보면, 이메일 아이디 werther@gmail.com


INS) 7회 S#44

프로필 링크 메일 주소 확인하는데. 메일 아이디 '19145633@
gmail.com'


INS) S#19


초희    민재? 치얼스에 있었지. 왜?

| 정우(E) | (생각에 잠겨 이번엔 수일에 동그라미 치는데) |
|---|---|

INS) S#18

| 수일 | (억울한 듯한 표정으로 지퍼락에 든 유민 학보지 표지 보며) 그래 이건 내가 맞아. 근데 다른 건 아냐. |
|---|---|
| 정우 | (메시지 중 '너도', 'REPEAT'에 동그라미 치며) 2년 전 일을 아는 사람… |

단장실에 걸린 2년 전 전체 사진 보는 정우. 사진 속 웃고 있는 유민, 정우, 초희, 수일, 규진, 진일, 성훈 등 보인다.

| 정우(E) | 근데 왜 해일까… |
|---|---|

생각에 잠긴 정우 얼굴에서 f.o

S#21. 단실 / 낮

기다리는 연락 있는 듯 핸드폰 보고 고장 났나 흔들어도 보고 하던 운찬, 소윤 들어오자 다급히 소윤 쪽으로 가 슬쩍 말을 건다.

| 운찬 | (신입생들에게 안 들리게 은밀히) 지윤이 말야, 혹시 많이 아파? |
|---|---|
| 소윤 | 네? 지윤이… 왜요? 아프대요? |
| 운찬 | ('이걸 왜 나한테 묻지?' 싶지만) 아니 그저께까지 우리 좋았거든? 톡 |

도 자주하고. 근데 어제부터 아프다더니 연락이 안 되네? 폰 만질 힘도 없을 정도로 많이 아픈가 해서. 내가 약이라도 사 들고 가야 하나?

소윤    아뇨! 지윤이 약 잘 안 먹어요.

운찬    그럼 죽을 사 갈까?

소윤    아뇨! 지윤이 죽 싫어해요.

운찬    그래? 그럼 뭘 해 줘야.

소윤    (O.L) 그냥 아무것도 하지 마세요. 아 그러니까, 연락 올 때까지 기다려 보세요.

운찬    그치? 아프면 연락하기 힘들 수 있지. yes yes. 난 기다릴 줄 아는 gentleman이니까. (하하하하 하며 가면)

소윤    (딱하다는 듯 운찬 보는)


S#22. 노천극장 / 낮

선자, 선호, 민재, 단상 위에서 연습 중이다.
선자 주도하에 연습 중인데 민재와 선호, 모두 삐거덕거린다. 선자, 한숨 나오고. 이 와중에 민재보다 선호가 더 못한다. 셋 연습하는 쪽으로 오는 정우.


선자    (선호 보며) 하… 너 박치지? (동작 함께) 하나둘 셋 넷. 이거잖아. 근데 넌 (엇박으로) 하나둘 셋 넷, 이렇게 하잖아.

선호    (오는 정우 보고 자존심도 상하고) 여기까지 하자.

선자    야, 뭘 여기까지만 해. 지금 1/3도 안 했어.

| 선호 | 나 가야 돼. (짐 챙기며) |
|---|---|
| 정우 | (보면) |
| 선자 | (어이없고) 야 지금 여기서 젤 못하는 게 누군데. 심지어 네가 (민재 가리키며) 쟤보다도 못해. 그럼 네가 젤 연습을 많이 해야 될 서 아냐? |
| 민재 | (뻘쭘) |
| 선호 | (정우 보다 자존심 상해 선자 보며) 그렇게 하고 싶음 너 혼자 다 하든가.<br>(하고 가는데, 정우와 마주치자 인사 없이 휙 지나가 버리는) |
| 선자 | 하. (빠치고) |

정우, 둘 있는 쪽으로 오자, 마지못해 인사하는 선자. 민재도 꾸
벅 인사하고.
민재, 정우 어색해 시선 피한다.

| 정우 | (그런 민재 보다, 선자에게) 속도가 다 다른데 적당히 다그쳐야지. |
|---|---|
| 선자 | 그럼 언제 늘어요. 쟤가 못하면, 우리 다 같이 떨어지는 거잖아요. 저도 서 보고 싶다고요. (사이) 단상에. (울컥해 대거리) 단장은 왜 열심히 하는 저한테 뭐라 그래요? 진선호한테 뭐라 해야 되는 거 아녜요? (짐 들고 가 버리는) |
| 민재 | (슬쩍 눈치 보다 따라가고) |
| 정우 | (가는 선자 보며 휴) 견디자… 이것이 단장의 무게다… |


S#23. 치얼스 / 밤

이상은의 '언젠가는' 울려 퍼지고 있는 치얼스.

바 자리에서 홀로 술 마시며 노래 따라 부르고 있는 지영. 앞에서 잔을 마른행주로 닦고 있는 영웅.

| | |
|---|---|
| 지영 | (술 마시며) 너 아직도 삐졌냐? |
| 영웅 | 삐진 거 아니고요. 의사를 표명한 겁니다. (지영 보며) 손님은 제 의사를 무시하는 행위를 보이고 계신 거 같네요. |
| 지영 | (우물우물 지나가는 말처럼 빠르게 중얼) 그래 그름 그르든가. |
| 영웅 | (보면) 네? |
| 지영 | (이번엔 좀 더 명확하게 우물우물) 그래 그러자고. 제대로 만나 보든가. |
| 영웅 | (비식 웃음 새 나오려다가 애써 표정 관리하며) 뭘 제대로 만나자는 말씀이시죠? |
| 지영 | (에이씨 나도 모르겠다) 연애하자고. 정식으로 남친 여친 한번 해보자고. |
| 영웅 | (그 말에 잔 내려놓고 지영 쪽으로 고개 확 내밀며) 그럼 뭐 애칭 같은 거라도. |
| 지영 | (확 노려보면) |
| 영웅 | (바로) 그치? 그건 좀 오버지? |
| 지영 | (술 마시며) 애기 어때? |
| 영웅 | 애기? |
| 지영 | (괜히 민망하니 허공에 대고) 우리가 이 나이에 어디 가서 애 취급 받아 보겠냐? |
| 영웅 | (애교 있게) 우리 애~기? |
| 지영 | (턱까지 괴고 귀엽게) 웅. |
| 영웅, 지영 | (크크크크 대며 웃는) |

S#24. 학원 앞 / 밤

　　　　재이, 학원에서 나오는데 앞에서 기다리고 있는 선호.

선호　　　처남. (손 흔들)
재이　　　('뭐야 또 왔어?')


S#25. 학원 앞 공원 / 밤

　　　　나란히 앉아 아이스크림을 먹고 있는 재이와 선호.

선호　　　그거 말야, 취약점. 약한 거 말고 딴 거 없어?
재이　　　(보면)
선호　　　내가 도무지 약점이랄 게 없는 사람이라. (빙긋)
재이　　　(어이가 없고 아이스크림 먹다가) 우리 누나가 왜 좋아요?
선호　　　응?
재이　　　보아하니 아쉬울 거 없고 인기도 많을 거 같은데, 우리 누나한테
　　　　　군이 그렇게 목맬 거 없잖아요.
선호　　　(아이스크림 쪽쪽 먹곤) 신기해서.
재이　　　(보면)
선호　　　삼다 진짜 열심히 살잖아. 그게 신기해. 그래서 좋아. 난 그렇게
　　　　　간절해 본 적 별로 없거든.
재이　　　(선호 보다, 아이스크림 먹으며 일어나) 갈게요. 독서실 가야 돼서.
선호　　　어? 다른 취약점 안 가르쳐 주는 거야?
재이　　　저도 누나 잘 몰라요. 저한테 이럴 시간에 그냥 누나한테 직접

물어보는 게 낫지 않겠어요?

선호      (뼈 맞았고 괜히 뻘쭘해) 그러게.

재이      어쨌든 합의 건은 감사했어요. (꾸벅하고 가다 돌아서) 근데 형, 그
            거 알아요? 형 좀 재수 없는 거. 그래서 누나가 싫어하나. (돌아서
            가는)

선호      (벙쪘다. 이때 핸드폰으로 들어오는 메시지, 핸드폰 보면 "*에서 노는 중. 오셈'
            메시지 보는…)


S#26. 거울 방 / 밤

불 꺼진 거울 방 문 열고 들어와 불 켜는 사람, 선호다.


S#27. 단장실 밖 / 밤

단장실에서 집에 가려 나오던 정우. 거울 방에 불 켜진 거 보고
뭔가 싶어 그쪽으로 간다.


S#28. 거울 방 / 밤

땀 흘리며 홀로 연습하고 있는 선호.
선호 낮에 했던 동작 해 보는데 잘 안 된다. 후 호흡하고 다시 해
보는데.

정우(E)      다리가 더 가야 된다니까

선호          (그 소리에 놀라 보면, 정우다. '하… 왜 하필 또 저 인간이야.' 싶은)


S#29. 치얼스 / 밤

마주 앉아 있는 선호와 정우. 적당히 안주와 술이 테이블 위에
놓여 있다.
영웅, '이 둘은 또 무슨 조합인가' 흥미롭게 지나가면서 관찰
한다.


정우          연습 빠지는 거 나 때문이니?

선호          (보며) 왜 단장 때문일 거라고 생각해요?

정우          내가 불편해 보여서.

선호          (정우 보다) 맞아요. 그래서 단장한테 뭐 배워야 되는 거 쪽팔리고
            싫고 그래요. (술잔 채워 다시 마시는)

정우          선자는 같이 잘하고 싶은 거야. 그러려면 네 도움이 필요하고.
            괜히 나 싫다고 너네까지 틀어지지 마.

선호          (피식) 그렇게 살면 안 피곤해요?

정우          (보면)

선호          단장도 저 별로잖아요? 그냥 편하게 살아요. 피차 너무 애쓰지
            말자고요.

정우          단장이란 자리 말야. 되게 별론 거 같아. 잘해 주면 잘해 준다고
            욕먹고, 못해 주면 못해 준다고 욕먹고. 그냥 뭘 해도 욕먹는 자
            리였어, 이게.

선호          (황당) 지금 나한테 신세 한탄하는 거예요?

| 정우 | 근데 어떡해. 올해 난 이 자릴 맡았고, 맡은 이상 해야지. (선호 보며) 부탁할게. 도와줘. |
|---|---|
| 선호 | (보면) |
| 정우 | 응원단이 싫은 건 아니잖아? 그래서, 돌아왔잖아. 내가 싫은 거보다 너네들 같이 한 게 결국 나중에 더 기억에 남을 거야. |
| 선호 | 오그라드네, 진짜. (술 마시고 정우 보며) 걱정 마요. 제대로 할 거니까. 못하는 게 더 쪽팔리니까. |
| 정우 | (끄덕끄덕) 그럼 다행이고. |
| 선호 | 근데 그건 왜 안 물어봐요? 왜 내가 단장이 불편한지, 그 이유. |
| 정우 | (알지만) 왜 불편한데? |
| 선호 | (정우 보다, 됐다 싶어) 그냥 내 스타일이 아니에요. (술 마시면) |
| 정우 | (선호 보다) 뭐, 피차일반. (하고 술 마시는) |
| 선호 | (술 마시다 그런 정우 어이없어 보는) |
| 선자(E) | 뭐? |

S#30. 교정 일각 / 낮

선자, 크림빵 먹다 목에 걸린 듯 켁켁.
앞에서 우울한 표정으로 크림빵 먹고 있는 해이.

| 선자 | 그새 차이기까지 했다고? |
|---|---|
| 해이 | 아니 뭐 엄밀히 말하면 차인 건 아니고. |
| 선자 | 그새 좋아했다 그새 차이고, 아무리 금사빠지만 진행 속도가 거의 5G다. |

| | |
|---|---|
| 해이 | (버럭) 직접적으로 차인 건 아니라고! |
| 선자 | 그럼 뭔데. |
| 해이 | (소심히) 간접적으로 차인 거지… |
| 선자 | (표정 하다) 그래 뭐. 잘 됐어. 어차피 차일 거 빨리빨리 차이는 게 낫지. 단장 성격에 자기가 규칙 어겨 가며, 너랑 만나기라도 하겠냐? |
| 해이 | (약간 희망) 그런가? CC 금지 때문인가? |
| 선자 | 유민 선배 케이스를 보면 꼭 그건 아니겠지만. |
| 해이 | (에이씨) 그러게 그러네. 그냥 내가 싫은 거네. |
| 선자 | (보며) 참 그 찰나와 같은 순간에도 조와 울이 오락가락하는구나. |
| 해이 | 됐어. 나 싫다는 사람 나도 싫어. 두고 봐. 무슨 일 있었냐는 듯 쿨하게 대해 줄 테니까. 나 완전 쿨해! |
| 선자 | (퍽이나… 하는 얼굴로 해이 보는) |

S#31. 단실 복도 / 낮

단실 쪽으로 가던 해이와 선자. 단장실 쪽으로 가던 정우와 마주친다.

| | |
|---|---|
| 해이 | (선자 보란 듯이 먼저 말 거는) 어? 단장 여기 있었네요? |
| 정우 | 어. 왜? |
| 해이 | 아뇨? 여기 있었다고요. 일종의 감탄사? 아 여기 있었구나. 뭐 이런. |
| 선자 | (중얼) 나는 더는 못 보겠다. (고개 절레절레하며 단실로 먼저 가는) |
| 해이 | (빙긋하고 단실 쪽으로 가는데 울고 싶다.) |

정우          (괜찮아 보여서 다행이다 싶은)


S#32. 해이 집_해이 방 / 밤

            핸드폰으로 유튜브 영상 틀어 놓고 가부좌 자세로 명상하는 해이.
            영상 제목: 사랑을 구걸하지 마세요_자존감 회복, 상처 치유 명상

(E)         나는 괜찮습니다. 우리의 존재만으로도 우린 사랑이 흘러넘치
            는 사랑 그 자체입니다.
해이         (중얼) 나는 괜찮습니다. 나는 괜찮습니다.


            춘양, 문틀에 기대 고구마 까 먹으며 해이 구경 중이다.


춘양         참 내 딸이지만, 지루할 틈이 없어. 가지가지 하는 게, 아주 관전
            하는 재미가 쏠쏠해.


            이때 들어오는 재이.


춘양         아들 왔어?
해이         (아들 소리에 눈 뜨고 일어나 가방 뒤적여 포장된 상자 하나 꺼내더니 재이 쪽으
            로 가져간다)
재이         (방에 들어가려는데)
해이         도재이.
재이         왜?

| 해이 | (상자 주며) 이거 성철이 갖다 줘. 엄마 갖다 주라 그래. |
|---|---|
| 재이 | (상자 보면) |
| 해이 | 네 인생 구제해 줬는데 감사 인사는 해야지. |
| 재이 | (어이가 없고) 됐어. (하고 들어가려는데) |
| 해이 | 야, 이거 내가 큰맘 먹고 산 비싼 크림이야. 내 평생 써 보지도 못할 크림을 손 부들부들 떨면서 산 거라고. (하며 재이한테 쥐어 주려는데) |
| 재이 | 아, 됐다고. (하고 팍 치면 상자 날아간다) |
| 해이 | 어? (얼른 가서 상자 열어 보는데 다행히 안 깨졌다) 휴~ (하고 재이 보며) 야, 클 날 뻔했잖아. 이게 얼마나 비싼 건데. 싫음 마. 모르는 사이도 아니고, 내가 가면 되지. |
| 재이 | (소리 지르는) 제발 좀 하지 마!!! |
| 해이, 춘양 | (깜짝 놀라 보면) |
| 재이 | 그 새끼가 뭐라 그랬는 줄 알아? 너보고 돈만 주면 다시 꼬리 흔들고 달려와서 살랑거릴 거래! |
| 해이 | (충격이고) |
| 재이 | 네가 얼마나 돈돈 거렸으면 그 새끼가 그딴 얘길 해. 네가 그렇게 천박하게 구니까 나까지 같이… (하는데) |
| 춘양 | (재이 머리 퍽 때리는) 사과해. |
| 재이 | (춘양 보면) |
| 춘양 | (평소와 달리 버럭 소리 지르는) 누나한테 당장 사과 못 해? 이 자식아! |
| 재이 | (춘양과 해이 보다, 됐다는 듯 다시 집 나가 버리는) |
| 해이 | 야, 너 어디가. (따라 나가려는데) |
| 춘양 | 됐어. 갈 데 없음 알아서 들어오겠지. |

| | |
|---|---|
| 해이 | (걱정되고) |
| 춘양 | (해이 화장품 상자 보며) 그거 너 써. |
| 해이 | (보면) |
| 춘양 | 그 여편네 상판만 상판이냐? 너도 좋은 거 쓰고. 하고 싶은 것도 하고. 그러고 살아. 젊은 애가 궁상 좀 작작 떨고. (방으로 들어가며) |
| 해이 | … (이래저래 마음이 복잡하고 안 좋아 화장품 상자만 만지작거린다) |

S#33. 연희대학교 전경 / 낮

S#34. 노천극장 / 낮

연습하는 신입생들. 선호와 선자, 여전히 쎄하다. 선자, 선호와
쎄한 덕에 한쪽에 민재랑 붙어 연습한다. 선자, 민재 움직이는
거 지켜본다.

| | |
|---|---|
| 선자 | (감탄했다는 듯 손뼉 짝짝 치며) 독특해. 이렇게 몸을 쓰래도 못 쓸 거 같은데 아주 독특한 움직임이야. |
| 민재 | (부해 보다 다시 동작해 보이는데 균형 못 잡고 고꾸라진다) |
| 선자 | 엇! |
| 민재 | (일어났는데 안경에 흙 묻고) |
| 선자 | 그러게 발은 왜 들어서 고꾸라져. |
| 민재 | (확 째리면) |
| 선자 | (알았다는 듯 워워 하다) 너 얼굴에 흙 묻었다. |

| 민재 | (손으로 더듬더듬 얼굴 하는데 반대쪽이고) |
|---|---|
| 선자 | 거기 말고 안경 아래쪽. |
| 민재 | (그 말에 안경 벗는데… 잘생겼다) 여기? (하고 더듬으면) |
| 선자 | (잘생긴 민재 얼굴에 잠시 멍…) |
| 민재 | 다 털렸어? |
| 선자 | 어? (멍해서) 어. |
| 민재 | (다시 안경 쓰고 부해서 수돗가 쪽으로 가면) |
| 선자 | (가는 민재 뒤에서 보며 멍하니) 뭔데 왜 잘생긴 건데. (하며 괜히 민재 따라가는) 야 괜찮아? |

초희, 매섭게 용일과 해이 보는데, 해이, 맥아리가 없다.

| 초희 | (해이 앞에 서서) 다시. |
|---|---|
| 해이 | (다시 해 보이는데 잘 안 되고) |
| 초희 | 다시. |
| 해이 | (다시 해 보이는데 역시 잘 안 된다) |
| 초희 | 도해이 정신 안 차리지? |
| 용일 | (옆에서 무섭다) |
| 해이 | 죄송합니다. |
| 운찬 | (분위기 풀며) 도해이 오늘 컨디션이 좀 안 좋나 봐. 평소에 잘하던 애가. |
| 초희 | (해이 보다) 5분 쉴 테니까 그 안에 정신 다시 챙겨 놔. (용일 보며) 5분 휴식. |
| 용일 | 예… (초희, 해이 눈치 보다, 해이에게) 뭔 일이고? |

| 해이 | 후~ (자리 피하는) |
|------|------------------|
| 일동 | (살벌한 그쪽 분위기 보고 있고) |
| 선호 | (해이 보고 따라간다) |

S#35. 교정 일각 / 낮

벤치에 앉아 있는 해이. 선호, 옆으로 와 앉으며 이온음료를 건넨다.

| 선호 | 웬일이야. 실수를 다 하고. |
|------|------------------|
| 해이 | 컨디션이 영 안 좋네. |
| 선호 | (해이 보다, 재이 말 생각나) |
| 재이(E) | 저한테 이럴 시간에 그냥 누나한테 직접 물어보는 게 낫지 않겠어요. |
| 선호 | 삼다 넌 뭘… 좋아해? |
| 해이 | (심드렁) 뭔 소리야 갑자기. |
| 선호 | 그렇지? 다소 뜬금없고 부적절한 질문이었지? (다른 쪽으로 고개 돌리고 '아 내가 원래 이런 캐릭이 아닌데 요새 왜 이러지.' 싶은 표정) |
| 해이 | 나 말야. |
| 선호 | (얼른 해이 보며) 어 너 뭐? |
| 해이 | 네가 보기에도 좀 그래? 속물이고. (사이) 천박하고. |
| 선호 | 너야말로 뭔 소리야 갑자기. |
| 해이 | 내가 좀 돈돈 거리긴 하잖아. |
| 선호 | (수긍, 끄덕) 그치… 네가 좀 돈돈 거리긴 하지. |

| 해이 | 역시 그렇지. (풀 죽고) |
|---|---|
| 선호 | ('앗 이게 아닌데', 할 말을 찾는) 아니 그니까 그게 꼭 뭐 그렇다기 보다. ('하, 나도 모르겠다.' 체념하듯) 너 처음에 나한테 그랬잖아? |

INS) 1회 S#29

| 해이 | (선호 보며) 있잖아. 내가 존나 가난해. |
|---|---|
| 선호 | 그거 쪽팔릴 수도 있는 얘기잖아? 근데 그렇게 대놓고 말하는 게 신기했어. 난 그렇게 못 할 거 같거든. |
| 해이 | 가난한 걸 가난하다고 하지. 그럼 뭐라 그래. |
| 선호 | 난 말야… 쪽팔린 건 얘기 못 하겠더라고. (사이) 실망할까 봐. |
| 해이 | (보면) |
| 선호 | (멋쩍어 웃으며) 근데 넌 그냥 얘기하고, 또 되게 열심히 살잖아. (해이 보며) 대단하다고 생각해. 그거 사실 되게 용기 있는 거잖아. |
| 해이 | (괜히 쑥스러워) 너도 닥치면 다 그렇게 해. |
| 선호 | 아니, (여러 의미로) 난 그렇게 못 할 거 같거든. (쓰게 웃는) |
| 해이 | (좀 힘이 나기도 한다. 후… 한 번 기합 주고) 그치, 내가 좀 하지! (파이팅 넘치게) 정신 챙겼으니 보여 줘 볼까!! (몸 풀고 가면) |
| 선호 | (픽 웃으며 해이와 같이 가는) |

해이 찾아 뛰어다니다 해이와 선호 발견하고 멈춰 서 둘 보고 있는 정우. 마음이 복잡하다.

S#36. 노천극장 / 낮

연습 끝나고 기진맥진해 한쪽에 모여 있는 신입생들.
민재, 일어나 먼저 가려고 하는데.

선자 (사뭇 챙기며) 밥… 먹고 가지?

민재 됐어. (가는)

용일 웬일이고?

선자 모가?

용일 민재한테 사근하이.

선자 (당황) 내가 뭐? 나 원래 그랬어.

용일 아인데…

선자 내가 무임승차한다고 오해했던 게 미안해서 그래 미안해서. (하
   고 분위기 풀어 보려 선호 슬쩍 보면) 넌… (말 걸려는데)

선호 (모른 체 툭 일어나 먼저 가는)

해이 (선자 툭 치며) 너희들 아직 안 풀었어?

용일 풀어?

선자 아 몰라, 진선호 자식 완전 비선호야. (일어나 가면)

해이 (선자 따라가는) 주선 같이 가.

용일 (홀로 남아 곰곰 생각하다!!) 둘이 싸웠나? (하고 고개 들어 보지만 아무도 없
   다. 휑한) …


S#37. 연희대학교 전경 / 낮

긴장해 단상에 서 있는 용일과 해이.

앞에 심사위원으로 정우와 초희를 제외한 운찬, 소윤, 그리고 기획팀 선배들 와 있다. 유민, 선배1, 2도 보인다.

노래 시작되면 떨리는 듯 해이와 용일, 동작 시작한다.

노래에 맞춰 용일, 해이/선자, 민재, 선호 조 동작 각각 교차로 보여 지고.

컷 몇 번 반복되다, 마지막 동작 화면 분할 돼 동시에 보여 주며 음악 끝.

뿌듯하게 서로 보는 용일, 해이/선자, 민재, 선호.

/운찬, 선배들과 얘기하다 정해진 듯 신입생들과 초희, 정우 있는 쪽으로 오면 긴장한 채 운찬 보는 신입생들, 초희.

/힘 빠진 채 앉아 있는 용일, 해이. 다른 쪽 민재, 선호, 선자, 신나서 방방거린다.

| | |
|---|---|
| 선자 | (선호에게 물 툭 주며) 연습 많이 했더라? |
| 선호 | 민폐 끼치는 건 딱 질색이라. |
| 선자 | (좀 풀렸으면서 괜히) 당연한 거 갖고 유세는. (괜히 딴 데 보며 흘리듯) 고생했다. |
| 선호 | (픽) |
| 해이 | (둘이 화해한 거 보고) 주선 즐겨. 다시 없을 승리니까. |
| 선자 | (어깨 탁 걸며) 삼다 익숙해져, 이제 계속될 패배니까. (메롱메롱) |
| 해이 | (에이씨) |

선자와 티격태격하던 해이, 초희 그쪽으로 오자 움찔하며 시무룩한 척.

| | |
|---|---|
| 초희 | (용일, 해이에게 와) 잘했어. (사이) 미안하다. 고생했는데 내가 제대로 못 짜 줘서. |
| 용일 | 아닙니다. 부단장이 얼마나 고생했는데예. |
| 초희 | (맘 안 좋고) |

초희, 좋아하는 정우네 쪽 신입생들 보다, 노천 밖으로 나간다.
용일, 이를 보고 초희 따라간다.
/선배들과 얘기하고 있는 정우.

| | |
|---|---|
| 선배1 | 이 정도면 연습 더 시키면 올릴 만하겠네. (하며 선배2 툭) |
| 선배2 | (큼) |
| 선배1 | (정우 보며) 너네들 유민이한테 소고기라도 사야 하는 거 아니냐? 신입 단상에 올린다고 (선배2 보며) 얘랑 애들 엄청 반대하는 거 유민이가 하나하나 찾아다니면서 설득했어. |
| 정우 | (!! 유민 보는) |
| 유민 | (웃으며 농담처럼) 이미 먹었어요. |
| 선배1 | 아 그랬어? 어쩐지 이미 뇌물을 먹었구먼. |

S#39. 노천 근처 / 낮

벽 팍팍 치는 소리 나다, 이내 흐느끼는 소리.

용일, 두리번거리다 그쪽으로 가는데. 초희, 쪼그려 앉아 눈물 닦고 있다.

| | |
|---|---|
| 용일 | (놀라) 누나 와 웁니꺼? |
| 초희 | (용일 오자 놀라 눈물 닦으며 버럭) 아냐 아무것도. |
| 용일 | 이거 눈물 아닙니꺼? 와 누가 울렸습니꺼? |
| 초희 | (울먹) 짜증나. |
| 용일 | 네? |
| 초희 | 졌잖아. 너네 빡세게 고생만 시키고. 단상에 올리지도 못하고! |
| 용일 | 아… 괜않아예. 담에 올라가믄 되지예. |
| 초희 | 박정우 이 와중에 잘난 척하는 것도 짜증나. 이씨 이겼어야 됐는데. (하며 열 받는다는 듯 눈물 닦는데) |
| 초희 | (뭐냐는 듯 보면) |
| 용일 | 누나 억수로 귀엽네요. |
| 초희 | (그 말에 괜히 부끄러워지고 용일에게) 너 나 운 거 애들한테 절대 말하지 마. 말하면 죽는다. |
| 용일 | (웃으며) 예. |
| 초희 | 웃지 마. |
| 용일 | (정색하고) 예. (하다 이내 초희 귀여워 피식하는) |


S#40. 교정 일각 / 낮

수일, 진일, 선배2와 뭔가 얘기 중인데. 수일, 선배2 뭔가 설득하는 듯한 모습인데 더는 못 하겠다는 듯 고개 젓다 가는 선배2.

| 수일 | 하… 분하고 아쉬운. |
| --- | --- |

수일, 진일, 선배2와 헤어져 오는데, 한쪽에서 그런 수일 보고 서 있는 유민. 유민 마주치자 진일 꾸벅 인사하고. 수일 기분 안 좋아 무시하고 지나가려는데.

| 유민 | 오빠 아직도 그러는구나? |
| --- | --- |
| 수일 | (뭐냐는 듯 보면) |
| 유민 | 쓸데없는 잡음 만드는 데 힘 많이 쓰고 다니는 거. 정면 돌파로는 이길 자신이 없어서 그런 거겠지만. (가려는데) |
| 수일 | (자존심 상해서) 넌 왜 다시 돌아와서 깝죽거리고 다니냐? |
| 유민 | (보다) 왜? 내가 다시 돌아오면 안 될 이유라도 있어? |
| 수일 | 너야말로 아직도 그러는구나? 그냥 조용히 있어. 그때처럼 질서 흐트러뜨리고 다니지 말고. 그러다 또 다칠라. (위협적으로 보다 진일과 가면) |
| 유민 | … (가는 수일 보는) |

S#41. 축제 준비 몽타주 / 낮

#식당 / 밤

식당을 돌아다니며 스폰 받는 민재와 선자. 선자, 음식 보고 배고픈지 꿀꺽. 고개 절레절레하면서 나가 버리는 민재.

#노천극장 / 낮

연습 중인 단원들.

#단장실 / 밤

새벽 세 시 향해 가는데 서류 보며 바쁘게 일하는 정우.


#교정 일각 / 낮

길게 늘어선 티켓 수령 줄.

앞으로 책상에서 티켓 명단 확인하며 배포하고 있는 단원들.


#단실 / 밤

다 같이 돈 세고 마무리 작업한 단원들. 돈 다 센 듯 초희가 돈다 발 탁 치면.

함께 힘차게 "수고하셨습니다!" 하면서 서로 격려하고 손뼉 친다.


S#42. 교정 일각 / 낮

교내에 현수막 달고 있는 용일, 선자, 민재.

용일 나무 위에 올라가 있고 선자, 민재 아래에서 양쪽 현수막 잡고 올려 주고 있다.

| | |
|---|---|
| 선자 | (비교적 사근하게) 더 올려야지 수평이 안 맞잖아. |
| 민재 | (확 올리면) |
| 선자 | ('아니 근데 저게.' 잘생긴 얼굴 떠올리며 꾹 참고 다시 빠치지만 사근한 목소리로) 그렇게 올리면 어떻게 해? 너무 올렸잖아? |
| 민재 | (이번엔 내리는데 너무 내렸다) |

| | |
|---|---|
| 선자 | (빡!) 야! 넌 무슨 센스가 이렇게 고쟁이야. 보고 하라고 보고! |
| 민재 | (선자 보며) 나 다른 거 할게. 여긴 영 안 맞네. (탕 놓고 가 버리는) |
| 선자 | (황당) 야! 아 저게 지금 놓고 가면 어쩌란 거야. 나도 너랑 완전 안 맞거든. (하며 탕 놓고 민재 따라가면) |
| 용일 | (나무 위에서 속절없이) 애들아… 어디가노… |

이때 한쪽에서 오는 럭비부 무리.
럭비부 주장 나무 위 용일 보곤.

| | |
|---|---|
| 럭비부 주장 | 너 그날 너 땜에 내가. (하며 나무 쪽으로 오는데 나무 위 용일 건드릴 방법이 없다) |
| 용일 | (나무 때문에 자기 못 건드리는 거 알고 얄밉게) 네? 그날이라면 그 초희 누나한테 럭비부 주장이 뚜드려 맞은 그날요? |
| 럭비부 단원들 | (웅성웅성, '맞아?') |
| 럭비부 주장 | (시선 의식하며) 맞긴 누가 맞았다고. 야 너 그렇게 혀 잘못 놀리다가 진짜 큰일 나는 수가 있어. |
| 용일 | 혀를 제가 어떻게 놀렸는데요? (메롱메롱 혀 해보다) 이렇게 놀렸나? |
| 럭비부 주장 | (약이 오르는데 나무 위에 저 놈을 어쩔 수가 없고) 아오 저게. (하는데) |

이때 멀리서 선자, 사다리 갖고 온다.

| | |
|---|---|
| 용일 | (선자 보고 사색 돼서 고개 젓고 절박하게 가라는 손짓하며) 가라 가! |
| 선자 | (오라는 줄 알고) 가고 있어, 기다려. |
| 럭비부 주장 | (선자 소리에 선자 쪽 보는데 사다리 오고 있다. 용일 보고 씩 웃으면) |

| 선자 | (사다리 갖고 오고) |
|---|---|
| 럭비부 주장 | (선자 사다리 낚아채 올라가려는데) |
| 초희 | (팡 사다리 낚아채며) 남의 사다리는 왜. |
| 럭비부 주장 | (초희 보다, 괜히 여기서 또 못 볼 꼴 보일까 봐 용일 노려보곤) 담에 얘기하자. (초희 보며) 너도, 꼭. 우리 해야 할 얘기 있잖아? |
| 초희 | (답 않고 보면) |
| 럭비부 주장 | (초희 툭툭 치고 자리 피하는) |
| 초희 | (가는 주장 보다, 나무 쪽에 사다리 다시 대주고) 고생해라. (가면) |
| 용일 | 역시… 무찌다. (감격한 눈으로 초희 보는) |

S#43. 노천극장 / 낮

모여 있는 신입생들. 앞에 서 있는 정우. 노천 무대에는 장비가 모두 설치되어 있다.

| 정우 | 드디어 축제가 내일이다. |
|---|---|
| 신입생들 | (두근두근) |
| 정우 | 오늘은 6시까지 집합해서 ##모텔에서 합숙한다. 무대 장치 때문에 돌아가면서 노천에서 불침번 서고, 내일 아침에 다 같이 이동할 거야. 각자 불침번 시간은 소윤이한테 확인하고. |
| 신입생들 | 네! |

/신입생들, 소윤에게 A4 용지와 티켓 받고 있다.

| | |
|---|---|
| 운찬 | (소윤 옆에서) 귀한 티켓이니까 다들 잘 챙겨. 이게 암표로 얼마에 팔리는 지 알아? |
| 해이 | (반짝) 얼마에 팔리는데요? |
| 운찬 | 그건 나도 모르지. |
| 해이 | ('뭐야.') |

선호 A4 용지에 적힌 불침번 순서 확인하고 있다. 불침번 명단 목록 중 오후 11:00 선호, 해이 보인다.
이를 본 선호 좋아하고, 역시 한쪽에서 명단 보며 선호, 해이 목록에 시선 머문 정우. 마음이 복잡하다.
티켓 두 장 보는 신입생들 각자의 표정. 마음 두근두근.

| | |
|---|---|
| 선자 | 근데 너희들 그 얘기 들었어? 우리 학교 축제 전날 반달 자리에서 좋아하는 사람이랑 같이 있음 사랑이 이루어진단 전설이 있대. |
| 용일 | 진짜가? 반달 자리가 어데고? |
| 선자 | 그건 아무도 모른대. |
| 선호 | (보면) |
| 해이 | (정우 보다, 그게 다 무슨 소용이냔 듯) 이놈의 학교는 뭐 그렇게 전설이 많아. (구시렁대며 짐 챙기면) |
| 용일 | 반달 자리… (하며 초희 보는) |

S#44. 노천극장 근처 / 낮

흩어져 가는 단원들. 용일 나오는데 앞에 초희 보인다.

용일, 뭔가 결심했다는 듯 이내 두 손 불끈 쥐고 초희 쪽으로 뚜벅뚜벅 간다.

| | |
|---|---|
| 용일 | 부단장요! 이따 혹시 시간 되십니꺼? |
| 초희 | 시간? 왜? |
| 용일 | 아 그게 운찬 선배가 음향 점검 마지막으로 누나랑 하라꼬. |
| 초희 | 그래? 소윤이가 하기로 한 거 같은데. (고개 갸웃하다 시계 보고) 8시쯤 괜찮을 거 같은데. |
| 용일 | 예! 그럼 8시에 뵐게예. |
| 초희 | 그래. (가는) |
| 용일 | (가는 초희 보며 결심의 눈빛!) |

### S#45. 해이 집 / 낮

해이, 가방에 대충 연습복 여벌 챙기고 있다.

짐 챙기다 주머니에 티켓 생각나 꺼내 보는. 티켓 보다 거실에서 TV 보는 춘양 쪽으로 간다. 테이블 위에 티켓 올려놓는 해이.

| | |
|---|---|
| 춘양 | (티켓 들어 보며) 뭐야 이건? |
| 해이 | 우리 학교 축제 티켓. |
| 춘양 | (오오) 근데 이걸 왜 여기다 놔? |
| 해이 | 엄마 심심하면 와서 보라고. |
| 춘양 | 나? |

| 해이 | 응. (흘리는 말처럼) 뭐 도재이도 심심하면 오라고 하던지. 그냥 버 |
|---|---|
| | 려도 되고. 웃돈 주고 엄청 비싸게 팔리는 거긴 하지만. (쑥스러운 |
| | 듯 일어나 바람처럼 나가며) 나 오늘 철야라 안 들어와. |
| 춘양 | (나간 해이 보다, 축제 티켓 보는) |

### S#46. 선호 집_거실 / 밤

선호 거실 쪽으로 내려와 주머니에서 티켓 꺼내 보고 고민하는
데, 주방에서 쨍그랑 잔 깨지는 소리. 선호, 뭐지 싶어 주방으로
가는.

### S#47. 선호 집_다이닝 룸 / 밤

테이블 위에 차려진 스테이크와 음식들. 꽃장식까지 돼 있다.
어울리지 않게 올라와 있는 빈 식용유 통. (예전 진희가 숨겨 놓은 술)
진희 이미 만취 상태. 잔 떨어뜨려 깬 진희, 취해서 잔을 손으
로 집으려 하자.

| 선호 | 위험해. (하고 진희 손 치우고 자기가 잔 치우는) |
|---|---|
| 진희 | 어? 이게 누구야 우리 선호 아냐? 우리 아들. 내 보물이자 내 삶 |
| | 의 이유. |
| 선호 | (잔 대충 치우고 진희 보며 평소와 달리 냉한 목소리로) 술 마셨어? |
| 진희 | 엄마가 쪼끔, 아주 쪼끔 마셨어. |
| 선호 | (손도 안 댄 스테이크 보다, 진희 보며) 아빠가 언제 결혼기념일이라고 |

챙기는 거 봤어?

| | |
|---|---|
| 진희 | 푸후… 아빠가 안 챙기니까 엄마라도 챙겨야지. |
| 선호 | (화나서) 제발 그만 좀 해! 왜 맨날 오지도 않는 아빠를 기다려. 차라리 포기해. |

이때 문 열리는 소리 들리고.
진희, 취한 와중에도 술병을 얼른 치우는데. 그 모습 보자니 기가 차는 선호.


## S#48. 선호 집 거실 / 밤

민철 들어오는데 비틀거리며 다이닝 룸에서 나오는 진희.

| | |
|---|---|
| 진희 | 당신 왔어요? |
| 민철 | (잔뜩 찌푸리며) 술 마셨어? |
| 진희 | 아니 그냥 쪼끔. (하는데 비틀거리다 털버덕 넘어지고) |
| 민철 | (찌푸린 채 진희 보다, 방으로 들어가려는데) |
| 선호 | 오늘 결혼기념일이에요. |
| 민철 | (보면) |
| 선호 | (진희 부축하며) 엄만 오지도 않는 당신 기다리다 술 마신 거고요. (민철 노려보며) 남도, 이렇겐 안 해. (민철 지나쳐 진희 부축해 방으로 데려가는) |
| 진희 | 선호야, 아빠한테 그럼 못 써. |
| 민철 | (들어가는 선호, 진희 보고 있는) |

S#49. 선호 집_선호 방 / 밤

> 선호, 방에서 짐 싸 나오다 주머니에서 티켓 꺼내 휴지통에 꾸깃
> 해 버린다. 문 쾅 닫고 나가는 선호.


S#50. 노천극장 / 밤

> 노천 무대에 반달 모양으로 촛길 만들고 있는 용일.
> 뒤쪽에 꽃다발도 놓여 있다.

용일　　이렇게 하면 이기 반달 자리지. (열심히 초에 불붙이는)


S#51. 교정 일각 / 밤

> 노천 근처에서 초희 기다리는 용일.
> 초희 저쪽에서 오는 거 보고 손 흔들려는데 초희, 현남친 팔짱
> 끼고 오고 있다. 용일 보고 현남친과 인사하고 용일 쪽으로 오는
> 초희.

용일　　(초희 현남친 보며) 누굽니꺼?
초희　　아 남친.
용일　　!! 네? 아니 언제.
초희　　얼마 안 됐어. (됐다는 듯 용일 보며) 갈까?
용일　　(충격에 있다 번뜩 정신 나서) 잠깐만예!
초희　　(뭐야, 놀라 보면)

| 용일 | 그게 됐심니더. |
|---|---|
| 초희 | 뭐? |
| 용일 | 음향 체크 소윤 선배가 했다 카데예. |
| 초희 | 뭐야, 그럼 진작 연락하지. |
| 용일 | 저도 지금 알았심더. |
| 초희 | 알았어. (돌아서 가면) |
| 용일 | (황급히 노천으로 가는) |

S#52. 노천극장 / 밤

용일, 눈물 뚝뚝 흘리며 촛불 끄고 반달 모양 촛길 치우고 있다.

S#53. 모텔 복도 / 밤

박스 나눠 들고 가는 해이와 유민.

| 유민 | 설레니? |
|---|---|
| 해이 | … 네. |
| 유민 | (픽 웃다 그리워하듯) 나도 첫 축제 전날 참 설렜는데. |
| 해이 | (유민 처음 보는 표정에) … |
| 유민 | 내가 정우 좋아하지 말라고 해서 기분 나빴니? |
| 해이 | 네? … 아니 뭐. |
| 유민 | 난 말야, 나 같은 일이 또 일어나지 않으면 좋겠어. |
| 해이 | … 무슨 일이 있었는진 모르겠지만. 저랑 선배는 다르잖아요. |

| 유민 | (보면) |
|---|---|
| 해이 | 전 산전수전 공중전까지 다 겪어서 엔간한 일론 까딱 안 해요. 괜찮아요, 그런 걱정 안 해 주셔도. |
| 유민 | (끄덕) 그치. 너랑 나랑은 다르지… (방 앞에 도착해서) 여기. 고마워 같이 들어줘서. |
| 해이 | 네. (상자 내려놓고 꾸벅하고 가는) |
| 유민 | (가는 해이 보며 생각에 잠긴다) |

S#54. 치얼스 앞 / 밤 / 유민 회상

6회 S#52

해이, 전화기 떨어뜨리고 사색이 돼서 달려가면.

/떨어진 해이 전화기 줍는 유민. 배터리 없어 꺼지는 핸드폰.

S#55. 단실 / 밤 / 유민 회상

충전기에 연결된 꺼진 핸드폰 켜는 유민.

문자 메시지 우르르 온다.

INS) 문자 메시지

삼다 어디야./ 도해이 보는 대로 연락 줘./ 도해이 대체 어디야!

유민, 해이 핸드폰 켜, 페이스북 앱으로 들어가 해이에게 온 페북 메시지 창으로 들어간다. 해이에게 메시지 보낸 아이디 확인

해 자기 핸드폰으로 아이디 찾는 유민. 유민, 페북 메시지로 그 사람에게 메시지 보낸다.

INS) 페북 메시지
너 2년 전 걔지?

유민, 메시지 보내고 떨리는 맘으로 이를 보고 있는데.
곧바로 '읽음' 표시되는 메시지. 유민, 손 약간 떨리고.


S#56. 교정 일각 / 낮 / 유민 회상

7회 S#50
정우, 한쪽에서 오고 있고, 유민, 단실 쪽으로 가다 페북 메시지와 핸드폰 보는데.

INS) 페북 메시지
너 2년 전 걔지?
/(답장) 돌아가.

유민, 메시지 보고 호흡 조금 가빠져 가슴 쥐어 내다 가방에서 약 꺼내 먹는다.


S#57. 모텔 / 밤

유민, 가는 해이 보고 있는데 핸드폰으로 메시지 들어온다.
유민, 핸드폰 꺼내 보면, 새로운 페북 메시지다!

INS) 페북 메시지

/(유민) 너 2년 전 개지? /(범인) 돌아가.

/(유민) 너 대체 목적이 뭐야?

/(유민이 보낸 메시지에 대한 답으로 온 새 메시지, 범인) 질서 유지.

핸드폰 쥔 손 떨리며 두려움에 메시지 보는 유민.


S#58. 모텔 방 앞 / 밤

해이 방문 앞에 서 709호 보고 있는 누군가.
그쪽으로 오는 기척 소리 들리자, 자리 피한다.


S#59. 모텔 방 / 밤

해이, 세상 모르고 자고 있으면 방문 똑똑 하는 누군가.
선자, 나가 보면 선호다.


| 선자 | (해이 발로 툭툭 치며) 삼다 인나. 너 차례. |
| 해이 | (자다 일어나 멀쩡한 척) 뭐 나 안 잤어. 나 완전 멀쩡해. |
| 선자 | (한심하단 듯 고개 절레절레) 이거 먹고 정신 차려. (코피코 건네는) |
| 해이 | (코피코 먹고 정신 든다) 진작 주지. (선호 보고, 그제야 아… 하는) |

S#60. 카페 / 밤

　　　　주문하고 있는 정우.


정우　　　아메리카노 세 잔 주세요.
점원　　　네.


　　　　/정우, 주문 기다리며 시계 보는데 11시 다 되어 간다.


정우　　　뭐, 젤 졸린 시간이니까. 커피 사 가는 게 이상한 일은 아니잖아?
　　　　(스스로 자문자답)




S#61. 노천극장 / 밤

　　　　장비 설치된 단상에서 불침번 서고 있는 선호와 해이.


해이　　　(한쪽에 자리 잡으며) 우리가 2시까진가?
선호　　　어… (표정 안 좋다)
해이　　　(선호 표정 보고) 너 영 오늘 상태가 안 좋다. 뭔 일 있어?
선호　　　어? 아니 (애써 웃으며) 머리가 좀 아파서.
해이　　　두통약 사다 줘? 편의점에 파나?
선호　　　아냐. 괜찮아. 이러다 말아.
해이　　　(끄덕하고) 세 시간 동안 여기서 뭐 하지?


　　　　이때 갑자기 켜지는 조명.

| 해이 | 아 깜짝이야. (하고 무대 장치 쪽 보는데) 뭐야 이거 갑자기 왜 켜져. 무섭게. |
|---|---|
| 선호 | … |
| 해이 | (선호 계속 다운돼 있자) 뭐 이거 조명 켜진 김에 춤이라도 추고 놀아야 되나? |
| 선호 | … |
| 해이 | (선호 아무래도 저기압이다 싶어) 응 그냥 있자. 가만있으면 되지 뭐. (하고 입 닫고 조용히) |
| 선호 | … 그때 말야. 나보고 뭐가 힘드냐고 물었지? |
| 해이 | 응? ('뭔 소리야.' 하다, 생각나) 아… 너 그거 아직도 맘에 두고 있었어? 그래 알아. 너도 힘든 거 있는 거. (농담처럼) 힘든 게 없을 거라고 생각하는 사람들의 시선. |
| 선호 | … |
| 해이 | (농담 안 먹히자 뻘쭘) 미안. 내가 오늘 분위기 파악이 좀 띄엄띄엄 하네. |
| 선호 | 난, 아빠가 싫어. |
| 해이 | 어? |
| 선호 | 아빠가 싫어서. 힘들어. |
| 해이 | (당황, '이거 뭐라 그래야 하지.') |
| 선호 | (해이 표정에 픽 웃으며) 농담이야. 네가 심심해하는 거 같아서. 당황하긴. |
| 해이 | (농담 아닌 거 알겠고) 그래. |
| 선호 | … |
| 해이 | (곰곰이 침묵 있다 말 꺼내는) 근데 말야… 싫은 게 아니라. 좋아서 힘 |

든 거 아닐까?

선호     (보면)

해이     나도 그렇거든. 가끔 우리 집에 태어난 게, 너무 싫거든? 근데 또 좋아서, 그럼 그 미워하는 마음이… 힘들더라고. (괜한 오지랖이었나 싶어) 뭐 잘은 모르지만.

선호     (해이 말에 참았던 눈물 툭 터지는)

해이     (당황해) 야… 미안해. 내가 쥐뿔도 모르면서, 무시해 내 말. (안절부절해 뭐 닦아 줄 거 찾는데 마땅히 없고, 별수 없이 자기 옷소매로 눈물 닦아 주는)

선호     (울먹이며) 왜 내가 아냐? (해이 보며) 왜 내가 좋아하는 사람들은 다른 사람을 보는 건데?

해이     (당황해 소매로 눈물 닦아 주다 멈추는데)

선호     (해이 팔목 잡으며 울먹거리며) 날 좀 봐주면 안 돼? 그냥, 날 좀… 봐주면 안 돼? (고개 떨구며 눈물 툭툭 흘리면)


해이, 그런 선호를 보다 안쓰러워 안아 토닥인다.
선호, 해이 품에서 서럽게 운다.
그리고 한쪽에서 커피 캐리어 들고 이를 보고 있는 정우.
반달 모양의 라이트 한쪽만 켜져, 멀리서 보면 해이와 선호 반달 안에서 안고 있는 것처럼 보인다.
정우, 반달 자리 안에 있는 둘 보다, 돌아서 간다. 크게 요동치는 정우 얼굴에서.

엔딩.


_상권 끝

478 × 479

**치얼업** 상권

**초판 1쇄 인쇄**
2022년 12월 15일
**초판 1쇄 발행**
2022년 12월 23일

**글**
차해원

**펴낸이**
백영희

**펴낸곳**
㈜너와숲

**주소**
04032 서울시 금천구
가산디지털1로 225
에이스가산포휴 204호

**전화**
02-2039-9269

**팩스**
02-2039-9263

**등록**
2021년 10월 1일
제2021-000079호

**ISBN**
979-11-92509-26-6(03680)

**정가**
20,000원

©스튜디오S 주식회사

**이 책을 만든 사람들**

**편집**
김민혜
**홍보**
고유림

**마케팅**
배한일
**제작처**
예림인쇄

**디자인**
글자와기록사이

CHEER UP

TO YOU

"난 너 안 울릴 텐데, 그러니까
나한테 오는 게 어때?"

CHEER UP

TO YOU

"많이 두려워도 네가 그렇게 생각하기 마."

CHEER UP

TO YOU